格物明理　致知笃行

识读大学

——武汉工程大学新生教育导读

主编　李志旭　吕容涛　徐迪迪

编委　（按姓氏笔画排序）

马小龙	王　超	王乃婧	王金领	邓　欢	邓新洲	成　轶
延　飞	向翼凌	刘　念	刘　静	江　娥	许守飞	孙丽娜
严　敏	李　云	李　佳	李　念	李义伟	李国保	李哲伦
李琪娜	杨荣佳	杨海波	但继恩	张　洋	张　琼	陆　新
陈　君	陈　俊	欧阳旭	周　丹	周　磊	周雅琪	郑　睿
郑冬洁	赵小硕	徐　凯	徐思思	郭宏伟	梁春晴	喻　瑶
曾　峥	谢维杰	雷　辉	路海华	简帮娇	蔡明广	熊　杰
操菊华	阿不都赛麦提·维力					

华中科技大学出版社
http://www.hustp.com
中国·武汉

图书在版编目（CIP）数据

识读大学：武汉工程大学新生教育导读/李志旭，吕容涛，徐迪迪主编．—武汉：华中科技大学出版社，2022.8（2023.8 重印）

ISBN 978-7-5680-8708-7

Ⅰ．①识…　Ⅱ．①李…②吕…③徐…　Ⅲ．①大学生—入学教育　Ⅳ．① G645.5

中国版本图书馆 CIP 数据核字（2022）第 152284 号

识读大学——武汉工程大学新生教育导读　　　　　　　李志旭　吕容涛　徐迪迪　主编
Shidu Daxue —— Wuhan Gongcheng Daxue Xinsheng Jiaoyu Daodu

策划编辑：	曾　光
责任编辑：	白　慧
封面设计：	孢　子
责任监印：	朱　玢

出版发行：华中科技大学出版社（中国·武汉）　　电话：（027）81321913
　　　　　武汉市东湖新技术开发区华工科技园　　　邮编：430223
录　　排：武汉创易图文工作室
印　　刷：武汉市洪林印务有限公司
开　　本：710 mm × 1000 mm　1/16
印　　张：16　插页：4
字　　数：311 千字
版　　次：2023 年 8 月第 1 版第 2 次印刷
定　　价：36.00 元

本书若有印装质量问题，请向出版社营销中心调换
全国免费服务热线：400-6679-118　　竭诚为您服务
版权所有　侵权必究

武汉工程大学 **校徽**
Wuhan Institute of Technology

释义：

(1) 标志由字母"W"和汉字"工"组合造型，整体恰似雄鹰展翅，搏击苍穹，也似长江浩荡，突出武汉的显著地理特色以及学校学科特色；

(2) 主导的"W"与"工"字和展翅翱翔的雄鹰形象有机交融、相辅相成，极具时代活力和青春气息，形象地体现了武汉工程大学50多年长足的发展和所取得的辉煌成就，昭示着学校未来发展的美好前景；

(3) 整体看，图案也似一个西格玛"∑"符号，其开放式的造型热情奔放，凸显当代大学生开拓创新、奋发图强的崭新精神面貌和崇高追求；

(4) 外围深邃的蓝色圆球代表地球，同时象征团结、和谐和圆满。

格物明理　致知笃行 **校训**

释义：

"格物致知"语出《礼记·大学》"致知在格物，物格而后知至"，意为探究事物原理而获得智慧和知识。"格物致知"是儒家一个十分重要的哲学命题，它包含现在所说的"实事求是"精神，但其内涵远比"实事求是"丰富。

"明理" 即明人伦，晓事理，是"格物致知"的目的和延伸。

"笃行" 出自《礼记·中庸》"博学之，审问之，慎思之，明辨之，笃行之"，是"为学"最后也是最重要的阶段。意谓坚持不懈，踏踏实实地实践。

我校校训的整体含义是：树立为中华民族伟大复兴勤奋学习、积极进取的伟大志向，继承"团结、严谨、勤奋、求实"的校风和"奋进、踏实、刻苦、活泼"的学风，发扬"艰苦奋斗、自强不息"的校园精神，坚持"质量立校、科技强校、人才兴校、突出特色、协调发展"的办学思路，以严谨的治学态度、科学的实践精神，获取知识和智慧，明人伦，晓事理，学用结合，知行合一，为我校持续稳定发展、为国家文明富强不断作出创造性贡献。

武汉工程大学精神
艰苦奋斗　　自强不息

武汉工程大学校风
团结　严谨　勤奋　求实

武汉工程大学学风
奋进　踏实　刻苦　活泼

 校党委副书记、校长 王存文

 校党委常委、副校长 喻发全

 副校级待遇 徐慢

 校党委常委、副校长 朱青林

 校党委常委 韩高军

 校党委常委、纪委书记 方文海

 正校级干部 叶戎

 副校长 姚槐应

 校党委副书记 李志旭

 校党委常委、副校长 吴云韬

 校党委副书记 郑丹凤

 校党委常委、副校长 马小龙

学校举行 2023 届毕业典礼

学校举行建校 50 周年高质量发展大会

校党委副书记李志旭带队看望委培预科生

"企业佳"班第十届学员毕业典礼

国旗护卫队与"许志伟"党员示范班
赴革命烈士陵园开展主题教育活动

学校 2023 年五四表彰大会

学校举行新生军训阅兵

百"化"林志愿服务队教授博士服务团
深入基层开展企业帮扶、科技助农活动

学校举办毕业生专场招聘会

序

新同学,你们好,欢迎来到武汉工程大学!

你们"十年寒窗",如同新芽经过漫漫时光的发育、成长,经历了寒来暑往、雨雪风霜,恰同学少年,风华正茂,指点江山俯仰间,激扬文字书卷里,方修得高考佳绩、"一举成名",如愿来到梦想中的大学。首先,我们向新同学表示衷心的祝贺,也代表学校热烈欢迎同学们的到来!

好的开始是成功的一半,新学期伊始,正是同学们品茗学校历史、品读学校校情、品味学校精神的最好时节。希望同学们因品读而熟悉,因熟悉而认同,因认同而融入,因融入而以校为家,在武汉工程大学这个其乐融融的大家庭的呵护下,快乐生活学习,健康成长成才。十年寒窗一朝付,踏得青云志更高。因此,学校40多位教师为同学们编写了《识读大学——武汉工程大学新生教育导读》,这本书为同学们勾勒出梦想中的大学的发展蓝图,描绘出武汉工程大学辉煌的历史与璀璨的未来,可以带你"走进大学",了解大学的内涵、精神和功能,学习学校的建设及发展历史、办学特色与优势;可以带你"适应大学",如航行中的灯塔指引你适应环境、适应校园、适应学习;可以带你"融入大学",教导你学会学习、学会做人、学会做事、学会规划……所以,我们向同学们推荐这本书,希望新同学能以本书为起点,尽快适应大学生活,顺利开启大学篇章。

在此,我们也郑重向同学们推荐"武汉工程大学",这是一部宏伟篇章。武汉工程大学创立于1972年,50余年来风雨沧桑、弦歌不辍,学校坚持社会主义办学方向,全面贯彻党的教育方针,贯彻落实全国高校思想政治工作会议精神,培育和践行社会主义核心价值观,一代又一代"工程大人"以立德树人为根本,以强烈的事业心、进取心、责任心全身心地投入工作,为学校持续发展贡献着全部智慧和力量。学校综合办学实力明显增强,各项事业取得全面进步,社会声誉日益提高。

这里有优美的校园。学校现有武昌校区和流芳校区两个校区,占地约2000亩,春天晨晖下静思湖畔的草地上有学生朗朗的读书声,夏天骄阳下叠翠湖的荷花旁有学生整齐的歌声,秋天暮色中的报告厅里有学生欢快的鼓掌声,冬日暖阳下的运动场上有学生嘹亮的呐喊声。美丽的校园景色和丰富的校园活动阐释着"团结 严谨 勤奋 求实"的校风和"奋进 踏实 刻苦 活泼"的学风。

这里有和蔼的师长。学校现有在职教职工 2255 人，他们中有国家杰出青年科学基金获得者、国家级各类有关重点人才、教育部新世纪人才计划项目获得者、国家有突出贡献中青年专家、享受国家政府特殊津贴人员等，有一批国家级、省级教学名师，有一批待生如子的优秀管理人员。他们以"立德树人"为己任，以"厚德载物、追求真理、探索真知"为目标，诠释着"质量立校 科技强校 人才兴校 突出特色 协调发展"的办学思路和"艰苦奋斗 自强不息"的大学精神。

这里有优秀的学生。学校秉承"全面成长 追求卓越"的人才培养理念，建校以来为国家培养各类毕业生 20 万余名。在校学生也取得了骄人的成绩，五年来，我校学生参加各类学科竞赛获得国际奖项 20 项、国家级奖项 644 项、省部级奖项 1581 项，获得机器人世界杯足球赛冠军、国际设计大赛"红点设计大奖"设计概念奖至尊奖、"挑战杯"全国大学生课外学术科技作品竞赛一等奖、"创青春"全国大学生创业大赛金奖等多项高水平奖项。

葱葱校园，能与世界连接；莘莘学子，可与未来对话。新生朋友们，希望从你们踏入武汉工程大学的校园起，就能领略到学校的品位、风范、气度、胸怀和追求，积极地融入学校，做学校的主人。"操千曲而后晓声，观千剑而后识器"，知识可以改变命运，拼搏才能赢得人生。希望同学们在接下来的学习生涯中，以强烈的社会责任、突出的创新精神、扎实的专业功底和踏实的学习态度，肩挑道义，手著文章，服务社会，筑梦工大，为以"123"为目标的工大梦贡献力量，以自己的成功买书写武汉工程大学的璀璨未来。

编 者

2023 年 7 月

前言

大学,是每一位学子向往的地方。在大学里,可以继承和弘扬中华民族的优秀文化;可以交流、借鉴世界进步的思想和科技;可以沐浴华夏文明;可以感受青春的活力;可以享受美好的环境。

从进入大学校门的那一刻开始,每一位新生学子都渴望在大学校园这片沃土上张扬自我、展现个性;渴望学会做人、学会做事、学会学习、学习独立;渴望能成为对国家、对人民、对社会有用的人。但是渴望不等于现实,大学是学生追求理想的净土,而不是学生想象中的乐园;大学是学生展示才华的舞台,而不是学生安身立业的保险箱。大量的事实告诉我们,有的学生带着对知识的渴望、激情与梦想跨入校园,却没有带着大学赋予的知识、智慧、自信与能力走向社会,令人十分遗憾!究其原因,他们在跨入大学时,对新的环境缺乏心理准备,遇到许多矛盾、苦恼和问题时,感到困惑、迷茫、空虚,无所适从,使自己不能确立新的目标,不能静下心来学习,不能给自己的发展准确定位,导致自我否定、丧失信心,其结果可想而知。

作为高等学校的教育工作者,我们不愿意看到自己的学生掉队,甚至被淘汰。但许多时候我们不得不承认,这是事实!这类学生虽然是少数,但也让每个教育工作者感受到揪心的痛!教师当以"育人为本",责任重大。如何做到对每个学生不言弃、不放弃,使他们成人、成才,获得成功,这是教育工作者需要认真研究的重大课题。

从2007年开始,全国二十多所大学从事教育工作的领导、专家和学者,自发地走到一起,思考、审视和研究大学生从入校到毕业的教育、管理和培养过程,以及学生的变化、发展和成长过程。大家认为,这两个过程有许多成功的经验,也有许多让人思索的问题。共同的感受是:大学的第一年,尤其是第一学期特别重要,更准确地说,学生进校后第一个月的"新生入学教育",是关乎学生顺利完成从中学到大学的"角色转换"、适应大学生活、赢在起跑线的关键时期。著名作家柳青说过:"人生的道路虽然漫长,但紧要处常常只有几步,特别是当人年轻的时候。"大学新生入学教育阶段,就是学生人生关键几步中的重要一步,抓好了事半功倍,抓不好事倍功半。

《识读大学——武汉工程大学新生教育导读》一书,是在学校领导的支持下,结合学校的实际,在总结前几年新生教育的基础上,由四十多位长期从事学生工作的教师编写而成的。本书凝聚了他们的智慧、心血和期待,按照走进大学、适应大学、融入大学三部分进行分类,从认识大学、我的大学、环境适应、学习适应、心理适应、学会学习、学会做人、学会做事、学会规划等九个方面做了深入浅出的阐述,旨在帮助新同学更好地树立知校、爱校、兴校、荣校的意识,较快地适应大学的新环境,进一步清晰地认识和理解上大学的目的,从而合理地规划大学期间的学习和生活。

武汉工程大学新生教育工作领导小组
2023 年 7 月

目录

走进大学

第一章　认识大学 ··· 3
第一节　大学内涵 ··· 3
第二节　大学精神 ··· 6
第三节　大学功能 ··· 9

第二章　我的大学 ··· 14
第一节　武汉工程大学50年发展的轨迹和成就 ······················ 14
第二节　武汉工程大学办学特色与优势 ······························· 26

适应大学

第三章　环境适应 ··· 59
第一节　地域环境的适应 ··· 59
第二节　生活环境的适应 ··· 61
第三节　人际环境的适应 ··· 65

第四章　学习适应 ··· 68
第一节　认识中学学习与大学学习的差异 ···························· 68
第二节　端正学习态度 ··· 69
第三节　重视课堂学习 ··· 70
第四节　利用学习资源 ··· 71
第五节　正确面对学习中的"不适应" ······························· 73

第五章　心理适应 ... 75

第一节　新生心理矛盾与冲突 ... 75
第二节　学会情绪管理 ... 78
第三节　塑造健全人格 ... 87
第四节　学会心理自助与求助 ... 93

融入大学

第六章　学会学习 ... 107

第一节　认识学习的本质 ... 107
第二节　树立正确的学习观 ... 109
第三节　掌握大学学习的基本方法 ... 111
第四节　学"习"语录 ... 121

第七章　学会做人 ... 157

第一节　认识自我 ... 157
第二节　完善自我 ... 165
第三节　超越自我 ... 170

第八章　学会做事 ... 176

第一节　增强个人意志力 ... 176
第二节　激发创新创造活力 ... 180
第三节　合作是成功的基石 ... 183

第九章　学会规划 ... 190

第一节　如何做一个有政治素养的追梦人 ... 190
第二节　能力提升和素质拓展 ... 194
第三节　职业发展和大学生生涯规划 ... 201

附录 ... 215

参考文献 ... 248

走进大学 ▶

——

  大学之道,在明明德,在亲民,在止于至善。

  大学之大的核心在于养成科学的理性精神,实现人的智慧、理性、人格、尊严的完美结合。塑造理智好奇、求知好问、寻根究底、批判怀疑、担当责任、具有优秀品质的大学生,这是大学永恒的课题。

走进大学 ▶

古之欲明明德于天下者,先治其国;欲治其国者,先齐治家;欲齐其家者,先修其身;欲修其身者,先正其心;欲正其心者,先诚其意;欲诚其意者,先致其知;致知在格物。

大学培养大批具有创新精神和潜质的优秀人才走上社会,通过知识创新、科技开发、文化传承服务社会。

第一章 认识大学

新同学们,当你们走进武汉工程大学校门的时候,就已经开始融入武汉工程大学。人生,在这里开始新的转折;生活,在这里翻开新的一页;发展,在这里迈开新的步伐……

亲爱的新同学,当你在父母、老师期待的目光中,在同学羡慕的赞叹中拿到武汉工程大学新生入学录取通知书的那一刻,你的大学梦想已经成为现实。武汉工程大学校园里绿草茵茵、林木葱葱、小桥流水、倒影如画,向你们展示着她外在形象的美丽。走进武汉工程大学的学子们,你们还得走进她的精神世界,去领略、品尝、咀嚼、解读她的文化、她的内涵、她的神韵,从中吸取人生发展的精神营养。

让我们先从如何认识大学谈起吧!

第一节 大学内涵

一、大学之"大"

大学之"大","大"在何处?我们认为:大学之大,是大师之大,大爱之大,大气之大,大楼之大。

(1)大师。大学之大,是大师之大,大师为根。前清华大学校长梅贻琦先生曾说:"所谓大学者,非谓有大楼之谓也,有大师之谓也。"这里的大师是指学术大师。对一所大学而言,学术大师是核心力量,起引领作用。大师所确立的不仅是一个知识高度、学术高度,更是一个道德高度。大师的魅力在于建构在渊博学识之上的精神修养,大学精神传统的演变往往是以大师的影响为动力的。推崇大师,吸引大师,是一所大学兴旺发达的关键。有一流的大师,才有一流的学生;有一流的大师,才有一流的学术成果。一所大学,要让自己成为培育大师的土壤,让已是大师者充分展现光芒;让有潜力成为大师者在这样的土壤上健康茁壮成长。大学是文明的创造者和传承者，也是大师的栖居地和孕育地。可以想象，爱因斯坦执教于普林斯顿大学，普大名扬天下；季羡林担任北京大学东方语言系主任，北大享誉海内外。

(2) 大爱。大学之大，是大爱之大，大爱为魂。著名教育家苏霍姆林斯基说过："没有爱就没有教育。"没有大爱，就没有大学教育。"大爱"是大善、至善、博爱，是指爱自己、爱他人、爱祖国、爱社会、爱人类。大爱无疆。"大爱"是爱人之爱、深远之爱、自觉之爱、持久之爱，是一种精神；大爱精神是大学教育和中华文化的传统精神，是人类社会和谐精神的实质与核心。大学，应当是个充满爱的地方。在这里，有老师对学生的关爱，也有学生对老师的敬爱。大爱让教师走进学生的心里，也让学生爱教师、信教师、学教师，即"亲其师，信其道"；大爱，让学生"为天地立心，为生民立命，为往圣继绝学，为万世开太平"。试看：华中科技大学同济医学院裘法祖的"裘氏刀法"挽救了多少生命；清华大学侯德榜的"侯氏制碱法"挺起了中国化学工业的脊梁。

(3) 大气。大学之大，是大气之大，大气为魄。大气是一种纳百川、怀日月的气概，一种从容大方、自然天成、胸有成竹的气量，一种成熟宽厚、宁静和谐的气度。大气是一所大学的学术视野、学术氛围、学术气度、学术品格、学术胸怀。大学是"兼容并蓄、囊括大典"之地，是"思想开放、学术创新"之所，是个巨型的多元化的学术共同体。大学是天空，高而无边；大学是海洋，宽而无界；大学是深深的水，静流不止。大学教会我们，对人宽容，对事超脱，对己豁达。哈佛之大，大到"先有哈佛，后有美利坚"；北大之大，大至"追求卓越，敢为天下先"。

(4) 大楼。大学之大，是大楼之大，大楼为体。大楼是指一所大学的教学和科研大楼。要培养高质量的学生，要出高水平的学术成果，就必须拥有现代化的办学条件和设施。没有大楼，也就没有大学。试想，没有大楼，大学何以"筑巢引凤"，引进学术大师？没有大楼，何以"蓄水养鱼"，大庇莘莘学子？大师与大楼，皆为大学所需，关键在于大楼要为大师所造，为莘莘学子而建。现代化的实验中心，设备先进且功能齐全的教学大楼，这是物质层面的大楼，是现代大学需要具备的基本条件。然而，文化层面的"大楼"未尝不是大学之所需，比如北京大学的博雅塔、美国大学联盟的常春藤、武汉大学珞珈山上林荫掩映中的老图书馆、华中师范大学金秋九月的丹桂飘香、武汉工程大学的静思湖等。

二、大学之"学"

大学之"学"，"学"的内涵是什么？我们认为：大学之学，是学术、学者、学生、学科。

(1) 学术。大学之学，首推学术。大学气质，学术为先。学术，是指系统专门的学问，是学问之道,是对存在物及其规律的学科化论证,泛指高等教育和研究。大学是人们研究和追求高深学问的地方。大学因其学术存在而存在,因其学术出名而成名。一流大学拥有一流学者和一流学生,追求一流学术,这是大学发展的内在规律。大学学术,包含学术自由和学术责任。在大学里,学术自由是指教师研究的领域、内容是自由的,学生研习的学科、专业是自由的。在大学里,学术责任意味着教师和学生的学术追求必须有利于人才的培养,和谐而美丽;有利于知识的创新,独特而新颖;有利于人类社会的进步,科学而文明。哈佛大学的目标是发展各个领域的知识,传承、阐释和再阐释现存的知识,使学生不仅学到知识,还能学会方法和技能,敢于质疑,迎接挑战,养成探究的习惯。牛津大学则一直奉行"自学、独立思考、触类旁通、全面发展"的学习理念。不难发现,在大学里,人们大都以学术为业,醉心学术,静心修道。

(2) 学者。大学之学,源在学者。大学性格,学者为大。学者一般是专门从事学术研究的人。大学的学者,是指在学术方面比较优秀并且其思想能够影响社会发展的人。学者恰如师者,"传道、授业、解惑"也。一所优秀的大学,最值得尊重的首先是学者,学者是"第一生产力"的创造者。学者的学术性格是一所大学的特色性格所在。也许正是有了竺可桢,才有了浙江大学"求是创新"的学术品格;或许正是有了张伯苓,才有了南开大学"允公允能"的学术情怀;或许正是因为德里克·博克拒绝向时任美国总统的里根授予荣誉博士学位,才有了哈佛大学"学术至上"的学术意志。

(3) 学生。大学之学,根在学生。大学情怀,学生为本。大学生是指接受过大学教育的人,是有社会新技术、新思想的前沿群体,是国家培养的高级专业人才。大学生是祖国的未来、民族的希望,是十分宝贵的人才资源。从古至今,大学都是年轻学子们汇聚的求学之地。一所大学的名气,要靠学者缔造,更要靠学生创造。一流大学是一流学者和一流学生因学术之缘而聚在一起研修学术的理想家园。大学坚持以学生为本,就是要尊重学生,服务学生,以学生成才为中心。"得天下英才而育之""桃李满天下",是学者最大的荣誉。学生在大学里应学会如何去适应别人,如何去了解别人的思想,如何在别人面前显露自己的思想,如何影响别人,如何与别人达成谅解,如何在社会上安身立命。前牛津大学校长卢卡斯强调:大学从事的是人的教育,它不同于简单的教学,大学应该培养学生判断事物的能力和独立思考的能力,培养成功者所必需的社会和个人品质。美国康奈尔大学因其"任何人可以学到任何学科"的校训而闻名于世。

(4) 学科。大学之学,重在学科。大学品牌,学科为重。学科是指一定科学领域或一门科学的分支,是相对独立的知识体系。学科是学者从事学术活动的独特组织;学科是一个组织与文化交汇而成的学术部落。大学品牌就是学科品牌。经验告诉我们,一所大学的排名,往往是学科影响力的排名;一所大学的知名度,往往取决于学科特色的知名度。美国加州理工学院出名在物理学科;英国剑桥大学的数学学科世界闻名;武汉工程大学的化工、材料学科立足中南,辐射全国,"E+"跨学科双专业培养模式全国有名。现代大学鼓励学科交叉,大学教师既为"经师",也为"人师";大学生要文理兼修,圆融相济,深刻领会"山不辞微土,故能成其大;海不择细流,故能就其深"。

第二节 大学精神

一、古代的大学精神

儒家经典《大学》开宗明义地指出:"大学之道,在明明德,在亲民,在止于至善。"这句话的意思是:大学的原理,在于使人们的美德得以显明,在于使人们革旧更新,在于使人们达到最好的理想境界。这是大学的三条基本原则(三纲),要贯彻这三纲,必须按照"八目"的方法和步骤去实施。"古之欲明明德于天下者,先治其国;欲治其国者,先齐其家;欲齐其家者,先修其身;欲修其身者,先正其心;欲正其心者,先诚其意;欲诚其意者,先致其知;致知在格物。"这段话是说想要使美德显明于天下的人,先要治理好他的邦国;想要治理好自己邦国的人,先要整治好他的家族;想要整治好自己家族的人,先要努力提高自身的品德修养;想要提高自身品德修养的人,先要端正自己的内心;想要端正自己的内心,先要使自己意念诚实;想要自己意念诚实,先要达到认识明确;而达到认识明确的方法就在于探究事物的原理。因此,"物格而后知至,知至而后意诚,意诚而后心正,心正而后身修,身修而后家齐,家齐而后国治,国治而后天下平"。意思是说,只有推究事物的原理,才能达到认识明确;只有达到认识明确,才能意念诚实;只有意念诚实,才能心思端正;只有心思端正,才能提高自身的品德修养;只有提高了自身的品德修养,才能整治好家族;只有整治好家族,才能治理好邦国;只有治理好邦国,才能使天下太平。"格物、致知、诚意、正心、修身、齐家、治国、平天下",这"八目"就是贯彻"三纲"(明明德、亲民、止于至善)的具体方法和步骤。"八目"之中,"修身"是根本,也是关键。前四目是"修身"的内容和方法,后三目是"修身"的目的和作用。"三纲""八目"是一个整体,共同构成了儒家在《大学》中阐释的"大学之道"。

尽管随着时代的发展,"三纲""八目"的具体内容会发生变化,但就"大学之道"的一般含义而言,直到今天,其仍然是大学遵循的普遍理念和基本精神,并在一些大学的校训中得到了体现,融入各大学的精神血脉之中,滋润哺育着一代代的学子。在大学里,无论是从事教学、科研的大学教师,还是处于学习阶段的大学生,都需要坚持对

"止于至善"的追求。也就是说,对"完美"的向往和探索,应该成为现代大学的基本风格。理想是改造现实的动力,大学作为教育机构,如果放弃了对理想的追求,不去探索宇宙的奥秘,不去弘扬高尚的道德,不去承担起教育民众革旧布新的责任,那就背离了大学之道,它就失去了存在的价值。对于当代大学生而言,也应尽快摆脱种种市侩意识或者小农意识的纠缠,立志高远,勤勉奋进。即使是法律、电子、金融、信息等所谓热门专业的同学,也不能满足于一般性的技术操作,否则,大学将不成其为大学,而成了技术培训部。

二、现代的大学精神

大学精神和大学文化是大学引领社会的重要内容。

(一)爱国精神和民族精神

大学校园里应该充满爱国精神,要时时刻刻教育我们的学生,牢固树立爱国精神和民族精神,并使这种精神体现在办学理念之中,贯穿于大学的教育、人才培养的全过程。

(二)自由精神

自由精神是大学精神的基本内涵,这种精神充满包容性。在大学里,教师与学生在人格和社会地位上是平等的,在知识面前也是平等的。这里的自由主要包括三个方面:一是指思想自由,大学是各种观念自由发展的场所;二是指学术自由,大学是探索高深学问的场所,学术自由包括教学自由、研究自由、出版自由和学习自由,其宗旨是大学的探索与研究活动要服从真理的标准;三是指言论自由,大学是自由表达思想、观念的场所,大学应鼓励和支持公开的、自由的、平等的交流。

(三)民主精神

大学不仅要培养学生,而且要出学术成果;大学不仅要传承人类的精神文明成果,而且要创新,包括思想创新、知识创新、技术创新、方法创新。这些都需要民主的师生关系,需要教师和学生都具有一种批判思维,敢于挑战权威,敢于站在巨人的肩膀上去开拓创新。只有构建民主的师生关系,只有营造"自由、宽松、包容"的人文环境,才能做到思想自由、兼容并包。

(四)学术精神

学术精神首先体现在政府应使大学在学术水平上不断提高,从而不断地开创更广阔的事业基础,并且使人力、物力发挥更强的功能。让大学和社会保持相对超脱与独立,这是大学可持续发展的前提。

（五）人文精神

人文精神指在大学真正实现人文性与工具性的统一。大学不只是传授给学生某种技术,还要培养他们高尚的情操。人文精神的核心建立在自觉道德意识、关怀意识和悲悯情怀之上,诸如友好相处、和谐发展、学会感恩、孝敬父母、报效国家等。

（六）科学精神

科学精神有很丰富的内涵,首先是顺应自然,在科学探索中体现与自然和谐相处;其次是在科学研究中保持幻想和逆向思维。如果大学里一定要照本宣科,一定要有标准答案,那就不是培养科学精神了。

（七）创新精神

大学是探索、发现、传播新知识的场所。大学的创新精神一是指向科学研究,它通过鼓励、开拓科学这个无止境的领域,取得大量开拓性的成果,培育大批的科学家、发明家;二是指向社会发展,大学要以新思想、新制度来改造社会,推动社会进步;三是指向人才培养,大学把培养具有开拓创新精神的人才作为自己最根本的任务;四是指向大学本身,一代代学者不断根据社会的发展和需要来设置大学、发展大学,使大学成为时代精神的体现者。

（八）批判精神

大学是探索高深学问的场所,它能对各种前沿问题、疑难问题做出科学的判断,能揭示知识内在的逻辑联系,从而不断向前发展。这使得大学成为一种能独立思考和判断的机构,使大学具有其他社会机构所不具备的理智力量和清醒头脑。因此,大学具备追求真理、批判错误、纠正错误的精神。

大学之道在明德亲民,止于至善。与此相应,大学精神贵在"志气"——志存高远,气贵雄浑。大学的这种使命和气概,可为时代培养出一批又一批顶天立地的栋梁之材,如牛顿从剑桥大学走出,马克思从柏林大学走出。

现代大学的诞生和发展,是过去一千年中影响人类发展的伟大事件之一。12、13世纪,牛津大学、巴黎大学相继成立。那时,在大学中求学的青年们不会想到,大学之后会成为每一代人发现自我、寻找自身使命的圣地。事实上,与其说人们是在选择一所大学,不如说是出于重视自我精神品质的要求而选择一个值得信赖的灵魂栖居之所,选择一个构筑精神世界的家园。大学不是象牙塔,不是单纯传播知识的地方,更不是短暂的梦境。大学是人生奋进之钥匙,是人们精神品位的酿造者,让人醍醐灌顶。

大学是一个平台，是一个论坛，年轻的学子们在这里展开与人生的对话、讨论、探索、追求人生，在被大师、前人、今人的智慧打磨中，格物致知，诚意正心，修养明德，革旧布新，追求至善，直至齐家治国平天下。大学的魅力正是在这种打磨中由外而内，再由内而外地芬芳四溢，香飘万里，践行着大学之道的一贯理念和精神。

第三节 大学功能

大学的功能应该涵盖科研、教学、服务、文化等领域，大学的功能究竟应该怎么表述才更清晰呢？可以用八个字来概括，就是"引领社会，服务社会"。所谓引领社会，就是指大学承担着以科学、思想、文化来引领社会的历史责任，要为社会输送科学、思想、文化，成为国家、民族的精神家园、科学摇篮和文化基地。当整个社会出现功利化倾向的时候，大学应保持净土本色，坚持自己的操守，为社会提供源源不断的清流，而不是浑水。否则，一个社会、一个民族就无法立足，整个人类的文明也将不知何去何从。

一、大学是传播文化的场所，是"俱乐部"——文化传承

文明是人类智慧的结晶。远古的时候，信息手段极其有限，文化的积累与传承以家庭为单位，最多扩展到一个部落，"士"的概念尚未完全形成，知识表现为经验的积累。文字的诞生使知识的记录和文化的产生与传承成为可能。春秋时期，孔子开创了个人讲学的先河，公开招收各个层次和不同年龄的学生，传播儒家思想及其治国理念。孔子成为中国高等教育的开山鼻祖，他的三千弟子、七十二贤人除了在各诸侯国出仕任职外，还广泛传播和弘扬孔子的儒学。私塾式"学校"从诞生之日起就鲜明地展示了"文化传承"这一功能。

大学文化传承的特点之一是书籍的诞生。日益丰富的书籍记载和储存着知识与文化，从竹简、帛书、纸书直到今天的电子书，人类的书籍大部分集中于以大学为主的图书馆、书店。各式各样的书籍犹如历史的接力棒，使人类文化乃至文明薪火相传，生生不息。

大学文化传承的特点之二是知识传播的保障功能。爱因斯坦曾说："第一流的人物对于时代和历史进程的意义，在其道德品质方面，也许比单纯的才智成就方面更大。"大学要适应并促进国家经济和社会的发展，根本的任务是遵循高等教育发展的规律，培养高素质、高层次的各类专门人才，成为国家培养优秀和杰出人才的重要基地。同时，随着知识经济时代的来临，新兴产业的兴起和各项产业的不断发展，劳动市

场的需求不断变化,新的就业领域不断出现,终身学习已成为不可阻挡的潮流。社会的发展进步不仅要求现代大学的知识传播要高质量,而且要全方位、多层次。人才的杰出性和学习的终身性使大学始终站在"文化传承"的潮头浪尖。

改革开放为中国大学吸收人类文明的优秀成果创造了契机,为中国大学面向全球走向世界奠定了坚实基础。中国大学是民族的,也是世界的。中国大学在海外许多国家创办孔子学院,宣传、弘扬中华优秀传统文化,向世界各族人民展示一个具有悠久历史和灿烂文化的文明古国;中国大学向海外各国大学输送留学生、访问学者,向世界各族人民展现一个富强、民主、文明、和谐的社会主义现代化大国形象。中国大学引进外籍院士,带来知识的繁荣创新;中国大学吸收海外归国高端学术领军人才,带来文化的兴盛崛起。

二、大学是人才成长的沃土,是"摇篮"——培养人才

如果把春秋战国时期孔子及弟子们创办的"私塾"和欧洲先哲的街头演讲台都算作原生态的大学,那么从那时候起,大学就已经在发挥它的育人功能。今天,世界一流的哈佛大学的主页上这样写着:"促进所有有益的文学、艺术和科学的发展,借助所有有益的文学、艺术和科学发展教育青年人,并为教育本国的青年人提供所有其他必要的东西。"哈佛期望学生养成学术和学院精神,以便在今后的生活中发展知识、增进理解、服务社会。在这种"育人至上"理论的指引下,哈佛大学培养出了一批批国家领袖、军事奇才和商界精英。

大学的首要任务是培养创新型人才,创新型人才是新知识的创造者、新技术的发明者、新学科的创建者,是科技新突破、发展新途径的引领者和开拓者,是国家发展的宝贵战略资源。

大学培养的是全面发展的高素质人才。当今时代是一个经济全球化、知识社会化、文化多元化、信息网络化的时代,科学技术更新的周期越来越短,科技成果转化为现实生产力的速度越来越快,产业结构和职业结构的调整越来越频繁,社会对人才的需求也日益增长。国际21世纪教育委员会在《教育:财富蕴藏其中》的报告中,对21世纪人才提出了四个要求——学会认知、学会做事、学会共同生活、学会生存。根据这一要求,高校围绕专业人才培养这一重要使命,努力培养"四学会"的全面发展的高素质人才。

但是,大学"育人为本"的要义不仅仅是培养一批杰出人才。作为知识与精神的领土,学生们一旦踏上大学这块土地,他们便换了心情、心境乃至心灵,因为大学作为一种特殊的人类文化存在,使他们有足够的理由期待——这里的天应该更蓝,云朵应

该更白,阳光应该更灿烂……学生们除了用知识去服务社会、创造经济价值外,更应该创造别处无法创造的精神价值。这便是将大学生的命运和人类的命运紧密相连的价值观。正如教育家亨利·纽曼所说,大学训练是达到一种伟大而又平凡的目的的手段,它旨在提高社会整体文明水平。

三、大学是知识的发源地,是"孵化器"——知识创新

大学的创新功能具体体现在科学研究中对知识创新的催化功能。大学是"创新人才的摇篮""知识创新的策源地""先进生产力和先进文化的弘扬者和推动者"。目前,高层次大学已经或正在成为各国知识创新的中心和推动科技成果向现实生产力转化的重要力量。在现代大学制度中,倡导学术自由与知识创新成为显著特征,高起点构建21世纪中国大学精神与大学制度,就是要营造有利于创新型人才生存、发展的环境。大学的创新功能除了体现为科技成果层出不穷之外,还表现在大学与社会的联系更加紧密,交流更加广泛,尤其是在人才培养方面,与社会的不断变化及劳动市场的需求相适应。大学生不仅要更新知识,掌握新的技能,而且要有创新精神,在踏入社会之时就基本具备创新元素。大学与大学之间的频繁交流和资源共享满足了社会对大学越来越多样化的需求,为社会创新提供了有力的知识保障。大学的创新功能还表现在教育方法与教育手段的创新。培养创造性人才的前提是尊重学生的个性发展,只有学生的个性得到充分的发展,其潜能才能得到充分的挖掘与发挥。大学的学术氛围和大学精神正好可以调动和满足学生探索求知的欲望,推动其在今后的科学研究中发现新问题,并孕育出真正的科学创造,甚至创造奇迹。

原国务委员陈至立在第三届中外大学校长论坛开幕式的讲话中指出,创新是近代大学与生俱来的职能。大学是科技进步和人才培养的结合点,在建设创新型国家中担负着重要的使命,肩负着不可替代的历史责任。在基础科技方面,发达国家大学所承担的任务占全国总量的60%以上。在杰出科技成就方面,第二次世界大战之后,70%的诺贝尔奖获得者来自大学。在我国"八五"期间,大学获得的国家自然科学奖有88项,占全国总数的54%以上。在国际权威检测系统SCI收集的论文中,出自大学的占我国总数的60%以上。在人文科学、社会科学领域,大学的综合实力在我国更是举足轻重。在区域科技创新上,大学在知识经济时代的作用和地位显得更加突出。

英国学者阿什比有一句名言:"任何类型的大学都是遗传和环境的产物。"自20世纪中下叶开始,科学技术迅猛发展,经济全球化的趋势日渐明显,创新日益成为社会发展的内在动力,成为一个国家在全球背景下保持竞争优势的核心。特别是,当前我们国家以科学发展观为指导,建设创新型国家战略的实施,对大学增强自主创新能力、加

快创新型人才培养提出了紧迫的要求。与此同时,我国高等学校面临的国内国际的竞争也越来越激烈,挑战越来越多样化。正如教育部原部长周济所说:"与创新型国家对人才的实际需求相对照,与国外高水平大学相比,我们所培养的人才的创新意识、创新精神和实践能力还需要极大加强,培养出的拔尖创新人才还严重不足;我们在培养人才的过程中,调动学生学习的主动性与创造性明显不够,对学生动手实践能力的培养还存在比较大的差距。"对照这些差距,高校要想迎头赶上就必须更新办学理念,改革人才培养模式。大学通过培养大批具有创新精神和潜质的优秀人才走上社会,通过知识创新、科技开发服务于社会。

四、大学是社会发展的动力站,是"助推器"——服务社会

大学的文化传承、人才培养、知识创新,都是服务社会的重要形式。作为更直接的服务方式,大学利用优秀的专业人才、精良的实验设备、丰富的信息资源、成熟的科技成果为创新型国家建设服务,其重要的切入点就是为区域经济和企业创新服务。企业是经济建设的主体,是研发投入的主体,也是技术创新的主体。企业的科技需求和大学的综合科技优势相结合,是技术创新的不竭动力和源泉。大学应为企业技术创新提供有力的技术支撑。比如大学教授可以通过科学研究为社会、企业解决实际问题,这也是大学人尽其才、物尽其用、融入社会的进一步体现。大学作为教学中心和科研中心,理应充分利用优质资源为社会提供全方位的高水平服务,进一步成为社会服务中心。

此外,向社会输送优秀的建设者和接班人也是服务社会的形式。大学作为学术研究机构和育人的重要阵地,不仅要维持独立性,而且要扮演引领社会进步的角色。特别是要培养出具有高尚的人生理想、热爱祖国、热爱人民、具有高度的社会责任感和服务社会的奉献精神的优秀人才,才是对社会最好的服务。

大学服务社会功能的实现主要以教学和研究活动为基础,其服务内容日益丰富,不断拓展,现在主要有继续教育服务、决策咨询服务、社会批判与监督、科技推广服务、科技培训服务、资源共享服务、兴办知识企业等。通过上述种种服务,大学在为地区与国家重大决策提供咨询、兴办知识企业、带动地区高科技园区发展等方面起到了中坚作用。

随着社会服务内容的复杂化和综合化,社会服务形式也呈现多样化、高级化趋势。除了教师个人到校外兼任顾问、创办公司等形式外,越来越多的是学校与企业、地区开展全面合作的形式;更为高级的是建立较为固定的产、学、研联合体,以更好地实现大学服务社会的功能。大学服务社会功能的发展,拉近了学校与社会的距离,加强

了学校与社会的联系,学校在为社会服务的同时,也为自身的发展赢得了更为广阔的空间。

> 思考与讨论

1. 谈谈你对大学的理解。
2. 列举你喜欢的一所大学,并说说你喜欢的理由。

第二章 我的大学

走进武汉工程大学(简称工程大),在今后的四年或更长的一段时期,你将生活在工程大、求学在工程大、成功在工程大!放眼菁菁校园,你会发现工程大是一座有着特殊发展历程、鲜明办学特色的大学。工程大的学科、专业、课程特色鲜明;工程大大师云集、藏龙卧虎、群星璀璨。她拥有知识渊博的大师级学者,她孕育着功底深厚的莘莘学子,她培养造就了实力超群的成功校友。今天,你以武汉工程大学为荣;明天,武汉工程大学必定以你为荣!本章将为你展示武汉工程大学的办学历史、发展现状及未来规划、学科专业特色、教师学者风采,以及多层次、多样化的办学模式等。

第一节 武汉工程大学50年发展的轨迹和成就

一、历史回顾

武汉工程大学创建于1972年,历经湖北化工石油学院、武汉化工学院、武汉工程大学等多个发展时期,经过50余年的建设和发展,现已成为一所办学条件较好、实力较强、水平较高、特色鲜明的教学研究型大学。

（一）湖北化工石油学院

湖北化工石油学院是在特定的历史时期和特别困难的条件下创建的。1971年以前,已探明湖北江汉平原有丰富的石油资源并开始大规模开采,无论是从当时还是从长远来看,都需要大量技术人员。原燃化部和湖北省政府经多次商议,决定在湖北省创办一所以培养石油化工高级人才为主的学校,并确定以湖北工业学校为基础组建湖北化工石油学院。

1972年4月20日,成立湖北化工石油学院筹建领导小组;6月25日,湖北省政府"鄂革[1972]102号文"通知:以湖北省工业学校为基础,组建湖北化工石油学院,隶属湖北省。1974年,校址迁移至伏虎山麓、南湖北畔之现址(武昌卓刀泉路366号)。

同年,无机化工、有机化工、化工机械三个专业招收首届学生共110人。1975年2月26日,湖北省政府批复文件,确定学院规模为1500人,制定学院1975—1985年十年发展计划。1976年,各年级均有学生,学院建制初成。1977年,招收首批四年制本科生。1978年,学院工作重点转移到教学科研上来。

(二) 武汉化工学院

1980年3月31日,教育部颁发"(80)教计字134号文",决定将湖北化工石油学院更名为武汉化工学院,改由化学工业部和湖北省双重领导,以化学工业部为主。学校确定"七五"规划蓝图,指出"把学校办成以化学矿山专业为主的高等院校,突出以矿为主的专业特色,同时发展化学工程类专业和管理工程类专业,把学校建成矿化类专业配套、以工为主、工管结合的高等学校"。

1982年,学院举行建院10周年庆典活动。截至1985年,学院共开设了11个本科专业和1个专科专业,并招收委培生和定向生,招生范围覆盖全国26个省、自治区、直辖市,在校学生达到1623人。1986年,学院确定了"团结、严谨、勤奋、求实"的校风和"奋进、踏实、刻苦、活泼"的学风。

1988年,学院与昆明工学院、北京化工学院等首次联合培养硕士研究生。

1995年,学院与中南工业大学首次联合培养博士研究生。

1998年,学院被国务院学位委员会增列为硕士学位授予单位,化学工艺学科获硕士学位授予权。学院顺利通过教育部本科教学工作的合格评估。学院被中共湖北省委组织部、高校工委授予"湖北省党的建设和思想政治工作先进高校"称号。

1998年7月3日,根据"国办发〔1998〕103号文"的精神,学院由原化工部主管改为中央与湖北省共建,以湖北省管理为主。

2000年,学院制订了"十·五"(2001—2005年)计划。学院在化工工艺学科申报并设立了"楚天学者计划"特聘教授岗位;化学工程学科和化工过程机械学科增列为硕士点;湖北省化学工业研究设计院整体进入学院。

2002年4月,学院首次成立机器人足球代表队并在韩国第七届世界杯机器人足球大赛中获5对5项目冠军。

2003年9月,学院流芳校区一期工程顺利完成,首届新生入住流芳校区;同年,悉尼奥运会羽毛球单打冠军吉新鹏被我校正式录取。

(三) 武汉工程大学

2006年2月,经教育部同意、湖北省人民政府批准,学校正式更名为武汉工程大学。2006年4月30日,学校隆重举行"武汉工程大学揭牌暨流芳校区建成庆典"。

2006年5月,学校成立了国际学院,进一步丰富了学校的办学层次,同年招收中法项目学生29人。

2006年11月12日,学校迎接教育部专家组来校进行为期5天的本科教学工作水平评估;2007年5月29日,教育部公布2006年度133所普通高等学校本科教学工作水平评估结论,武汉工程大学本科教学工作水平评估结论为优秀。

2008年6月,学校获批招收外籍留学生资格,首次招收来自巴基斯坦的本科留学生1名。

2009年3月,学校被列为湖北省2008—2015年新增博士学位授权立项建设单位。

2010年7月,学校开始在湖北省一本招生;2011年7月,学校在5省(自治区)一本招生;2012年7月,学校在15个省(自治区)一本招生。

2012年2月,学校校训确定为"格物明理 致知笃行"。

2012年9月,学校入选中西部高校基础能力建设工程(小211工程)。

2012年10月,学校隆重举行建校40周年庆典活动。

2013年8月,学校被国务院学位委员会确定为博士学位授予单位。

2013年12月,学校通过湖北省军工保密资格认证。

2014年5月,学校获批在湖北省整体进入一本招生。

2014年9月,由王存文校长主持完成的教学成果"'E-'双专业一体化复合型人才培养模式研究与实践"获2014年国家级教学成果二等奖。

2015年3月,学校"大化工"工程化实践教学中心获批为国家级实验教学示范中心。

2015年4月,湖北省科技厅发布2014年技术合同认定登记报告,武汉工程大学技术合同成交额2.49亿元,在省属高校中排名第一。

2015年8月,学校携自主研发的机器人在第20届FIRA机器人世界杯比赛中获得类人组投篮项目冠军。

2016年9月,学校获批国家留学基金委"优秀本科生国际交流项目"资格。

2017年3月,学校与武汉东湖新技术开发区签订"十三五"战略合作框架协议。

2017年6月,中国科学评价研究中心(RCCSE)、武汉大学中国教育质量评价中心联合中国科教评价网推出了《2017—2018中国大学及学科专业评价报告》,在中国大学分专业类竞争力排行榜中,武汉工程大学化工与制药类专业位居全国高校专业排名14强。

2018年1月,由武汉工程大学、湖北兴发化工集团股份有限公司合作创建的武汉工程大学兴发矿业学院在武汉工程大学武昌校区揭牌。

2018年4月,学校获教育部首批"新工科"研究与实践项目立项。

2019年1月,2019中国最好大学排名公布,我校位列第126位,在湖北省属高校排名中居第二位,全国排名比 2018 年前进 35 位。

2019 年,我校化学、材料科学、工程学学科相继进入 ESI 全球排名前 1%,标志着我校化学、材料科学和工程学学科已经进入国际高水平学科行列。

2020 年,在 U.S.News 2020 世界大学排行榜中,学校位列中国内地高校 116 名。

2021 年,在 U.S.News 2021 世界大学排行榜中,学校位列中国内地高校 92 名。

2022 年,在 U.S.News 2022 世界大学排行榜中,学校位列中国内地高校 91 名。

2022 年 11 月,学校隆重举行建校 50 周年高质量发展大会。

2023 年,在 U.S.2023 世界大学排行榜中,学校位列中国内地高校 98 名。

二、 学校现状

伏虎山麓、南湖北畔,四海俊彦聚化苑;大江奔流、黄龙山映,桃李芬芳溢天下。

武汉工程大学创建于 1972 年,原名湖北化工石油学院,隶属湖北省。1980 年更名为武汉化工学院,改由原化工部主管。1998 年划转到湖北省管理,实行中央与地方共建,以湖北省管理为主。2006 年更名为武汉工程大学。学校是一所以工为主,覆盖工、理、管、经、文、法、艺术、医学、教育学九大学科门类的多科性教学研究型大学,是湖北省重点建设高校,是湖北省"一流学科"建设高校。

学校有武昌和流芳两个校区,占地约 2000 亩,是湖北省"绿化红旗单位""生态园林式学校"。学校面向全国一本招生,现有全日制在校生 26000 余人,其中博士、硕士研究生 6000 余人,本科生 20000 余人。学校与国外 50 余所大学(研究机构)建立了稳定的学术交流和合作关系,现有留学生近 300 人。学校办学条件完善,教学、科研、文体、生活设施齐备,学生宿舍均配有空调和热水供应。图书馆馆藏图书(含电子图书)306 余万册,是湖北省高校"优秀图书馆"和"湖北省研究级文献收藏单位"。

学校设有 18 个学院(部)、1 个研究设计院、1 个独立学院,有 73 个本科专业、23 个硕士学位授权一级学科,2 个博士学位授权一级学科,1 个博士后科研流动站,1 个博士后科研工作站。学校在"2023 软科中国大学排名(主榜)"中位列第 145 位;在 U.S.News 2023 世界大学排行榜中,世界排名第 935 位,位列中国内地高校 98 名。

学校实施质量强校战略,坚持树立"全面成才、追求卓越"的培养理念,不断深化"两型两化"人才培养模式,全面提高人才培养能力。五年来,我校学生参加各类学科竞赛,获得国际奖项 20 项、国家级奖项 644 项、省部级奖项 1581 项。本科生就业率达 96%,每年到世界 500 强、中国 500 强、上市企业等知名公司就业的比例约占就业人数的 70%,毕业生升学率 32% 以上。50 年来,学校已为国家和社会培养 20 万余名毕业生,许多毕业生已成为党政机关、企事业单位的骨干力量。以湖北省化工、医药行业为例,在产值 1 亿元以上的 80 余家大中型化工、医药单位中,近 70% 的企业主要负责人是我校校友，学校因此被誉为"化工高层次人才的摇篮"。学校办学成就、人才培养效果、就业工作多次被《光明日报》《中国教育报》《湖北日报》等新闻媒体宣传报道。

学校实施人才强校战略，坚持把人才作为第一资源。现有在职教职工2255人，其中专任教学科研人员1721人，高级职称教师842人，占教学科研人员总数的63.9%；具有博士学位的教师898人，占教师总数的68.2%；有引进院士2人，国家杰出青年科学基金获得者2人，国家级各类有关重点人才5人，教育部"新世纪优秀人才支持计划"入选者9人，国家有突出贡献中青年专家1人，享受政府特殊津贴人员10人。

学校实施科技强校战略，坚持把科技作为第一生产力。建有1所集技术开发、工程设计、情报信息、分析测试等功能于一体的研究设计院；有1个国家磷资源开发利用工程技术研究中心、1个湖北三峡实验室、1个磷资源开发利用教育部工程研究中心、1个国家技术转移示范机构、1个绿色化工过程教育部重点实验室、1个部委级企业技术创新服务平台和70个省市级重点实验室、人文社科重点研究基地和技术中心（基地）；与武汉市人民政府共建武汉化工新材料工业技术研究院，是武汉市唯一一设在省属高校的工业技术研究院；与荆门、鄂州、黄冈、重庆长寿区等共建产业技术研究院；主办中国矿物加工大会等高层次学术会议。2012年以来，学校承担原973计划、原863计划、国家科技支撑计划、国家重点研发计划、国家自然科学基金、国家社会科学基金等国家级项目469项，获国家科技进步奖、国家技术发明奖、国家教学成果奖等各类奖项222项。学校还主办了《武汉工程大学学报》《化学与生物工程》等科技核心期刊。

学校实施特色强校战略，坚持"立足湖北，辐射全国，服务区域经济社会和行业发展"的服务面向，以"大化工"为主线，守正开新，追求卓越，化育天下，建立"一主引领、四轮驱动、多极协同、交叉融合"的学科发展新格局。强化化工及相关学科特色优势，引领中部地区化工学科发展。学校现有1个湖北省一流学科培育建设学科、1个湖北省优势学科、5个湖北省特色学科、4个湖北省重点（培育）学科、6个省级优势特色学科群。化学、材料科学和工程学3个学科进入ESI全球前1%。

学校实施创新强校战略，推进新时代教育评价改革向纵深推进，构建了以《武汉工程大学章程》为核心的依法办学、自主管理、民主监督、社会参与的现代大学制度体系。学校先后获得"中国石油和化学工业院校文化建设先进单位""全国石油和化学工业新闻宣传先进单位""全国模范职工之家""全国五四红旗团委""团十八大以来宣传思想文化工作先进单位""湖北省文明单位""湖北省平安校园""湖北省党建和思想政治工作先进学校""湖北大学生思想政治教育工作先进高校""湖北省依法治校示范校""湖北省'创先争优'先进高校""湖北省'两访两创'活动先进学校""湖北省教育系统关心下一代工作先进集体""湖北省社会治安综合治理优胜单位""湖北省安全文明校园""湖北省高校档案工作先进单位""湖北省'博士服务团'工作先进单位""湖北省人才工作'十强高校'""湖北省共青团工作先进单位""湖北省普通高校招生工作先进集体""'就业湖北'先进高校""服务湖北经济社会发展先进高校"等荣誉称号。

学校实施文化强校战略,坚持把文化作为根脉和灵魂,厚植校风和学风,凝练了"学科为首、学者为大、学生为本、学术为基、学风为范、党建为魂"的价值理念,打造了"以学为宗、以师为主、以生为本、以创为魂、以和为贵、以校为荣"的办学氛围,立德树人更加深入人心,社会主义核心价值观融入办学治校全过程。《大道不孤:中国价值的跨文化传播》入选中宣部主题出版重点出版物,被列入湖北省委书记向全省干部群众重点推荐的书单。教师获第二批"全国高校黄大年式教师团队""全国优秀教师""湖北名师"等荣誉;刘耀东同学荣获中宣部、教育部联合发布的2021年全国"最美大学生"(全国仅10人,湖北省1人),多名学生被评为"中国大学生自强之星"、"长江学子"大学生就业创业人物等。为抢救3名落水少年而光荣献身的全国优秀大学生许志伟,"身残志坚、自强不息"的快乐天使韦庆秀、刘健,乐于助人的优秀大学生李孟、李炳昊,荣获"中国大学生自强之星"称号的带着妈妈上大学的"豆腐女孩"贾鑫和舍己救人的吴达,他们的感人事迹在校内外引起了强烈反响。

坚守初心弦歌不辍,筚路蓝缕笃行致远。在以中国式现代化推进中华民族伟大复兴的征程中,学校坚持以习近平新时代中国特色社会主义思想为指导,以立德树人为根本任务,秉承"格物明理 致知笃行"的校训和"艰苦奋斗 自强不息"的校园精神,踔厉奋发、笃行不息,朝着化工及相关学科特色鲜明、多学科协调发展的高水平教学研究型大学建设步伐阔步前进,为湖北建设全国构建新发展格局先行区,为实现第二个百年奋斗目标,实现中华民族伟大复兴的中国梦贡献工程大学力量。

三、发展与规划

(一)高水平教学研究型大学建设取得阶段性成就

经过五十余年的发展,特别是经过"十一五""十二五"时期的跨越式发展与"十三五"时期的内涵式发展,学校在人才培养、科学研究、社会服务、国际交流与合作、文化传承与创新等方面取得了突出成绩,高水平教学研究型大学建设取得阶段性成就。

人才培养质量持续提高。新增13个本科专业,获批13个国家级、16个省级一流本科专业建设点,4个本科专业通过国家工程教育专业认证,7个专业获批湖北省普通本科高校"荆楚卓越人才"协同育人计划项目;4门课程入选首批国家级一流本科课程,22门课程入选省级各类一流课程(含精品在线开放课程、虚拟仿真实验项目等);获得省级教学成果奖16项,获批省级教学团队及优秀基层教学组织共23个、省级示范实习实训基地2个。全面实施全员导师制,开展"共同关注 精准帮扶"工程,优化第二课堂活动体系,构建全方位学生资助体系,为学生成长成才提供了有力保障。国家计划研究生人数达4148人,较2015年增长140%,研究生占学生规模比例由2015年的8.17%提高到17.62%,来自博士授权单位研究生生源录取比例为55.47%。本科就业率持续位居湖北省高校前列,考研率稳定在28%以上,研究生就业率稳步提升,达96.89%,高质量就业率达到59.27%。出国率、课外科技活动获奖率等各方面指标稳步增长,人才培养质量享有良好的社会声誉。群众性体育活动广泛开展,国家学生体质健康标准测试达标优良率达到国家规定的标准。

学科建设实现重大突破。入选湖北省国内一流学科建设高校,化工与矿业工程入选国内一流学科建设学科,获批自设工业工程二级学科博士点,获批硕士学术学位授权一级学科9个,新增法律硕士、会计硕士和金融硕士专业硕士学位授权点3个。"大文科"学院实现一级学科硕士点全覆盖,构建了完整的工科类专业硕士培养体系。化学、材料科学、工程学3个学科分别进入ESI前1%。在教育部第四轮学科评估中,化学工程与技术学科评估结果为B+,6个学科在省属高校中排名前3,湖北省国内一流学科建设中期评估结果为优秀。形成以"大化工"为主线,磷资源开发与综合利用、化工新材料、先进制造和人文社会科学四大学科群及学科增长为依托的学科建设格局。

师资队伍水平全面提升。引进专任教师335人,"十三五"末,专任教师总数达到1325人,其中,具有高级职称的教师有792人,占教师总数的59.8%;拥有博士学历的教师有777人,占教师总数的58.6%。引进中国工程院"双聘院士"1人。新增"新世纪百千万人才工程"国家级人选2人、享受国务院特殊津贴专家1人、全国优秀教师1人。引进科技部"国际杰青计划"入选者1人。拥有湖北省委组织部"百人计划"入选人员9人、"楚天学者计划"特聘岗位人员39人、"湖北产业教授"4人,省级名师工作室主持人3人,湖北省有突出贡献中青年专家2人、享受省政府专项津贴专家2人。1人入选湖北省高等学校马克思主义中青年理论家培育计划,1人荣获第二届"楚天园丁奖",3名教授入选2018—2022年教育部高等学校教学指导委员会委员。

科技创新能力显著增强。新增省部级及以上科研平台20个(共66个),绿色化工过程教育部重点实验室评估结果为良好。获批国家级项目226项,较"十二五"增加73项,增幅达47.7%。其中,国家级重大、重点科研项目(课题)17项,实现历史性突破;作为第一单位获批的国家自然科学基金重点项目、国家社科基金重点项目双双实现突破。获得国家技术发明二等奖1项、国家科技进步奖二等奖1项、湖北省科学技术奖励一等奖6项、教育部科技进步二等奖2项、湖北专利奖金奖1项。教师发表高水平论文1500余篇,其中高被引论文102篇,排名居省属高校第一。获得国家发明专利授权750项,获批武汉市高价值专利培育项目3项,数量居省属高校第一。成功入选国家知识产权试点高校,实现科研进账6.39亿元,较"十二五"增加4.04亿元,增幅达171.9%。研究设计院实现经济效益超过6亿元。学报综合影响力显著提升,被评为"中国高校优秀科技期刊"。

开放办学格局持续推进。坚持"请进来"与"走出去"并重,对外办学层次不断提升。与全球22个国家和地区的50所大学、科研机构建立友好合作关系,获批中外合作办学项目2个。推进科教融合、产教融合,签订校地战略合作协议10余个,建立校地校企产学研合作基地50余个,与武汉市、荆门市、黄冈市、潜江市、重庆市长寿区共建产业技术研究院,牵头组建"湖北磷产业绿色发展科技创新联盟",与兴发集团共建兴发矿业学院,与人福药业共建"制药工程"联合实验室,与华为、百度等企业共建新型研发平台,实现了省内市州全覆盖、省外重点布局的空间合作格局。推进继续教育转型发展,继续教育服务区域和地方经济社会发展的能力不断增强。邮电与信息工程学院办学规模不断扩大,人才培养质量和办学效益逐年提升。

校园建设呈现新亮点。新增建筑面积15.6万平方米,完善校区功能布局,完成两校区校园总平面图建设规划修编,"大化工工程教育与创新创业中心"建成并投入使用,完成两校区雨污分流改造,完成武昌校区主干道美化亮化。大学生创新创业基地、研究生公寓、单身教工宿舍等项目正在加紧推进,教育教学综合楼正加紧建设。校园"一卡通"功能深度拓展,校园信息化建设对教育教学的支撑作用逐步增强,校园安全和环境综合治理防控体系得到进一步完善。

内部治理效能明显增强。坚持和完善党委领导下的校长负责制,修订完善《武汉工程大学章程》,推进以章程为核心的规章制度"废、改、立"工作,制定(修订)规章制度380项,构建了以育人、学科专业、分类办学、教育评价、内部治理等为核心的制度体系。全面实施二级单位目标管理与考核,完善校院两级管理模式,不断扩大学院办学自主权,教职工干事创业积极性大大提升。出台《关于实施综合改革的意见》,推进党群、审计、后勤等部门体制机制改革,稳步推动独立学院转设和"两院一园"建设。加强校务公开,积极推进依法治校和民主管理,教代会、工代会、学代会、共青团在学校民主治理过程中的作用越发明显,学校先后获得"全国模范职工之家""湖北省依法治校示范校"等荣誉称号。深入推进"七防工程"建设,实施校园治安综合治理,维护校园安全稳定,构建和谐校园。连续三年被评为"全省社会治安综合治理优胜单位",获得"2017—2019年度湖北省平安校园"荣誉称号,首次获批湖北省科技事业单位档案工作目标管理考评省一级单位。

党建和思想政治工作保障有力。扎实开展党的群众路线教育实践活动、"两学一做"学习教育、"不忘初心、牢记使命"主题教育,全面加强和改进基层党组织建设。落实全国高校思想政治工作会议精神,召开学校思想政治工作会。构建"三全育人"格局,落实"五个思政"要求,"'1+X'全程导师制:打通'三全育人'最后一公里"入选教育部"三全育人"综合改革试点拟遴选项目,学校入选教育部"三全育人"综合改革试点拟遴选单位。学校先后获得"湖北省理论学习先进单位""全国五四红旗团委"等荣誉称号,再次荣获"湖北省文明单位(校园)"称号。

(二)"十四五"时期事业发展的指导思想

高举中国特色社会主义伟大旗帜,坚持以马克思列宁主义、毛泽东思想、邓小平理论、"三个代表"重要思想、科学发展观、习近平新时代中国特色社会主义思想为指导,贯彻落实党的十九大和十九届二中、三中、四中、五中、六中全会精神,贯彻落实习近平总书记关于教育的重要论述,全面贯彻党的教育方针,落实立德树人根本任务,坚持"四为服务"。贯彻落实湖北省委、省政府关于加快建成中部地区崛起重要战略支点的要求,以推动湖北高质量发展为主题,以改革创新为动力,以办人民满意的大学为根本目的,更好地统筹发展和安全,全面建成特色鲜明的高水平教学研究型大学,为湖北高质量发展提供有力支撑,为全面建设社会主义现代化国家做出新的更大的贡献。

(三)二〇三五年远景目标

全面建成化工及相关学科特色鲜明、多学科协调发展的高水平教学研究型大学,达到"世界一流学科建设高校"水平。为实现新发展阶段的目标,学校提出新阶段"三步走"的目标构想。

第一阶段:到2025年,完成湖北省"国内一流学科建设高校"的建设任务,进入湖北省"国内一流大学建设高校"行列,学校综合实力进入湖北省属高校前列。

第二阶段:到2030年,完成湖北省"国内一流大学建设高校"的建设任务,学校综合实力稳居湖北省属高校前列。

第三阶段,到2035年,全面建成化工及相关学科特色鲜明、多学科协调发展的高水平教学研究型大学,达到"世界一流学科建设高校"水平。

(四)"十四五"时期事业发展主要目标

"十四五"期间,学校要突出特色优势,提升办学综合实力,扩大国内外影响力,综合实力居于湖北省属高校前列,进入湖北省"国内一流大学建设高校"行列。

(1)人才培养实现新的突破。按照"总量适度、分类优化、动态调整、提高质量"的结构性目标要求,明确各类学生发展规模。2025年,全日制本科生人数达到21000人,国家计划研究生规模突破8300人,学术型、学位型研究生比例达到90%。继续教育学生规模、培训领域与人次大幅提升,留学生人数突破1000人。优化"两型两化"人才培养结构,国际交换生(交流生)、国际项目或独立办学机构等国际化学生比例达到5%,"E+""AI+"及其他主修+辅修(微辅修)双专业等复合型学生比例达到30%,创新型及工程化学生比例达到60%。本科生考研升学率超过三分之一。

(2)学科建设实现新的突破。实施博士学位授权点增加计划,"十四五"末,新增一级学科博士学位授权点不少于1个。推进湖北省优势特色学科群建设,在教育部组织的全国高校学科评估中,力争A级学科不少于1个,B级学科不少于3个,C级学科不少于5个。

(3)人才队伍实现新的突破。坚持引育并举,确保专任教师数量符合规模要求、质量达到战略要求、结构满足目标要求。2025年末,专任教师达到1800人。新增高水平领军人才10名,新增特聘人才170名;进一步推进教师博士化、国际化、工程化,有海外学习经历(半年以上)的教师比例达到三分之一,校内外专兼职研究人员达到三分之一。专任教师中具有博士学位的达到1200人,比例达到70%以上。新增海外获得博士学位教师及访学教师达到200人。稳定高级职称比例,优化职称结构。

(4)科技创新实现新的突破。在国家科研平台培育建设,以及国家重点研发计划、国家基金重大(点)项目申报获批方面取得新突破。获批国家级科研平台不少于1个,新增新型研发机构不少于50个;承担国家级科研项目不少于350项,其中重大重点项目不少于20项;新增省部级一等奖以上科技奖励6~8项,其中国家级科技奖励2~3项;科研进账突破9亿元,其中纵向比例达到三分之一,军工科研项目经费实现新突破;科研成果转化取得新业绩,实现科研成果转化不少于500项、转化经费不少于2.5亿元,成果转化企业产值突破10亿元。

(5)国际化办学实现新的突破。力争新增孔子学院,拓展本科生、研究生合作培养领域与方式,新增联合培养项目不少于15个,新增2个中外合作办学项目(含研究生项目),新增1个中外合作办学机构,新增国家外国专家局支持的"高端外国专家"项目1项,引进(合作)国外大学课程40门,新增1~2个省级示范科研基地或中外联合科研中心。获得中国政府奖学金来华留学生培养资质。主办、承办或参加重要国际学术会议的层次有所提升。

(6)办学条件实现新的突破。不断拓展收入来源,提高获取竞争性、公益性等收入的能力。社会服务、职业教育、技术培训、资产经营、资源开发、捐赠助学等收入比例明显提高。教职工收入居湖北省属高校前列。拓展办学空间,高质量完成校区功能布局规划,加快推进校区建设,改善学生学习、居住环境与生活条件,基本实现教室、宿舍、食堂标准化。依据政策,推进流芳校区人才公寓等民生安居工程。加强校园绿化美化,推进数字化校园、图书、学报建设,健全医疗卫生、社会保障、社区服务、公共安全、人文关怀体系,打造美丽、和谐、幸福、智慧的生态校园。

(五)进入新发展阶段

站在学校两个"五十年"的历史交汇点,学校已进入以"四高"为显著特征的新发展阶段。

——高质量发展。建校以来,经过前40年的努力,学校逐步由单一型的工科院校发展为多科性综合类大学,实现突破性发展。第五个十年期间,学校入选中西部高校基础能力建设工程,通过教育部本科教学工作水平评估,取得博士学位授予权,整体进入一本招生行列,实现跨越式发展,高水平教学研究型大学的基本框架已经搭建,开启了高水平教学研究型大学建设新征程。"十四五"期间,学校要继续深化改革,增强办学活力,提高综合竞争力;持续走内涵发展道路,改革体制机制,挖掘自身潜力,激发内生动力,形成质量效益型发展模式,提升产出效率,全面实现高质量发展。

——高效能治理。学校构建了以《武汉工程大学章程》为核心的依法办学、自主管理、民主监督、社会参与的现代大学制度体系,初步形成了层次清晰、内容规范、具有活力的现代大学内部治理体系,随着学校现代化治理体系与治理能力的进一步提升,高效能治理建设将成为推动学校高质量发展的重要支撑。

——高水平大学。前50年,学校经历了办学初创阶段、探索成长阶段,即将全面进入成熟稳定发展阶段,即跨入高水平教学研究型大学发展新阶段。为进一步加快高水平教学研究型大学建设,中国共产党武汉工程大学第三次代表大会提出了新阶段"三步走"的目标构想,到2035年,全面建成化工及相关学科特色鲜明、多学科协调发展的高水平教学研究型大学,达到国家"世界一流学科建设高校"水平。

——高品质生活。坚持以师生为中心,以促进师生全面发展为出发点和着力点,以师生对美好生活的向往为目标,重视大学物质的丰裕与精神的丰富,引导师生终身学习、锤炼品质、塑造行为,大力繁荣校园文化,丰富师生精神生活,进一步提升师生的幸福感、获得感和荣誉感,形成教师乐教、学生乐学的生动局面,汇聚起学校新阶段发展的强大动力。

学校要以构建高质量发展体系为主题,以提升高效能治理为支撑,以高水平大学建设为功能性目标,以满足师生对高品质生活的追求为根本遵循,全面开启建设高水平教学研究型大学建设新征程。

(六)完整、准确、全面贯彻新发展理念

"十四五"时期是学校贯彻落实《中国教育现代化2035》的首个五年,是学校实现高质量发展的重要战略机遇期、窗口期,是学校向高水平教学研究型大学迈进的重要阶段。锚定二〇三五远景目标,统筹考虑发展阶段、环境、条件,学校要紧紧围绕构建

高质量发展体系,突出创新引领、强化特色优势、注重交叉融合、构筑开放格局、实现协调发展,谱写新发展阶段高水平教学研究型大学建设新篇章。

——突出创新引领。高校处于科技第一生产力、人才第一资源、创新第一动力的结合点,是科技创新的重要引领者。新形势下,学校要完整、准确、全面贯彻新发展理念,就要坚定推进创新驱动发展战略,着力攻克"卡脖子"关键核心技术,加快提高创新引领能力,培养更多创新型高素质人才,服务国家及区域经济社会发展。

——强化特色优势。作为以服务区域行业与经济社会发展为主要任务的省属高校,深刻把握高质量发展的新要求,以"双一流"和内涵建设为切入点,发扬"三牛"精神,不驰于空想,不骛于虚声,实事求是、求真务实,既要盘活存量,又要扩大增量,更要保持特色、抢抓机遇、久久为功,有选择地追求卓越,更好地服务区域经济社会和行业发展。

——注重交叉融合。聚焦国家战略与区域经济社会发展需求,契合湖北省产业布局,强调优势、突出特色,形成差异化发展策略,用好用活政策支撑,协调创新创业、科技发展和产业发展与教育的融合,以适应未来发展为导向,做好学科专业规划布局,重视从巩固传统学科、大力发展新兴学科、积极鼓励交叉学科三个方面协同发力,培育亮点,彰显特色。

——构筑开放格局。坚定不移吃"改革饭"、走"开放路"、打"创新牌",主动服务区域经济社会发展,推进更深层次综合改革、更高水平开放办学、更大力度科技创新,破除制约高质量发展、高效能治理的体制机制,持续增强发展动力和活力,进一步提升发展能力和国际化水平,服务构建新发展格局。

——实现协调发展。强化前瞻性思考、全局性谋划、系统性筹划、战略性布局、整体性推进,着力补短板、强弱项、固基石,注重防范化解重大风险挑战。厘清发展过程中的教学与科研、理工与人文、大院与小院、规范与自主、眼前与长远、全局与局部等各类重要关系,针对核心要素竞争力发展不够等问题,加强调研论证,协调各类发展要素和承载体,优化调整学院、学科、专业布局,推进人才培养、科学研究、社会服务相协调,实现发展质量、结构、规模、速度、效益、安全相统一。

(七)实施新发展战略

深刻把握新发展阶段,完整、准确、全面贯彻新发展理念,服务构建新发展格局,着眼于高等教育发展长远目标,以"强校创一流"为核心,实施"六个强校"战略,全面推进一流工大建设。

——质量强校。质量是办学的生命线。树立科学全面的教育质量观,以全面提高人才培养能力为核心,构建思想政治工作体系贯通学科体系、教学体系、教材体系、管理体系之中的高水平人才培养体系。推动全领域质量标准建设,加强人才培养质量保障与监控,全面提高人才培养质量和服务区域经济社会发展水平。

——人才强校。千秋基业,人才为本,人才是实现高质量发展的第一资源。一流的师资是建设高水平大学的关键。坚持党管人才,实施引育并举,盘活存量,做强增量,建立科学规范、灵活高效的人才工作机制。强调以用为上,科学定编定岗定责,调动每一位教职工的积极性、主动性和创造性。

——科技强校。科技是第一生产力,把科技自立自强作为学校建设发展的战略支撑。坚持需求导向和问题导向,坚持"四个面向",注重学科交叉融合,以促进科技成果转化为着力点,优化科技创新体系,打造高水平的科研平台和团队,产出大成果、促进大转化,为服务区域经济社会和行业发展提供关键技术支撑。

——特色强校。特色就是个性、优势和竞争力所在,是"一流"的具体体现。特色强校要求在办学实践中树立"人无我有、人有我优、人优我精"的观念,巩固强化化工及相关学科特色优势,对照绿色发展需求,对标前沿创一流,精准定位促整合,以化工及相关学科优势带动学校人才培养、学科专业等方面整体显特色、创一流。通过不断彰显办学特色,促进学校核心竞争力显著增强。

——创新强校。创新是引领发展的第一动力。加强观念革新,不断解放思想,以思想破冰引领发展突围,以改革创新破除发展瓶颈。推进制度创新,发挥制度驱动与牵引作用,激发全体师生创新活力和创造潜能,将改革向纵深推进。推进管理服务创新,打造现代化的管理方式、方法和手段,规范管理流程,提升工作效率。推进新时代教育评价改革,大力营造有利于创新人才成长、创新思维迸发、创新成果涌现的发展环境。

——文化强校。文化是大学的根脉和灵魂,直接关系到学校教育的理念、目标、功能定位及走向。把中华优秀传统文化、革命文化、社会主义先进文化和社会主义核心价值观融入办学治校全过程,巩固全校师生团结奋斗的共同思想基础。坚守学校的文化根脉,追求卓越,以培育优良的校风、教风、学风为目标,以提高学校的知识传承与创新、能力培养与提升、价值塑造与引领为着力点,不断提升校园文化的底蕴和水平,赋予工大文化新的时代内涵。

第二节　武汉工程大学办学特色与优势

一、学科与专业

武汉工程大学现有省级重点学科10个,一级学科博士学位授权点2个,一级学科硕士学位授权点 23 个，二级学科硕士学位授权点 79 个。

1. 化学工程与技术（博士学位授权一级学科、湖北省属高校一流学科培育学科）

本学科涵盖化学工程、化学工艺、应用化学、工业催化、生物化工 5 个二级学科和应用微生物、制药工程、工业工程 3 个自设二级学科硕士点。

本学科拥有国家磷资源开发利用工程技术研究中心、绿色化工过程教育部重点实验室、新型反应器与绿色化学工艺湖北省重点实验室等国家级、省部级科研平台和湖北省化学实验教学示范中心。本学科在化工过程强化、资源化工、先进功能材料、环境催化、纳米中药、精细化工、石油化工与催化等领域取得了新型超重力和撞击流反应器、中低品位磷矿浮选技术及综合利用、药物中间体合成及生物活性、化学品合成制备、混凝土添加剂和干气制氢中变气脱碳提氢技术等一系列主要研究成果，形成了自己的特色和优势。

本学科师资力量雄厚，现有教授 51 人、副教授 28 人，其中"新世纪百千万人才工程"国家级人选 2 人、国家杰出青年科学基金获得者 1 人、国家有突出贡献中青年专家 1 人、教育部化学工程与工艺专业教学指导委员会委员 1 人、享受国务院政府特殊津贴专家 6 人、湖北省"楚天学者计划"特聘教授 4 人。近几年来，学科团队承担了多项国家科技支撑计划、973 计划前期研究专项、863 计划、国家自然科学基金、湖北省自然科学基金等科研项目和横向课题；出版专著、教材多部；每年在国内外核心刊物上发表学术论文 150 余篇，被 SCI 收录 70 余篇；获得授权专利 20 多项。

本学科拥有 X 射线粉末衍射仪、激光拉曼光谱仪、元素分析仪、高效液相色谱－质谱联用仪、智能傅里叶红外光谱仪等多套大型仪器，为科研和研究生教育奠定了坚实的基础。本学科的主要研究方向有新型反应器与过程强化技术、资源化学工程与技术、化工环保新材料、手性分子的制备与分离、精细化学品与绿色化学工艺、石油化工与催化技术、化学与生物传感器和制药技术等。

2. 材料科学与工程（博士学位授权一级学科、湖北省重点学科）

本学科涵盖材料物理与化学、材料学、材料加工工程 3 个二级学科。

本学科拥有湖北省等离子体化学与新材料重点实验室、化工装备强化与本质安全湖北省重点实验室和湖北省微波等离子体应用技术研究工程中心等 7 个科学研究平台，并与其他学科共享绿色化工过程教育部重点实验室。本学科的主要研究方向有等离子体技术与功能薄膜材料、靶向医用材料、功能矿物材料、光电功能材料、纳米复合材料制备与表面防护技术和先进材料加工技术等。

本学科师资力量雄厚，现有教授 25 人、副教授 29 人、博士生导师 14 人。学科队伍中现有享受国务院政府特殊津贴专家 1 人、教育部"新世纪优秀人才支持计划"入选者3人、湖北省"楚天学者计划"特聘教授8人、湖北省新世纪高层次人才工程人选6人、湖北省杰出青年基金获得者3人。近5年来,本学科主持和承担国家自然科学基金以及国家863、973计划等国家级科研项目30余项,主持省部级科研项目40余项,获得国家科学技术进步奖二等奖2项,湖北省科学技术进步奖一等奖等省部级奖9项,获得授权专利100余项,发表论文560余篇,被三大检索(SCI、EI、ISTP)收录论文300余篇。与其他科研院所联合培养博士研究生6名。

3.动力工程及工程热物理(硕士学位授权一级学科、湖北省重点学科)

本学科涵盖工程热物理、热能工程、动力机械及工程、流体机械及工程、制冷及低温工程、化工过程机械等6个二级学科硕士点。

本学科具有国家市场监督管理总局颁发的A2级压力容器设计许可证,拥有化工装备强化与本质安全湖北省重点实验室和武汉市压力容器压力管道安全工程研究中心等科研平台,在过程工业中的高效节能传热设备的开发与研究,化工过程用泵、压缩机等流体机械的改造、研究与技术开发,过程设备的腐蚀、损伤与延寿技术的研究等领域取得了"洁净煤重大装备自动振打除灰装置及工业应用"(湖北省科学技术进步奖一等奖)等主要成果,形成了自己的特色和优势。本学科师资力量雄厚,现有教授16人、副教授7人,其中教育部高等学校教学指导委员会委员1人、湖北省教学名师1人、湖北省有突出贡献中青年专家1人、教育部"新世纪优秀人才支持计划"入选者1人、湖北省"楚天学者计划"特聘教授2人。近几年来,学科团队承担了多项国家自然科学基金、湖北省自然科学基金、湖北省教育厅科研项目和横向课题;出版专著1部;每年在国内外核心刊物上发表学术论文30余篇,被SCI、EI收录10余篇,入选ESI高被引论文2篇,获得授权专利10余项。

本学科拥有PIV粒子成像测速仪、超声相控阵检测系统、自动振打除灰系统等多套大型仪器,为科研和研究生教育奠定了坚实的基础。本学科的主要研究方向有化工装备强化与节能、化工装备安全监测与智能控制、化工装备失效分析与安全运行研究、热声热机工程、微机电系统、数值传热学、人工环境与室内空气品质的改善等。

4.控制科学与工程(硕士学位授权一级学科、湖北省重点学科)

本学科涵盖控制理论与控制工程,检测技术与自动化装置,系统工程,模式识别与智能系统,导航、制导与控制5个二级学科硕士点。

本学科拥有智能机器人湖北省重点实验室、现场总线与测控系统工程研究中心、湖北省计算机实验教学示范中心、湖北省电子信息与控制实验教学示范中心等科研、教学平台。本学科在智能机器人系统、模式识别与智能系统、化工过程检测与控制、计算机信号处理等领域取得了多项研究成果,其中道路缺陷视频图像快速检测识别技术及路网级应用系统经成果鉴定,整体达到国际先进水平。在机器人足球世界杯大赛中获得10余项世界冠军,形成了自己的特色和优势。

本学科师资力量雄厚,现有教授15人、副教授40人,其中享受国务院政府特殊津贴专家1人、教育部"新世纪优秀人才支持计划"入选者1人、湖北省"百人计划"特聘专家1人、湖北省"楚天学者计划"特聘教授1人。近几年来,学科团队承担了国家自然科学基金、湖北省自然科学基金、湖北省教育厅科研项目和横向课题100多项;出版专著多部、教材15部;获湖北省自然科学奖三等奖2项,湖北省科学技术进步二等奖2项、三等奖3项。每年在国内外核心刊物上发表学术论文100余篇,被三大检索(SCI、EI、ISTP)收录论文40余篇。本学科拥有机器人开发套件、类人型机器人、EPA工业以太网系统、DCS集散控制系统等多套大型仪器,为科研和研究生教育奠定了坚实的基础。本学科的主要研究方向有智能系统理论及应用、模式识别与图像处理、先进控制理论、化工过程检测与控制、新能源高效利用与电气控制、计算机信号处理系统等。

5.土木工程(硕士学位授权一级学科、湖北省重点学科)

本学科涵盖岩土工程、结构工程、市政工程、防灾减灾工程及防护工程、桥梁及隧道工程5个二级学科硕士点和工程管理1个自设二级学科硕士点。

本学科依托国家磷资源开发利用工程技术研究中心,拥有湖北省道路材料工程技术研究中心、资源与环境湖北省实验教学示范中心、武汉工程大学交通研究中心和土木工程实验中心等科研平台。本学科在岩土及边坡工程、混凝土结构理论、工程结构检测加固、道路结构材料、道路交通安全、交通规划设计、地质灾害危险性评价及预警、桥梁结构安全性评估、工程造价及项目管理、城市规划与建筑设计等领域获得省部级科技奖励10余项、授权专利10余项,并形成了自己的特色和优势。本学科还拥有地质灾害危险性评估、地质灾害治理工程勘查和地质灾害治理工程设计国家乙级资质,国家计量认证(CMA)资质和交通基础设施建设行业公路工程综合检测资质。

本学科师资力量雄厚,现有教授10人、副教授16人,其中公安部、建设部"畅通工程"专家组专家1人,教育部高等学校教学指导委员会委员1人,湖北省"楚天学者计划"楚天学子1人。近3年来,学科团队成员作为负责人承担了国家自然科学基金项目6项、国家软科学研究计划项目3项、湖北省自然科学基金项目5项、湖北省交通厅项目10项、湖北省教育厅科研项目10项和100多项横向课题;出版专著5部、教材8部;每年在国内外核心刊物上发表学术论文50余篇,被SCI、EI收录30余篇。本学科拥有澳大利亚液压伺服多功能材料试验系统(UTM-100)、美国PMW汉堡车辙仪、SHRP沥青试验设备、德国INFRATEST全封闭环保型沥青混合料回收仪、路面材料强度试验机、基桩动测仪、GPS自动监测系统、道路路侧激光检测仪等多套大型仪器,为科研和研究生教育奠定了坚实的基础。本学科的主要研究方向有边坡治理及灾害防治、混凝土结构、道路结构材料、桥梁结构安全、交通安全、工程造价管理、城市规划与建筑设计等。

6.管理科学与工程（硕士学位授权一级学科、湖北省重点学科）

本学科依托企业与环境协调发展研究中心、湖北人才发展研究中心、生态环境设计研究中心、企业与环境协调发展研究中心这4个湖北省高校人文社科重点研究基地和化工企业管理与发展研究中心、产品设计研究所、环境设计研究所、视觉传达设计研究所、动画设计研究所、品牌策划研究所等校级科研平台。本学科在人才开发与经济发展的相关性研究及应用、人才资本理论研究和人才资源与经济增长的相关性研究等方面处于国内领先水平,在产品设计、艺术设计、艺术展览、文化创意产业、美术与绘画等领域的研究具有优势特色。近5年来,学科团队在民营企业技术创新、化工与环境工程管理、艺术管理等领域承担各类科研项目108项,其中主持国家社科基金、自然科学基金项目4项,省部级科研项目51项;科研经费合计1608.1万元,其中纵向科研经费300余万元;发表学术论文400余篇,其中被SCI、EI、ISTP收录42篇,被人大复印资料、CSSCI、新华文摘收录50余篇,出版专著11部;获8项省部级(或相当于省部级)科研、教学成果奖,形成了自己的特色和优势。

本学科师资力量雄厚,现有教授17人、副教授37人,其中享受湖北省政府特殊津贴专家1人、教育部高等学校工业设计专业教学指导分委员会委员1人。本学科拥有研究生专用实验机房和综合图书阅览室,为科研和研究生教育奠定了坚实的基础。本学科的主要研究方向有人才开发与经济发展的相关性研究及应用、技术创新管理、信息管理与信息系统、化工与环境工程管理、艺术策展与推广管理、文化创意产业管理、视觉艺术管理、艺术设计管理等。

7.法学（硕士学位授权学科、湖北省重点培育学科）

本学科涵盖宪法学与行政法学、民商法学、经济法学、环境与资源保护法学、国际法学5个二级学科硕士点。

本学科依托湖北省普通高等学校人文社会科学重点研究基地,拥有校级法学教学实验示范中心等科研平台。本学科在化工医药等工程科技知识产权研究、湖北省区域知识产权战略研究等领域研究成果显著,取得了湖北发展研究奖三等奖、国家科学技术进步奖二等奖、湖北省科学技术进步奖一等奖等奖励,形成了自己的特色和优势。

本学科师资力量雄厚,现有教授4人、副教授12人,其中湖北省新世纪高层次人才工程人选2人。近几年来,学科团队承担了多项国家社科基金、湖北省社科基金、湖北省教育厅科研项目和横向课题；出版专著多部、教材 5 部；每年在国内外核心刊物上发表学术论文 20 余篇，被 CSSCI 收录 30 余篇。本学科拥有法学模拟谈判软件等多套实践教学软件，为科研和研究生教育奠定了坚实的基础。本学科的主要研究方向有民法学、行政法学、经济法、知识产权法等。

8.化学（硕士学位授权一级学科、湖北省重点培育学科）

本学科涵盖无机化学、有机化学、物理化学、分析化学、高分子化学与物理 5 个二级学科和工业微生物、制药化学 2 个自设二级学科硕士点。

本学科依托国家磷资源开发利用工程技术研究中心、绿色化工过程教育部重点实验室、湖北省新型反应器与绿色化学工艺重点实验室，拥有环境与化工清洁生产实验教学中心和湖北省化学基础课教学实验示范中心等科研平台。本学科在磷化学、有机合成、药物合成、生物医药材料、环境催化材料、环境分析化学等领域取得了一系列成果，形成了自己的特色和优势。

本学科师资力量雄厚，现有教育部"新世纪优秀人才支持计划"入选者 2 人，湖北省"百人计划"特聘专家 2 人，湖北省"楚天学者计划"特聘教授 3 人、楚天学子 2 人，湖北省教学名师 1 人，校级教学名师 3 人。近几年来，学科团队承担了多项国家自然科学基金、湖北省自然科学基金、湖北省教育厅科研项目和横向课题；出版专著多部、教材 5 部；每年在国内外核心刊物上发表学术论文 50 余篇，被 SCI 收录 30 余篇，获得授权专利 10 多项。本学科拥有元素分析仪、高效液相色谱仪、核磁共振仪等多套大型仪器，为科研和研究生教育奠定了坚实的基础。本学科的主要研究方向有催化剂设计与应用、生物无机化学、配位化学、稀土元素化学等。

9.环境科学与工程（硕士学位授权一级学科、湖北省重点培育学科）

本学科为湖北省重点培育学科，环境工程专业为湖北省品牌专业。本学科主要研究水污染控制、环境功能材料、废物资源化和环境管理等方面的理论和技术问题，其任务是要解决环境工程领域新工艺、新产品、新技术开发过程中涉及的技术经济问题和环境规划与管理中的理论与实际应用等问题。本学科拥有国家级环境与化工清洁生产实验教学中心、湖北省化工清洁生产中心等教学科研平台。本学科在化工、矿山环境污染治理、环境功能材料、化工清洁生产、水污染控制、环境监察与评价等领域取得了一系列的成果，形成了自己的特色和优势。

本学科师资力量雄厚，现有专职教师 22 人，其中教授 7 人、副教授 10 人，86.3%的教师具有硕士或博士学位；其中享受省政府特殊津贴专家 1 人，教育部"新世纪优秀人才计划"入选者 1 人、国家环境督导师 3 人、高级环境督导师 3 人、国家注册环保工程师 1 人、国家注册环境影响评价工程师 6 人、生态环境部环境监察培训特聘专家

3 人。学科团队完成国家及省部级重点科技攻关项目 16 项、企业委托开发项目 800 余项,有 7 项科研成果通过省部级技术鉴定,并达到国内领先水平。近四年来,本学科科研经费入账 4000 余万元,获省级科技进步奖 2 项,发表学术论文 400 余篇,其中被 SCI、EI、ISTP 收录 30 余篇,出版教材 7 部。

10.外国语言文学(湖北省重点培育学科、翻译硕士专业学位点)

本学科涵盖英语语言文学、日语语言文学和外国语言学及应用语言学 3 个二级学科和翻译硕士专业学位点。

本学科依托湖北省省属高校重点(培育)学科,拥有"3+"双专业一体化复合型人才培养模式创新实验区等国家级教学科研平台。本学科在中外语言比较、中西文学比较、翻译与跨文化研究等领域形成了自己的特色和优势。本学科师资力量雄厚,现有教授 9 人、副教授 27 人,其中湖北省属高校跨世纪学科带头人 1 人、湖北省新世纪高层次人才工程人选 4 人。近几年来,学科团队承担了多项全国教育科学规划课题、教育部人文社科课题、湖北省教育厅人文社科课题和大量横向课题;出版专著 6 部、教材 10 部;每年在国内外学术刊物上发表学术论文 60 余篇。本学科拥有多媒体语言实验室、微格教学实验室、口译实验室、笔译实验室、录播室和卫星电视接收与编辑中心等多个实验室和多套大型仪器,为科研和研究生教育奠定了坚实的基础。本学科的主要研究方向有中外语言比较、中西文学比较、翻译与跨文化研究、二语习得研究等。

11.马克思主义理论(硕士学位授权一级学科)

马克思主义理论学科涵盖马克思主义基本原理、马克思主义中国化研究、思想政治教育、中国近现代史基本问题研究 4 个二级学科硕士点。

本学科依托高校马克思主义思想政治理论课教育教学改革的实践,拥有马克思主义理论研究所、能源与安全战略研究中心、企业文化与软实力研究所、科学历史观教育研究所等科研平台。在马克思现代性思想与当代中国实践、能源安全与当代中国发展、马克思主义与中国现代化、都市苦力工人研究、科学历史观教育研究、高校网络思想政治教育等领域取得了一批较有影响的学术研究成果。本学科师资力量雄厚,有湖北省高等学校马克思主义中青年理论家培育计划入选者 1 人、湖北省高校思想政治教育工作先进工作者 6 人、湖北省跨世纪高层次人选第三层次人选 2 人;多人在中国软科学研究会、中国人学学会、湖北省世界政治与社会主义学会、湖北省自然辩证法研究会和湖北省高校马克思主义理论教育研究会任理事、常务理事、副会长等职务。

近几年来,学科团队承担了 57 项国家社会科学基金、教育部人文社科规划基金、湖北省哲学社会科学基金、湖北省教育厅哲学社会科学研究重大项目、湖北省教育厅人文社会科学基金科研项目和横向课题;出版学术专著 4 部、教材 5 部;每年在国内外核心刊物上发表学术论文 40 余篇,被 CSSCI 收录 20 余篇,中国人民大学书报资料中心刊物全文转载 4 篇;获得湖北省教学成果奖一等奖、二等奖各 2 项。本学科拥有图书期刊阅览室 1 间(藏书 5000 余册)、电子阅览室 2 间(有远程计算机 30 余台),为本学科科研和研究生教育奠定了初步基础。本学科的主要研究方向有马克思主义与中国现代化、全球石油博弈与中国能源安全、思想政治教育原理与方法、近现代中国城市社会与文化研究、大学生思想政治教育研究等。

12.光学工程(硕士学位授权一级学科)

本学科依托武汉光电国家实验室、等离子体化学与新材料湖北省重点实验室、湖北省微波等离子体技术应用研究工程中心,拥有光学信息技术实验室和光电子系统技术研究所等科研平台。本学科在光电系统设计与集成、飞秒激光微加工等领域开展了一系列创新性研究工作,取得了一些成果,如学科团队研发的光纤布拉格光栅高温传感器填补了该传统传感器在高温传感领域应用的空白,形成了自己的特色和优势。本学科师资力量雄厚,现有教授 11 人、副教授 15 人,其中教育部"长江学者"特聘教授、国家杰出青年科学基金获得者、"新世纪百千万人才工程"国家级人选 1 人,湖北省"楚天学者计划"楚天学子 3 人。

近几年来,学科团队承担了多项国家自然科学基金、湖北省自然科学基金、湖北省教育厅科研项目和横向课题;出版专著 8 部、教材 3 部;每年在国内外核心刊物上发表学术论文 40 余篇,被 SCI 收录 30 余篇,获得授权专利多项。本学科拥有飞秒激光器、高速示波器、F-P 频谱分析仪、光谱分析仪、红外分光光度计、高质量 CCD 科学相机、微瓦量级功率测试仪等多套大中型仪器,为科研和研究生教育奠定了坚实的基础。本学科的主要研究方向有超快激光技术及应用、光电系统设计与集成、光电图像处理、光电功能材料等。

13.计算机科学与技术(硕士学位授权一级学科)

本学科拥有计算机系统结构、计算机软件与理论、计算机应用技术 3 个二级学科硕士点。

本学科依托智能机器人湖北省重点实验室,拥有湖北省计算机实验教学示范中心等科研平台。本学科在计算机图像处理、软件算法、嵌入式系统等领域取得了多项研究成果,形成了自己的特色和优势。本学科师资力量雄厚,现有教授 4 人、副教授 16 人,其中湖北省新世纪高层次人才工程人选 2 人。近几年来,学科团队承担了多项国家自然科学基金、湖北省自然科学基金、湖北省教育厅科研项目和横向课题;出版专著多部、教材 6 部;每年在国内外核心刊物上发表学术论文 40 余篇,被三大检索(SCI、EI、ISTP)收录论文 20 余篇。本学科的主要研究方向有计算机图像技术及应用、软件算法与可视化、嵌入式软件及应用等。

14.矿业工程（硕士学位授权一级学科）

本学科涵盖采矿工程、矿物加工工程和安全技术及工程3个二级学科硕士点。

本学科依托国家磷资源开发利用工程技术研究中心、磷资源开发利用教育部工程研究中心，拥有湖北省磷矿采选工程技术研究中心和湖北省资源与环境实验教学示范中心等科研平台，中国化工学会矿业工程专业委员会秘书处挂靠本学科。本学科在磷资源开发利用领域取得了丰硕的成果，形成了自己的特色和优势。本学科师资力量雄厚，现有教授8人，高级工程师1人，副教授8人，其中具有博士学位者14人。

近几年来，学科团队承担了多项国家自然科学基金、湖北省自然科学基金、湖北省教育厅科研项目、武汉市科技局科技攻关项目和横向课题；出版教材5部；每年在国内外核心刊物上发表学术论文40余篇，被SCI收录10余篇，获得授权专利10多项。本学科拥有X射线荧光光谱仪、离子色谱、动电位测定仪、接触角测定仪等多套大型仪器，为科研和研究生教育奠定了坚实的基础。本学科的主要研究方向有深部开采理论与工艺、爆破理论与技术、矿物高效分选理论与工艺、安全分析管理与监测监控等。

15.软件工程（硕士学位授权一级学科）

本学科依托智能机器人湖北省重点实验室，拥有湖北省计算机实验教学示范中心等科研平台。本学科在软件复用、数据可视化、语义Web等领域取得了多项研究成果，形成了自己的特色和优势。本学科师资力量雄厚，现有教授4人、副教授12人，其中湖北省新世纪高层次人才工程人选1人。近几年来，学科团队承担了多项国家自然科学基金、湖北省自然科学基金、湖北省教育厅科研项目和横向课题；出版专著多部、教材4部；每年在国内外核心刊物上发表学术论文30余篇，被三大检索（SCI、EI、ISTP）收录论文10余篇。本学科的主要研究方向有软件体系结构与软件复用、数据可视化与信息图形表示、语义Web技术等。

16.机械工程（硕士学位授权学科）

本学科拥有机械制造及其自动化、机械电子工程、机械设计及理论3个二级学科硕士点。

本学科拥有化工装备强化与本质安全湖北省重点实验室、湖北省工程实践与创新实验教学示范中心和国家制造业信息化三维CAD教育培训基地等科研平台，在图像识别与智能控制、机器视觉、精密机械与控制等领域取得了湖北省科学技术进步奖二等奖（轧机生产线钢坯实时检测识别与控制系统）等主要成果，形成了自己的特色和优势。本学科师资力量雄厚，现有教授8人、副教授9人，其中国家863项目首席专家1人、湖北省人工智能学会常务理事1人、湖北省机械原理教学研究会常务理事1人和"工大学子"特聘教授2人。近几年来，学科团队承担了多项国家自然科学基金、湖北省自然科学基金、湖北省教育厅科研项目和横向课题;出版专著1部;每年在国内外核心刊物上发表学术论文30余篇,被SCI、EI收录10余篇,获得授权专利2~3项。本学科拥有数控加工中心、高速数字摄像机、多视点成像仪等多套大型仪器,为科研和研究生教育奠定了坚实的基础。本学科的主要研究方向有机械装备光机电一体化、先进制造技术、纳米润滑及机械仿真等。

17. 工商管理（硕士学位授权学科）

本学科拥有会计学、技术经济及管理、企业管理3个二级学科硕士点。

本学科依托湖北省高校人文社科重点研究基地"企业与环境协调发展研究中心"和"湖北企业竞争力研究中心",以及校级"化工企业管理与发展研究中心"等科研平台。本学科在人才开发与人力资源管理研究等方面处于国内领先水平,保持了多年的优势,在企业竞争力、会计学、绿色营销、商务智能等领域5年来完成各类科研项目70余项,其中承担国家社科基金、自然科学基金项目2项,主持省部级科研项目31项;科研经费合计712.2万元,其中纵向科研经费合计210.2万元;发表学术论文300余篇,其中被SCI、EI、ISTP收录31篇,被人大复印资料、CSSCI、新华文摘收录30余篇,出版专著4部;有6项科研成果通过省部级鉴定,获6项省部级（或相当于省部级）科研成果奖,形成了自己的特色和优势。

本学科师资力量雄厚,现有教授9人、副教授20人,其中全国人才学研究专家、享受湖北省政府特殊津贴专家1人。本学科拥有企业与环境协调发展研究中心、湖北企业竞争力研究中心、武汉工程大学化工企业管理与发展研究中心等科研平台,有研究生专用实验机房和经济管理类综合图书阅览室等,为科研和研究生教育奠定了坚实的基础。本学科的主要研究方向有人才开发与人力资源管理、企业竞争力研究、会计学、绿色营销和商务智能等。

二、国家级、省级"质量工程"和"本科教学工程"建设成果

项目	名称	负责人	批准年份	备注
国家精品课程	制药工艺设计	张珩	2007	
	化学反应工程	刘生鹏	2010	
国家双语示范课程	有机化学及实验	柏正武	2009	
国家级教学团队	反应工程课程教学团队	刘生鹏	2009	
	制药工程专业教学团队	张珩	2010	

续表

项目	名称	负责人	批准年份	备注
国家级实验教学示范中心	环境与化工清洁生产实验教学中心		2009	
	"大化工"工程化实践教学中心		2014	
国家级人才培养模式创新实验区	"E+"双专业一体化复合型人才培养模式创新实验区	王存文	2009	
国家级特色专业	化学工程与工艺	喻发全	2007	
	制药工程	张珩	2008	
	过程装备与控制工程	喻九阳	2009	
	高分子材料与工程	鄢国平	2010	
	应用化学	柏正武	2010	
国家级专业综合改革试点项目	化学工程与工艺	喻发全	2013	
国家级工程实践教育中心	湖北宜化集团有限责任公司		2011	
	武汉人福药业有限责任公司		2011	
国家精品资源共享课	化学反应工程	刘生鹏	2012	
	制药工艺设计	张珩	2013	
国家精品视频公开课	谁来给中国"加油"——中国石油安全的困境与出路	舒先林	2014	
国家精品在线开放课程	创业基础	张志	2018	
卓越工程师教育培养计划专业	化学工程与工艺		2011	
	制药工程		2011	
	矿物加工工程		2011	
	软件工程		2013	
"十二五"普通高等教育本科国家级规划教材	概率论与数理统计	胡瑞平	2014	
	药物制剂过程装备与工程设计	张珩	2014	
	建筑设备安装工程工程量清单计价	沈巍	2014	

续表

项目	名称	负责人	批准年份	备注
省级精品课程	化工原理	王存文	2003	
	画法几何及机械制图	洪汉玉	2003	
	大学物理	吴锋	2003	
	物理化学	潘志权	2004	
	计算机应用基础	张彦铎	2004	
	线性代数	胡端平	2005	
	高等数学	胡端平	2006	
	大学体育	陈邦军	2006	
	高分子化学与高分子物理	鄢国平	2006	
	制药工艺设计	张珩	2007	
	经济数学	娄联堂	2007	
	电路	胡中功	2008	
	大学物理实验	吴锋	2008	
	基础化学	潘志权	2008	
	化学反应工程	刘生鹏	2009	
	文字创意设计	汪尚麟	2009	
	信息管理与信息系统	孙细明	2009	
	毛泽东思想和中国特色社会主义理论体系概论	舒先林	2009	
	人工智能	张彦铎	2010	
	大学英语	彭石玉	2010	
	水污染控制工程	余训民	2010	
	药物制剂设备与车间工艺设计	张珩	2010	
	材料科学基础	黄志良	2011	
	民法学	许承光	2011	
	压力容器及过程设备	喻九阳	2011	
	传感器原理及应用	杨帆	2011	

续表

项目	名称	负责人	批准年份	备注
省级品牌专业	过程装备与控制工程	喻九阳	2003	
	化学工程与工艺	喻发全	2004	
	高分子材料与工程	鄢国平	2005	
	制药工程	张珩	2006	
	环境工程	余训民	2007	
	应用化学	柏正武	2007	
	测控技术与仪器	杨帆	2008	
	无机非金属材料工程	黄志良	2009	
	土木工程	李杰	2010	
省级实验教学示范中心	化学实验教学中心	潘志权	2003	
	计算机实验教学中心	张彦铎	2007	
	物理实验教学中心	吴锋	2007	
	电子信息与控制实验教学中心	胡中功	2008	
	资源与环境实验教学中心	池汝安	2009	
	工程实践与创新实验教学示范中心	徐建民	2010	
省级教学名师	湖北省教学名师	吴锋	2003	
	湖北省教学名师	潘志权	2006	
	湖北省教学名师	丁一刚	2014	

续表

项目	名称	负责人	批准年份	备注
省级教学团队	化学工程与工艺专业教学团队	喻发全	2008	
	制药工程专业教学团队	张珩	2009	
	物理教学团队	吴锋	2009	
	环境与化工清洁生产实验教学中心教学团队	王存文	2010	
	过程装备与控制工程专业教学团队	喻九阳	2010	
	化工专业"新工科"建设教学团队	喻发全	2019	
	制药工程专业教学团队	张珩	2019	
	"E+"双专业一体化教学团队	韩高军	2019	
	新一代人工智能新工科教学团队	张彦铎	2019	
	工业设计专业教学团队	程智力	2019	
	"工程+管理"复合型人才培养教学团队	卢海林	2019	
	自动化与智能控制教学团队	洪汉玉	2019	
	能源化学工程专业教学团队	王存文	2020	
	土木工程一流专业建设教学团队	陈旭勇	2020	
	电子商务专业核心课程教学团队	孙细明	2020	
	"环化结合"人才培养模式改革教学团队	张莉	2020	

39

续表

项目	名称	负责人	批准年份	备注
省级优秀基层教学组织	过程装备与控制工程教研室	喻九阳	2019	
	高分子材料与工程教研室	江学良	2019	
	矿业与安全工程教学中心	周德红	2019	
	计算机科学与技术教研室	刘黎志	2019	
	经济学教研室	韩可卫	2019	
	化学工程与工艺人才培养与发展中心	熊䒶	2019	
	物理实验中心	张昱	2019	
	食品科学与工程教研室	赵喜红	2019	
	测控技术与仪器教研室	卓旭升	2020	
	无机非金属材料工程教研室	黄志良	2020	
	软件工程教研室	吕涛	2020	
	英语专业教研室	涂朝莲	2020	
	智能科学与技术	李晅	2021	
	机械设计制造及其自动化教研室	陈绪兵	2021	
	应用化学专业教研室	陈嵘	2021	
	建筑工程教研室	周小龙	2021	
	法学教研室	金明浩	2022	
	电气工程及其自动化教研室	王振	2022	
	生物工程教研室	吕中	2022	
	概论教研室	舒先林	2022	
省级大学生创新活动基地	化工与环境类大学生创新活动基地	郭嘉	2010	
湖北省普通高等学校拔尖创新人才培育试验计划项目	化学工程与工艺	喻发全	2010	

续表

项目	名称	负责人	批准年份	备注
湖北省战略性新兴(支柱)产业人才培养计划项目	制药工程	张珩	2010	
	材料物理	汪建华	2010	
	过程装备与控制工程	喻九阳	2011	
	化学工程与工艺	喻发全	2012	
	高分子材料与工程	刘治田	2012	
	光电信息科学与工程	吴晗平	2013	
	智能科学与技术	王海晖	2014	
	测控技术与仪器	杨帆	2014	
	工业设计	程智力	2015	
湖北省普通本科高校"专业综合改革试点"项目	高分子材料与工程	刘治田	2012	
	无机非金属材料	黄志良	2013	
	会计学	张丹	2014	
	采矿工程	张电吉	2014	
	应用化学	陈嵘	2015	
	过程装备与控制工程	喻九阳	2015	
湖北省高校改革试点学院	材料科学与工程学院	马志斌	2013	
湖北高校省级示范性实习实训基地	宜化集团实习实训基地		2012	
	武汉人福医药实习实训基地		2012	
	武钢集团大冶铁矿		2016	
省级精品视频公开课	从石油到iPhone4	田琦峰	2012	
	管理信息化与现代生活	孙细明	2013	
	谁来给中国"加油"——中国石油安全的困境与出路	舒先林	2014	
	生命要素与医药工业	张珩	2014	
	机器人足球中的人工智能方法	张彦铎	2015	
省级精品在线开放课程	文字设计	宋奕勤	2018	
	高分子物理	吴江渝	2018	
	如何高效学习	张志	2018	

续表

项目	名称	负责人	批准年份	备注
省级虚拟仿真实验教学项目	泥浆护壁钻孔灌注桩成孔3D仿真实习	陈旭勇	2018	
	智能制造虚拟现实仿真实验	陈旭兵	2018	
	依非韦伦原料药虚拟仿真实验	刘根炎	2018	
	虚拟制造工程真实验	吴和保	2018	
	计算机辅助药物分子设计实验	祝宏	2018	
省级重点实验教学示范中心	"大化工"工程化实践教学中心	王存文	2014	
	智能系统虚拟仿真实验教学中心	张彦铎	2015	
"荆楚卓越人才"协同育人计划项目	自动化	洪汉玉	2016	
	道路桥梁与渡河工程	胡小弟	2016	
	材料化学	李亮	2017	
	电气工程及其自动化	文小玲	2018	
	汉语国际教育	杨建兵	2018	
	法学	金明浩	2018	
	会计学	许慧	2018	
省级一流本科专业建设点	法学	金明浩	2019	2021年获国家级
	英语	陈明芳	2019	
	工业设计	姚善良	2019	
	无机非金属材料工程	黄志良	2019	2020年获国家级
	电气工程及其自动化	文小玲	2019	2020年获国家级
	光电信息科学与工程	吴晗平	2019	2020年获国家级
	自动化	洪汉三	2019	2021年获国家级
	软件工程	王海晖	2019	2020年获国家级
	土木工程	卢海林	2019	2021年获国家级
	采矿工程	张电吉	2019	
	矿物加工工程	何东升	2019	2020年获国家级
	生物工程	吕中	2019	2020年获国家级
	会计学	许慧	2019	2021年获国家级

续表

项目	名称	负责人	批准年份	备注
省级一流本科专业建设点	材料化学	李亮	2020	
	环境工程	汤亚飞	2020	2021年获国家级
	机械设计制造及其自动化	廖义德	2020	
	计算机科学与技术	吴云韬	2020	
	能源化学工程	王存文	2020	2021年获国家级
	测控技术与仪器	杨帆	2020	
	安全工程	周德红	2020	
	环境设计	邱裕	2020	
	建筑学	徐伟	2020	
	经济学	韩可卫	2021	
	信息与计算科学	戴祖旭	2021	
	机械电子工程	高翔	2021	
	材料物理	王升高	2021	
	通信工程	杨述斌	2021	
	行政管理	冯兵	2021	
国家级一流本科课程	创业基础	张志	2020	线上课程
	弹性力学B	刘章军	2020	线下课程
	化学反应工程	丁一刚	2020	线下课程
	制药工艺设计	张珩	2020	线下课程
	财务管理学	许慧	2023	线上线下混合式课程
	文字设计	宋奕勤	2023	线上线下混合式课程
	工程估价	沈巍	2023	线上课程
	混凝土结构设计原理	吴巧云	2023	线下课程
	压力容器及过程设备	郑小涛	2023	线下课程
	人工智能	张彦铎	2023	线下课程
	安全管理学	周德红	2023	线下课程
	思想政治理论课实践	舒先林	2023	社会实践课程
首批国家级课程思政示范课程	安全管理学	周德红	2021	

续表

项目	名称	负责人	批准年份	备注
省级一流本科课程	环丙沙星光催化降解机理的液质联用分析虚拟仿真实验	陈佳	2020	虚拟仿真实验教学课程
	乙苯催化脱氢制苯乙烯工艺操作安全应急虚拟仿真实验	刘生鹏	2020	虚拟仿真实验教学课程
	人工智能	张彦铎	2020	线下课程
	西方经济学（微观）	韩可卫	2020	线下课程
	大学生职业发展	李哲伦	2020	线上课程
	大学物理	熊伦	2020	线上课程
	文献检索	吴长江	2020	线上课程
	英语语音	万磊	2020	线上课程
	英语阅读与写作	王伟	2020	线上课程
	家具设计	范蓓	2020	线上课程
	材料科学基础	沈凡	2020	线上课程
	化工安全	周德红	2020	线上课程
	数字电子技术	戴丽萍	2020	线上线下混合式课程
	大学物理	熊伦	2020	线上线下混合式课程
	模拟电子技术	陈柳	2021	线上线下混合式课程
	工业机器人技术及应用	陈绪兵	2021	线上线下混合式课程
	设计心理学	葛菲	2021	线上线下混合式课程
	生物工艺学	靳晓芸	2021	线上线下混合式课程
	大学物理实验	秦平力	2021	线上线下混合式课程
	计算思维与程序设计基础A	王海晖	2021	线上线下混合式课程

续表

项目	名称	负责人	批准年份	备注
省级一流本科课程	财务管理学	许慧	2021	线上线下混合式课程
	加油中国	曹胜亮	2021	线下课程
	专业综合实验（2）	陈嵘	2021	线下课程
	工程估价	沈巍	2021	线下课程
	混凝土结构设计原理	吴巧云	2021	线下课程
	压力容器及过程装备	郑小涛	2021	线下课程
	安全管理学	周德红	2021	线下课程
	电子商务概论	朱湘晖	2021	线下课程
	工厂供配电所运行操作与故障处理虚拟仿真实验	李自成	2021	虚拟仿真实验课程
	思想政治理论课实践	舒先林	2021	社会实践课程
	汉字与文化	张艳梅	2021	社会实践课程
	金融法	汪沂	2022	线上线下混合式课程
	化工设计	何禄英	2022	线上线下混合式课程
	自动控制原理	陈艳菲	2022	线上线下混合式课程
	面向对象程序设计	张俊	2022	线上线下混合式课程
	运筹学	张宗祥	2022	线上线下混合式课程
	酶工程	靳晓芸	2022	线上线下混合式课程
	工业等离子体原理	赵洪阳	2022	线上线下混合式课程
	发酵工程	程波	2022	线上线下混合式一流课程
	数字媒体设计	张媛	2022	线上线下混合式一流课程

续表

项目	名称	负责人	批准年份	备注
省级一流本科课程	画法几何及机械制图（2）	刘源	2022	线上线下混合式一流课程
	制药工艺学	刘慧	2022	线上线下混合式一流课程
	英语语法	别尽秋	2022	线上线下混合式课程
	电气安全	张民波	2022	线上线下混合式课程
	化工原理	李萍	2022	线上线下混合式课程
	结构力学	徐丰	2022	线下课程
	材料科技英语	吴江渝	2022	线下课程
	思想道德与法治	王威	2022	线下一流课程
	有机化学	王刚	2022	线下一流课程
	电力电子技术	刘健	2022	线下课程
	基于资源回收的重金属危险废物处置及全过程污染控制虚拟仿真实验	刘煦晴	2022	虚拟仿真实验课程
	高分子材料专业实验－高分子材料成型虚拟仿真	江学良	2022	虚拟仿真实验课程
	工程实训认知虚拟仿真实验	于传浩	2022	虚拟仿真实验课程
	分析化学	陈伟	2022	线上课程
	电机学	曾丽	2022	线上线下混合式课程
	盐酸乙脒生产工艺虚拟仿真实验	金放	2022	虚拟仿真实验课程
省级课程思政示范课程	安全管理学	周德红	2021	
省级课程思政教学研究示范中心	武汉工程大学课程思政教学研究示范中心	程幼金	2021	

续表

项目	名称	负责人	批准年份	备注
国家级一流本科专业建设点	应用化学	陈嵘	2019	
	过程装备与控制工程	喻九阳	2019	
	高分子材料与工程	刘治田	2019	
	智能科学与技术	张彦铎	2019	
	化学工程与工艺	喻发全	2019	
	制药工程	张珩	2019	
	无机非金属材料工程	黄志良	2020	
	电气工程及其自动化	文小玲	2020	
	光电信息科学与工程	吴晗平	2020	
	软件工程	王海晖	2020	
	矿物加工工程	何东升	2020	
	生物工程	吕中	2020	
	电子商务	孙细明	2020	
	法学	金明浩	2021	
	自动化	李自成	2021	
	土木工程	陈旭勇	2021	
	能源化学工程	王存文	2021	
	环境工程	汤亚飞	2021	
	会计学	许慧	2021	

三、课外科技活动

(一)机器人足球

作为我校大学生课外科技活动特色项目,"机器人足球"在张彦铎教授的指导下,从2002年起连续获得世界杯机器人足球赛多个项目的冠军。强化实践、注重创新,教、学、产、研"四结合"的人才培养方式,极大地激发了大学生创新、创造的积极性。计算机科学与工程学院张彦铎教授指导的课外科技活动小组,以及在与毕业设计相结合的教学实践环节中,开展以智能科学技术为核心的机器人足球项目研究,科技创新能力得到迅速提高,他们参加了国际机器人足球联盟(FIRA)举办的世界杯机器人足球赛和全国机器人足球锦标赛以及中国机器人大赛暨RoboCup机器人世界杯中国赛、中国机器人及人工智能大赛,获得冠军、亚军、季军共计100余项,为祖国、为我校赢得了荣誉。中央电视台、湖北电视台、武汉电视台、武汉教育电视台、《人民日报》《光明日报》、《湖北日报》、《长江日报》等多家媒体关于"在校大学生走上世界科技领奖台"的诸多报道,引起了社会各界对我校的广泛关注,学校学生的科技创新能力、动手能力得到了社会各界的广泛好评。

机器人足球项目研究组在国际、国内比赛中的获奖情况

时间	地点	比赛届次	比赛项目	获奖情况
2002年4月	大庆	第三届全国机器人足球锦标赛	Small League MiroSot	亚军
2002年5月	韩国汉城	第七届FIRA机器人足球世界杯	Middle League SimuroSot	冠军
2003年8月	哈尔滨	第四届全国机器人足球锦标赛	Middle League SimuroSot	冠军
			Large League SimuroSot	亚军
			Small League MiroSot	亚军
			Middle League MiroSot	亚军
2003年9月	奥地利维也纳	第八届FIRA机器人足球世界杯	Middle League SimuroSot	冠军
2004年6月	武汉	第五届全国机器人足球锦标赛	Formation	冠军
			Middle League SimuroSot	亚军
2004年10月	韩国釜山	第九届FIRA机器人足球世界杯	Large League SimuroSot	冠军
2005年7月	成都	第六届全国机器人足球锦标赛	RoboSot	亚军
2005年12月	新加坡	第十届FIRA机器人足球世界杯	Large League SimuroSot	冠军
2006年6月	甘肃平凉	第七届全国机器人足球锦标赛	Middle League SimurSot	冠军
			RoboSot	亚军
2006年7月	德国多特蒙德	第十一届FIRA机器人足球世界杯	Middle League SimuroSot	冠军
			HuroSot	亚军

续表

时间	地点	比赛届次	比赛项目	获奖情况
2007年5月	武汉	第八届全国机器人足球锦标赛	HuroSot	冠军
2007年6月	美国旧金山	第十二届FIRA机器人足球世界杯	Middle League SimuroSot	冠军
			HuroCup	冠军
			Large League SimuroSot	亚军
			HuroCup	亚军
2008年7月	青岛	第十三届FIRA机器人足球世界杯	Middle League SimuroSot	亚军
			Large League SimuroSot	亚军
			HuroCup	亚军
			Small Robosot	冠军
2009年7月	长春	第九届全国机器人大赛	Large League SimuroSot	亚军
2009年7月	韩国	第十四届FIRA机器人足球世界杯	HuroCup	亚军
			Robosot	冠军
2010年6月	哈尔滨	首届国际仿人机器人奥林匹克大赛	Hurosot	冠军
			Hurosot	冠军
2010年7月	北京国家体育馆	"北京信息科技大学杯"第十届全国机器人大赛	Hurosot	冠军
2011年7月	牡丹江	"林海雪原杯"第十三届全国机器人大赛	HuroCup	冠军
			HuroCup	亚军
2011年7月	牡丹江	"三星杯"第二届国际仿人机器人奥林匹克大赛	HuroCup	冠军
2011年8月	中国台湾	第十六届FIRA机器人足球世界杯	Mirosot	亚军
2012年7月	哈尔滨	"远东理工杯"第十四届全国机器人锦标赛	Middle League SimuroSot	二等奖
			HuroCup	一等奖
			HuroCup	亚军
2012年7月	哈尔滨	"上海太敬杯"第三届国际仿人机器人奥林匹克大赛	HuroCup	亚军
			HuroCup	一等奖
2012年9月	英国	FIRA机器人足球世界杯	类人组点球	冠军
2013年11月	贵阳	第十五届全国机器人锦标赛	短跑	冠军
			长跑	冠军
			避障跑	冠军

续表

时间	地点	比赛届次	比赛项目	获奖情况
2014年7月	哈尔滨	第十六届全国机器人锦标赛	短跑	冠军
			阶梯跑	冠军
			障碍跑	冠军
			高尔夫	冠军
2015年7月	深圳	第十七届全国机器人锦标赛暨第六届国际仿人机器人奥林匹克大赛	类人举重	冠军
			类人避障	冠军
			类人投篮	冠军
			类人长跑	冠军
2015年8月	韩国	20th FIRA CUP	类人投篮	冠军
2016年7月	佛山	第十八届全国机器人锦标赛暨第七届国际仿人机器人奥林匹克大赛	类人投篮	冠军
			类人避障	冠军
2017年7月	佛山大庆	第十九届全国机器人锦标赛暨第八届国际仿人机器人奥林匹克大赛	点球	冠军
			捡垃圾	冠军
			阶梯跑	冠军
			投篮	冠军
2018年10月	佛山	第二十届中国机器人及人工智能大赛	投篮	亚军
2019年7月	广东肇庆	第二十一届"大旺杯"全国机器人锦标赛暨第十届国际仿人机器人奥林匹克大赛	田径长跑	冠军
			田径短跑	冠军
			服务类端盘赛	冠军
			服务类捡垃圾赛	冠军
			球类赛投篮	冠军
			仿人型田径障碍跑	冠军
			仿人型球赛类点球	亚军
2020年8月	线上	第二十五届FIRA机器人足球世界杯	2020 SOE OP3 远程控制赛	二等奖

续表

时 间	地 点	比赛届次	比赛项目	获奖情况
2020 年 12 月	线上	"锦江学院杯"第二十二届全国机器人锦标赛	仿人型球赛类点球	二等奖
			仿人型球赛类点球	二等奖
			仿人型田径短跑	一等奖
			仿人型田径短跑	一等奖
2020 年 11 月	青岛	中国机器人大赛暨 RoboCup 机器人世界杯中国赛	仿真组避障挑战赛	三等奖
			类人组	三等奖
			类人组技术挑战赛	三等奖
2021 年 5 月	天津	中国机器人大赛暨 RoboCup 机器人世界杯中国赛	类人组	三等奖
2021 年 10 月	线上	"锦江学院杯"第二十三届全国机器人锦标赛	仿人型球赛类投篮	一等奖
			仿人型球赛类点球	一等奖
			仿人型球赛类短跑	一等奖
			仿人型球赛类障碍跑	一等奖
			仿人型球赛类智能教育机器人	二等奖
2021 年 12 月	线上	第二十三届中国机器人及人工智能大赛	仿人机器人全能类——投篮	一等奖
			仿人机器人全能类——短跑	一等奖
			仿人机器人全能类——长跑	一等奖
			智多星——基于计算机视觉的智能学习一体化系统	一等奖

续表

时间	地点	比赛届次	比赛项目	获奖情况
2021年12月	线上	第二十三届中国机器人及人工智能大赛	WIT-DOG机器狗	二等奖
			多功能多用途新型智能WIFI垃圾桶	二等奖
			测量重力加速度的智能交互式系统	二等奖
			伴读AI：面向情景再现的非接触式文本"关键信息"提取与呈现系统	二等奖
			仿人孔器人全能类——点球	三等奖
			基于人工神经网络的工业音频异常监测智慧平台	三等奖
			智能所能	三等奖
			发现你的眼——基于计算机视觉的智能导盲杖系统	三等奖
			"吾舍"智慧宿舍安防控制系统	三等奖
			智能机器导航犬	三等奖
			语音写字机器人	三等奖
			街道垃圾自动清捡机器人	三等奖
			Wander［C01］——未来流浪者	三等奖
			趣赏黄梅戏	三等奖
			光线追踪太阳能充电板	三等奖
2022年8月	线上	第二十三届中国机器人及人工智能大赛	优阅AI：基于手-文交互的第一人称阅读视角下的感兴趣文本信息记录与重现系统	一等奖
			短跑	一等奖
			可自主巡航的全向移动智能车	一等奖

续表

时　间	地　点	比赛届次	比赛项目	获奖情况
2022 年 8 月	线上	第二十三届中国机器人及人工智能大赛	基于大数据的菜谱推荐系统"云食物语"	二等奖
			阶梯跑	二等奖
			障碍跑	二等奖
			图片查重系统	二等奖
			物联网环境下的疲劳驾驶预警系统	二等奖
			点球	三等奖
			"好字唯织"——语音交互式写字教学机器人	三等奖
			基于生成对抗网络的书法图像去噪	三等奖
			"探戈"——智能机器导航犬	优秀奖
2022 年 11 月	线上	中国机器人大赛暨 RoboCup 机器人世界杯中国赛	类人组	二等奖

注：① FIRA，国际机器人足球联盟；
②仅列出了国际、国内比赛的冠亚军，其他名次从略。

（二）机甲战队——Nautilus 机器人实验室

Nautilus 机器人实验室成立于 2019 年，由武汉工程大学机电工程学院、电气信息学院、计算机科学与工程学院与艺术设计学院等共同协助建设，在校团委、教务处及学院党委的大力支持和指导下发起并成立。在张聪等指导老师的带领下，团队充分融合机器视觉、嵌入式系统设计、机械控制、惯性导航、人机交互等众多机器人相关技术学科，全方位推动学子将学科知识与实践相结合。Nautilus 机器人实验室的成立不仅提升了学生的综合实践能力，更在校内营造出一种科技创新的良好氛围。团队主要参与大疆创新发起并承办的 RoboMaster 机甲大师赛，同时也致力于其他科创类比赛的筹备，为团队成员搭建参赛平台，提供研发环境，更让广大学生的科技创新梦想成为现实。团队自成立以来，为我校赢得诸多荣誉，得到湖北电视台、荆楚网《人民日报》《湖北日报》《长江日报》等多家媒体的诸多报道，引起了社会各界对我校的广泛关注，团队学生的科技创新能力、发明制作能力得到了社会各界的广泛好评。

Nautilus 机器人实验室在各类比赛中的获奖情况

时间	地点	比赛届次	比赛项目	获奖情况
2019年7月	武汉	"建行杯"第五届"互联网+"大学生创新创业大赛	基于DIY手机壳的教学工业机器人	省赛银奖
2019年8月	北京	2019世界机器人大赛冠军赛——青少年机器人设计大赛	"京天杯"仿人接力组	季军
2019年10月	武汉	全国三维数字化创新设计大赛	基于气动式的通用型流水线	龙鼎奖
2019年12月	江苏	ROBOMASTER 2019机甲大师江苏省校际联盟赛	高校联盟赛	全国三等奖
2020年8月	线上	RoboMaster机甲大师青少年对抗赛	对抗赛	新星启航奖
2021年4月	武汉	第七届全国大学生工程训练综合能力竞赛	"智能物流搬运——智能机器人"	省赛一等奖
2021年4月	武汉	第二十届全国大学生机器人大赛RoboMaster2021机甲大师高校联盟赛（湖北站）	步兵对抗赛	省赛二等奖
			3V3对抗赛	省赛二等奖
2021年5月	杭州	第二十届全国大学生机器人大赛RoboMaster2021机甲大师区域赛（中部赛区）	步兵机器人	省赛外观设计奖
			步兵竞速与智能射击	省赛一等奖
			工程采矿	省赛二等奖
2022年6月	常州	第二十一届全国大学生机器人大赛RoboMaster2022机甲大师超级对抗赛区域赛（东部赛区）	7v7对抗赛	晋级全国赛
2022年8月	深圳	第二十一届全国大学生机器人大赛RoboMaster2022机甲大师超级对抗赛全国赛	7v7对抗赛	国赛二等奖
			英雄机器人	国赛三等奖
			哨兵机器人	国赛二等奖
			飞镖系统组	国赛三等奖
			空中机器人	国赛三等奖

续表

时间	地点	比赛届次	比赛项目	获奖情况
2022年8月	深圳	第二十一届全国大学生机器人大赛 RoboMaster2022 机甲大师超级对抗赛全国赛	工程机器人	国赛三等奖
			步兵机器人	国赛二等奖
2023年5月	南京	第二十二届全国大学生机器人大赛 RoboMaster2023 机甲大师高校联盟赛（江苏站）	3V3对抗赛	省赛一等奖（季军）
			步兵对抗赛	省赛一等奖（冠军）
2023年6月	常州	第二十二届全国大学生机器人大赛 RoboMaster2023 机甲大师超级对抗赛区域赛（中部赛区）	7v7对抗赛	一等奖（晋级全国赛）

扫码了解更多：

Nautilus 微信公众号　　Nautilus 官方招新群　　Nautilus B 站

思考与讨论

1. 请列举出武汉工程大学的办学特色和优势。
2. 试以《我和我的大学》为题写一篇短文。

适应大学 ▶

走进大学,首先要适应大学。

面对一个新的环境,每个人都有一个适应的过程。

只要积极地面对新的生活,可能在不知不觉中,我们就已经适应了生活。

适应大学 ▶

——

　　大学生要适应新的学习、生活环境,重在培养和提高自身独立生活的能力,因为无论是学习、生活、交友还是认识社会和人生,都需要大学生更多地依靠自己去思考、判断、选择和行动。

　　人的思想是了不起的,只要专注于某一项事业,就一定会做出使自己吃惊的成绩。

第三章 环境适应

大学阶段是一个人获取知识、提高能力的关键时期,是一个人从学校走向社会的桥梁。新同学进校后尽快地适应大学生活,实现中学生向大学生的平稳过渡,既是大学生活的良好开端,也是今后职业生涯成功的基础。适应是人与环境之间的协调过程。在这一过程中,对自我和环境的深刻认识,以及人的自觉主动性是适应环境的关键。

第一节 地域环境的适应

第一次远离家乡到异地求学的大学新生,带着家人和社会的重托开始新的人生旅途。对于大学新生来说,离开熟悉的环境,离开有着深厚感情的老师和同学,离开疼爱自己的父母,踏入一个全新的环境后,如何尽快适应新的环境是摆在他们面前的重要课题。

一、气候、地域的适应

武汉是中国湖北省省会,是中部六省唯一的副省级城市、华中地区最大及中心城市,也是中国长江中下游地区特大城市。长江及其最长支流汉江横贯市区,将武汉一分为三,武昌、汉口、汉阳三镇隔江鼎立。武汉自古又称"江城",拥有长江和汉江、东荆河、滠水河、界河、府河、朱家河、沙河、倒水河和举水河等长江支流。以城区为中心,以长江为主构成了庞大水网,保证了良好的生态环境。

武汉属北亚热带季风性湿润气候,有雨量充沛、日照充足、夏季酷热、冬季寒冷的特点。一般年均气温15.8~17.5℃,一年中,1月平均气温最低,为0.4℃;7、8月平均气温最高,为28.7℃。夏季极长,达135天,因武汉地处北纬30度,夏季正午气温可达38℃以上。武汉地处内陆、距海洋远,地形类似盆地,故集热容易散热难,又因河湖多,故夜晚水汽多,加上城市热岛效应和副热带高气压的影响,夏季十分闷热,是中国四大火炉之一,夏天普遍高于37℃,极端最高气温可达44.5℃。初夏梅雨季节雨量集中。

武汉地处我国中部,冬季相对阴冷潮湿,夏季相对湿热,与北方气候形成鲜明的对比。习惯于生活在寒冷地带的同学,应进行耐热锻炼,并要预防蚊虫叮咬;习惯于生活在酷热地带的同学,则需进行耐寒锻炼,增强机体的新陈代谢能力,促进血液循环。大一新生要根据气候变化适时增减衣服。

要尽快熟悉校园的"地形"。新生入校后应该马上到校园各处熟悉情况,例如,了解教室、图书馆、商店、校门的位置,食堂开饭时间等。这样,之后办理各种手续、解决各种问题的时候就会更顺利、更节省时间。

二、饮食的适应

学校食堂提供的饮食种类很多,能满足不同地域同学的饮食需求。有的同学可能因饮食习惯改变而导致食欲不佳。建议尽可能吃一些与以前经常吃的主食、菜肴相同或相似的食物,不要拒食、偏食;并适量吃些武汉当地的特色食物或风味食品,以逐步适应。学校食堂每餐都为同学们准备了风味各异的几十种菜肴,同学们可以根据自身口味各取所需。

大学生"饮食不良"现象主要表现在两个方面:一是饮食不规律。很多人早晨起床较晚,来不及吃早饭便去上课,有的索性取消了早饭,有的则在课间的时候随便吃些零食。二是暴饮暴食。学生们主要在食堂就餐,但食堂的就餐时间比较固定,常有学生由于学习或其他原因错过了开饭时间,于是就吃点饼干、方便面来对付,等下一顿吃饭时再吃双份。研究证明:早餐吃饱、吃好,对于维持正常的血糖水平非常重要;用餐时不能挑食、偏食,要全面加强营养,还要多吃水果和蔬菜。

三、语言环境的适应

新生在大学校园里应尽量用普通话进行交流,使自己消除陌生感,这样有利于大学新生的角色转变。在大学新生群体中,大多数学生是从中小城市或乡镇、农村到大城市来读书的,由于部分地区基础教育发展不平衡,许多新生入学时普通话水平不高,这样不仅会影响到他(她)的人际交往,而且人际交往中的不顺利将对他(她)的自尊心和自信心产生负面的影响,进而影响到学习、生活的方方面面。因此,大学新生对语言环境的适应是不可忽视的。语言环境的适应并不太难,新生在平时的生活和学习中,应多向字典学习,向普通话好的同学学习,尽量掌握标准的发音。在发音准确的基础上,还要不懈地进行练习,发现错误及时纠正。

除此之外,掌握一些必要的地方方言也有助于适应环境。比如,出门办事或上街买东西都可能与讲方言的当地人打交道,如果会说当地的方言,交流起来更方便,也能避免可能发生的"欺生"现象。

总之,大学新生尽快适应语言环境,使自己消除地方语言的陌生感,有利于自身角色的转变。

第二节　生活环境的适应

在中学时代,大部分同学住在家里,不少人拥有属于自己的独立生活空间,饮食起居、财物一般都由父母安排;而大学生活是集体生活,住寝室、吃食堂,日常生活事务都要靠自己处理。这种改变对缺乏独立生活能力的学生来说既是锻炼,又是挑战。

一、大学与中学教育环境的不同

(一)大学设施的系统性

作为育人机构的大学,虽然在办学规模、教育水平等方面与中学存在着一定的差别,但所有学校都具有符合育人要求的较为系统的设施,如教室、宿舍、食堂、图书馆、实验室、运动场等,这些设施是学校赖以生存和发展的物质基础。与中学相比,大学的设施要更加丰富、完备和系统。中学更注重教学和生活设施的建设,但文体活动设施和科研设施相对而言不够系统。虽然各个大学的设施条件存在差异,在设备配置的选择上也各有侧重,但从总体上看,大学设施的配置表现出较强的系统性。大学除了有完善的教学和生活设施,还有比较完备的文体活动设施和科研仪器设备,不少学校还有自己的实验工厂和实习基地。大学的各种物质设施在一定程度上反映了国家科学文化的发展水平。

(二)大学人才的密集性

大学既是培养专门人才和发展科学文化的重要社会组织,又是人才聚集的场所。大学人员主要是由知识的创造者和传授者、知识的接受者以及为其服务的人员,即教师、科研人员、学生、管理人员等组成。

教师、科研人员是高级知识分子,是掌握各种专业知识、专业技能和科学理论的高素质人才,具有较高的文化水平,他们在一定程度上代表着人类科学发展和社会文明进步的最新水平。

大学的管理人员和职工大多受过高等教育,其中党政干部大多是具有较高知识水平的专门人才,他们不仅具有较高学历,还有从事管理工作的经验,更具有较高的思想素质。

学生是整个社会中可塑性较强、极具发展潜力的青年,都是经过高考严格筛选出来的,具有中等教育的基础知识。他们求知欲强,向往高尚的文化生活,寻求高层次的精神享受,渴望掌握人类文明发展的成果,是肩负现代化建设任务的高级专门人才的预备队。大学人才的密集性,构成了大学生素质拓展的良好外部环境,对大学生形成高雅的情趣和正确的人生观、价值观有着潜移默化的重要作用。

(三)大学教师的示范性

学高为师,身正为范。教师的思想、人品、知识在教学和课外活动交往中表现出来,对学生的学习和成长会产生重要的示范性影响。教学活动是学校中占主导地位的活动。教师在教学活动中,不仅把科学文化知识系统地传递给学生,同时也承担着培养他们的道德品质、情感意志和行为习惯的重任。

大学教育环境是教学与教育的高度统一,不存在非教育性的教学活动,也不存在非教学性的教育活动。无论是专业课教师还是管理人员,都是以自己的人品和人格面对学生,无时无刻不在对学生进行示范。教师的示范具有感性、形象的特点,教师不以严谨求实的治学态度对待教育工作,就无法培养出具有严董求实的求学态度的学生;教师不进行创造性的研究,就不可能进行创造性的教学,也就难以培养出思维活跃、富有创造精神的学生。教师的一言一行、一举一动都受到学生的关注,都会对学生产生影响,直接或间接地对学生起着示范作用。因此,教师以其特有的人格力量影响和感染着学生,并成为学生模仿和学习的榜样。

(四)大学纪律的严明性

我国高等教育的性质决定了高校必须确保培养出来的毕业生的质量。他们不仅要有扎实的科学知识和健康的体魄,而且必须具有较高的社会主义觉悟,也就是要有理想、有道德、有纪律、有文化。要培养这样的高素质人才,严明的纪律是重要的保证,大学纪律的严明性是通过各种规章制度、管理的方法与措施得到体现的。大学的纪律性贯穿于学生学习和生活的各个方面:从课内到课外,从起床到就寝,从服饰穿戴到言谈举止等都有相应的规章制度进行约束。通过这些规章制度和行为准则对学生的思想行为进行科学的指导和制约,进而把学校的纪律内化成行为习惯,培养学生遵守规章制度的自觉性。培养学生高尚的情操,既需要耐心细致地进行说理教育,也需要坚持不懈的行为训练。严明的纪律不仅是学校管理的基本要求,而且是学校一切工作正常运转的重要保证,同时是大学生健康成长的必要条件。

(五)大学素质的导向性

大学所进行的一切工作都是围绕着提高学生的素质来开展有目的、有意识的活动,是围绕着培养社会主义合格建设者和可靠接班人而进行的。大学的每个专业在培养人的过程中都有一定的目标指向性,学生通过几年的学习,在学校的教育培养和教师的引导下,转变成具有较高素质的专业人才。这里所说的素质的导向性有以下几层含义。

1.学校对学生素质的导向是多方面的

我们培养的是面向现代化、面向世界、面向未来的建设者,是在新的历史条件下坚持正确的政治方向和勇于开拓进取的知识分子。大学培养的人才不仅有智育的要求,而且有德育、体育、美育、劳育以及各种实际操作能力的要求。

2.学校对学生素质的导向是多渠道的

课堂教学是对学生素质进行导向的主渠道。此外,学校的各种物质设施、管理制度、文化活动、人际关系等都对学生的素质发展起着直接或间接的导向作用。

3.不同学校、不同专业对学生素质导向的侧重点不同

大学在培养学生时,把德育放在首位,注重学生思想素质和政治素质的提高,在培养他们正确的世界观、人生观和价值观等方面有共性。但是,不同学校、不同专业要求培养出具有不同专业特长的人才。这样,不同的学校环境对学生素质的导向就表现出了个性。例如,师范院校与医学院校在育人目标上分别是培养教师和医生,在素质的导向上就体现出明显的差异。就是同一院校的不同专业,素质导向的方式也不一样。比如,师范院校的中文和数学两个专业的学生,由于对他们专业素质的要求不同,导向的方式就不一样。大学对学生素质的导向是学生各方面素质提高的关键,正确的素质导向既是学校和社会发展的要求,更是学生寻求自我发展的需要。

二、管理方式的适应

在管理方式方面,大学的管理方式相对中学的管理方式而言要"松"一些,中学的管理方式以"约束"为主,大学的管理方式则以"自觉"为主。由于高考升学的压力,中学对学生各方面的管理都很严格,学生的言行受到老师较严的管束。而大学阶段主要依靠学生自我管理和自我约束,学校和老师通过引导学生自觉遵守校规法纪、开展形式多样的活动来发展学生的自主、自立、自律能力,达到自我管理的目的。

"自我管理"就是主体(学生)对自身的约束和引导。主要体现为良好的学习生活习惯,能更深层次地管理好自身的行为和思想,有独立和健全的人格,对学校的管理认同和支持,变被动接受管理为主动参与管理的意识,能够与老师和同学建立良好的互动关系。同学们要自觉提高自我管理意识,通过自我管理,实现自身的思想素质明显提高,自我管理能力增强,组织能力、领导能力逐渐形成,个人的才能得到全面发展;要不断提醒自己勤奋学习,增强责任心和纪律观念,要不断增强集体荣誉感,树立"主人翁"意识,形成积极主动的学习生活态度。作为大一新生,我们应该努力培养自己的自理、自立能力,熟悉学校各项规章制度,在心理素质、自律能力、社交能力、思维方式、学习方法、理论修养等方面逐渐进入大学生角色,尽快完成中学生向大学生的成功转变,为以后的学习、生活打下基础。

三、安全防范的适应

离开家乡到异地求学,这意味着我们已经踏入了一个不同的社会环境。面对复杂的校内外环境,大学新生需要提高自己的安全意识,增强自我保护能力。

大学生在实际学习和生活中往往容易受到来自校内外环境的影响和侵害,而当面临侵害威胁时,又不能有效地保护自己。因此,提高大一新生的自我防卫能力显得十分重要。在大学期间要树立正确的消费观念,自觉抵制不良"校园贷款",在遇到不法侵害的威胁时,应及时向公安保卫部门报警,以寻求他们的帮助。在遇到盗窃、诈骗、抢劫、行凶、强奸、杀人等不法侵害时,应大胆采取正当防卫来保护自己和他人。同时,大学新生的交通安全意识普遍不强,交通安全知识缺乏,交通安全意识淡薄。因此,同学们要自觉养成遵守交通法规的良好习惯,无论在校内、校外,都要努力避免交通事故的发生。

近几年来,网络经济迅速发展,进入网络领域的人越来越多,高校学生几乎人人涉足网络,虽然大学生在一定程度上有着驾驭网络的能力,但对维护网络安全的法律、法规、条例却知之甚少,网络安全防范意识相对淡薄。我们提倡健康上网,摒弃不文明、不道德的网上行为,自觉抵制网上有害信息的侵蚀,倡导文明、健康的网络生活。不登录反动网站,不下载、传播反动及煽动性信息,不看淫秽及内容低俗的网页。

在校园里生活还要注意做到防火、防盗、防骗。先说说防火,学生宿舍主要供学生休息和学习用,但有的同学贪图方便,私自乱拉电线,违章使用电热器,容易产生短路、起火,从而造成财产损失甚至人身伤害,所以学生务必遵守宿舍管理条例。再谈谈防盗,新同学离开父母,开始过集体生活,应大力培养安全意识,增强防盗观念。为了避免钱财损失,新生进校后,应将钱存在银行卡里,身上少带大量现金,银行卡与账号密码一定要分开保管,密码最好不要使用身份证号;贵重的东西一定要放在自己带锁的抽屉里,钥匙随身带好;不要贪图便宜购买劣质锁,出门一定要养成随手关门的习惯,不给小偷留下任何可乘之机。最后说说防骗,现在社会上骗子很多,他们利用新同学涉世不深、社会经验不足,施用各种骗术诈骗新生,常用的行骗方式有短信诈骗、电话诈骗、网络诈骗、推销商品诈骗、借用银行卡诈骗、外币兑换诈骗等。他们不仅利用新生的同情心理、同乡心理、赚钱心理、虚荣心理骗取钱财,也利用家长对子女的关爱心理行骗。为防止受骗,请同学们一定给家长留下学校老师的办公室电话或手机号,家长接到短信或电话不要惊慌,一定要核实清楚情况,学校绝不会以任何名义向家长收取国家缴费规定以外的任何费用。因此,同学们一定要提高警惕,谨防诈骗,学会自我保护。

第三节 人际环境的适应

人际交往是指人们为了传达思想、交换意见、表达感情和需要,通过彼此相互接触,在心理和行为上相互影响的过程。

（一）大学生的主要人际关系

1.同学关系

同学关系主要是指作为正式群体的班级和院系内部的学生之间的关系。同学关系具体包括校友关系、班友关系和室友关系。这种关系是大学生最重要、最基本、最稳定的人际关系之一。在处理同学关系时要注意把握好以下几点:

(1)要正确处理好竞争与友谊的关系。在培养自己的竞争意识的同时,要采取正确的竞争态度和方式。要在竞争中发展友谊,在友谊中促进竞争。

(2)要正确处理好与异性同学的交往关系。交往双方一定要相互信任、相互尊重。男女同学要从思想和行为上分清友谊与爱情的界限,女同学要自尊、自重,男同学要自制。

(3)正确处理好与性格内向同学的交往关系。在与性格内向的人交往时,首先,要做到尊重对方、理解对方。其次,尽量了解对方,以实际行动去接近对方,缩短相互间的距离。再次,以热情关切的态度,感染、影响、带动他们。最后,应以虚心、耐心、会心与他们相处。性格内向的同学,应注意克服怕羞和不善交际的弱点,尽量使自己大方、开朗。

2.师生关系

在师生关系的相互作用过程中,作为老师,应该是学生的良师益友,关心、尊重、爱护学生;作为学生,应有积极主动、虚心求教的态度。那么,作为学生具体应该如何去做呢?

(1)尊重老师,虚心学习,诚恳求教。对于任何一个人来说,尊师都是做人最起码的原则。

(2)正确对待老师的缺点。金无足赤,人无完人,老师也有这样或那样的缺点和不足,对于老师的缺点和不足,应诚恳指出,切忌冷嘲热讽。

(3)在专业学习过程中多与老师交流。多学习老师治学和分析解决问题的方法,积极参与老师的教学活动和科研活动,为老师做些力所能及的工作,在这些交往中增进相互了解,建立和谐的师生关系,提升自己的专业能力。

3.朋友关系

在大学生的人际交往中,朋友是十分重要的交往对象。如何处理好朋友之间的关系呢?

(1)以诚相待,彼此忠诚。对朋友最怕虚情假意、虚伪周旋。但朋友之间应允许有各自的隐私和空间,毫无疑问,是否"无所隐伏","隐伏"多少,是衡量友谊的重要标志。

(2)信守诺言,互信不疑。"信"被古人奉为为人处世亘古不变的美德之一。孔子说"与朋友交,言而有信"。信,首先是守信,说到做到,一诺千金,言而有信;其次是信任,相信朋友,不无端猜疑。

4.恋人关系

大学生如何处理好自身的恋爱关系,也许成了许多在校大学生最为关心的一件事。一个大学生恋爱生活的成败,可以说会牵涉到他或她大学期间所有其他方面的生活。

(1)恋人关系不是大学期间的主要关系。现在有很多的大学生,由于忽视了和同学之间的关系以及和老师之间的关系,再加上没有把主要的心思放在学业上,从而导致从恋爱之中寻找精神依赖与精神支持。这种做法是错误的。任何一个国家,任何一个时代,学生的天职永远都是学习。由此可知,和同学以及老师之间的关系的重要性肯定是超过恋爱关系的重要性的。

(2)恋人关系不是自我封闭的两人世界。有些同学认为爱情是一个可以脱离外界的纯粹的两人世界,这当然是错误的理解。许多谈恋爱的大学生,一旦有了恋爱对象,就开始和室友、同学、集体拉开距离,进行自我封闭,只是沉浸在两人的世界里,和室友的聊天没有了,和班上同学的接触没有了,集体的活动不参加了,社团组织的活动没兴趣了,等等。这种不正确的恋爱态度,会让恋爱者失去很多其他方面的机会。

(二)大学生人际交往的艺术

在现实的人际交往中,人们虽然同样遵循交往的原则,交往的实际效果却各不相同,究其原因,主要与各自对人际交往的艺术和技巧把握不同。

(1)语言表达艺术。语言是交往、沟通的纽带。正确运用语言艺术是搞好人际交往的重要手段。掌握语言表达艺术,除了要做到吐字清晰、思维敏锐、逻辑严密、语言简练、言谈幽默和不讲脏话外,还应该注意学会在交往中恰到好处地赞扬和批评他人。

(2)正确认识自己。首先,要正确接受自己,不能接受自己,就难以接受他人,这是人际交往的巨大障碍。其次,要正确对待自己的优点和缺点。每个人都有或多或少的毛病和缺点,在与人相处的过程中,要注意发挥自己的优点和长处,认真改正缺点和不足,否则,就会让人产生看法和不满,人际关系也不会真诚、亲密。

(3)树立良好形象。人们对一个人的评价,很大程度上依赖于对他的感官印象。大学生在人际交往中要注意树立良好的公众形象。首先,要注意自己的仪表。仪表不仅指长相,也包括穿着、姿态、风度等。大学生穿着要得体大方,讲究整洁卫生,并且要符合当代大学生的身份。其次,要注重自己的行为。在人际交往中,一方面要做到行为稳重、举止大方,与人交往时不畏首畏脚、忸怩作态。最后,要讲究礼节,要给人彬彬有礼的印象,使人产生一种亲近感。

第四章 学习适应

对于大学新生来说,离开家门,走进大学,就如同一场新的变革,意味着学习和生活都将发生巨大的变化。其中,最大的变革就是大学是青年学习知识、增长才干、放飞梦想的地方,大学要培养的是学生的社会责任感、动手能力、实践能力和创新能力等。我们也可以将大学新生比喻成一张"白纸",大学四年将要绘出五彩斑斓的人生篇章。因此,大学生要对大学的学习生活做好规划、设定目标,学习方式也要从被动转为主动,提高自己的综合能力,增强自己的职场竞争力,为以后的职场生活做好准备。

大学的学习氛围是外松内紧的。在这里没有人时刻监督你,没有人主动指导你;但这里绝不是没有竞争,每个人都在独立地面对自己的学业和生活,每个人都应当有自己设定的目标,才不枉大学四年的青春。因此,你需要真正地学会学习,学会有目的、有效率地学习,只有这样,才能最终在职场中择己所爱、择己所能。那么该如何认识大学学习,以便尽快适应大学学习生活呢?

第一节 认识中学学习与大学学习的差异

一、学习方式的差异

中学阶段,班主任一般对学生一天的学习生活都进行了详细安排,学生的学习内容、学习时间,甚至学习计划都是由老师统筹安排的,学生按部就班地执行即可,若稍加思考和善于发问,则可以达到锦上添花的作用。相比中学学习,大学学习存在较大的差异,大学的教学过程更富有研究性和探索性,学生的学习应具有更多的主动性、独立性和创造性。在大学阶段,班主任不会将学生每天的学习计划精确到小时,主要是靠学生本人在原有课程安排的基础上,自行安排自己的学习时间,老师更强调培养学生自学和独立思考的能力。这对目前的大学新生来说,既是一次充分锻炼的机会,也是一个不小的挑战。

二、教学方式的差异

中学阶段,老师可能会不断重复讲解若干个典型的题目,并且解题的步骤非常详尽;而大学阶段,老师一节课讲授的量较大,需要学生认真听课和课后自我消化。针对教学方式的差异,我们新生要做到转变学习思维模式,做到课前预习、课后复习,提高学习效果,或者通过网课强化知识。大学新生开始上课时,可能对大学的授课方式不习惯,认为一天讲这么多内容完全吸收不了。因此,如何预习、如何听课、如何复习,是新生必须要认真琢磨和思考的。

三、学习地点的多变性

大学的上课场所由中学的"一个萝卜一个坑"变成了"打一枪换一个地方"。不同的课程会安排在不同的教室进行,图书馆、电子阅览室、宿舍、自习室等场所在学生学习中所处的地位和所起的作用也各不相同。因此,同学们应了解如何使用图书馆,如何正确利用网络,如何通过多种渠道获取更多的信息,如何采用现代科技手段来掌握、运用自己所学的知识,提高自己的综合素质和各种应对能力。

四、自主学习是大学学习的突出特点

大学教师除了担负着繁重的教学任务外,还要承担一定的科研工作,所以不可能像中学教师那样与学生朝夕相处,更不可能像中学教师那样为学生安排学习内容、学习时间甚至制订学习计划,也不会像中学阶段一样,三天一小考,五天一大考。因此,新生必须学会"主动的学习方式",必须学会做好自己的时间管理。为了提高自主学习能力,同学们首先要自己确定学习目标,自己制订学习计划,再不断评估学习效果和调整学习计划;其次要主动找教师征询指导意见,主动向老师请教问题,变"要我学"为"我要学",变被动为主动,使自己在学习方式上迅速融入大学环境。

第二节 端正学习态度

大学四年是人生的关键阶段,也是学习的黄金时期。从生理上来讲,这个时期的你无论是体力、精力、记忆力,还是接受新事物的能力、修正错误的能力等各个方面都处于最佳状态。

从人生阶段来讲,这一时期的你有旺盛的求知欲和充足的学习时间,这两点对我们来说,很多时候是"鱼"与"熊掌"的关系,不可兼得。从认识能力来讲,经过了小学、中学阶段的积累,现在的你对内在世界和外在世界具备了一定的认识和判断能力,但还不成熟,正处于世界观、人生观、价值观形成和修正的时期。从求学生涯来说,这是你第一次系统地接受高等教育,对一部分毕业后不选择继续深造的人来说,这也可能是他们最后一次接受系统教育的机会,可能今后他们会转向社会学习这部大书了。

在人生的轨道上,大学这段时间里,你有着最充足的时间、最强的修正能力,试错成本也不太高;而在此之后,时间和修正能力线在下降,代价线却在上升!遗憾的是,并不是人人都能认识到这一点,浑浑噩噩者不乏其人。

凡事都有其自身的规律,大学学习也是如此。一般来说,在大学期间,我们可以把学习分为以下几个阶段:大一是专业兴趣培养的阶段;大二是综合素质提升的阶段;大三是专业实践的阶段,也可以称为定向阶段;大四是向着目标冲刺的阶段。

第三节 重视课堂学习

课堂学习是大学里最基本的学习,也是与高中阶段相似点最多的部分。这里主要包括三类课:基础课、专业课和选修课。

基础课主要在大学低年级开设,包括大学英语、高等数学、计算机基础、政治理论课以及根据专业不同而定的物理、化学等课程。如果说大学是你人生发展的一个平台,那么基础课程的学习就是这个平台的基础和核心。因此,基础课程的学习一定要引起足够的重视。它是你学业开始的重头戏,也将是你考研或就业的重要砝码。比如数学,在理工科里,它是基础的基础,计算机、物理、机械、电子等相关专业都离不开它。

专业课则是你安身立命之本,在打牢基础课的底子后,应该对专业课深钻细研,梳理成体系,逐渐培养自己在某些问题上提出独到见解的能力,有可能的话,多跟同学切磋交流,多参与实验室项目,多跟老师沟通,多向老师请教。

按照学校教学管理制度,学校规定的学分里面必须有一定的选修课学分。各个院系都开设了颇具特色的选修课,学生一般在大一下学期开始参与公共选修课。这里要提醒大家的是,选修时一是要注意学分安排,二是要注意时间安排,三是要结合自己的兴趣与发展方向来进行选择,不可人云亦云、亦步亦趋。

关于学习方法。如果说中学时老师在扶着你走路,进了大学之后,老师则只会充当引路人的角色,你必须学会自主地学习、探索和实践。例如,大学一堂课讲授的内容往往涵盖了课本中几十页的信息,或者是横跨几本书中相关信息的综合,这时候仅仅通过课堂听讲是无法把所有知识学通、学透的,课前课后需要自己积极主动地去吸收和消化。

第四节　利用学习资源

大一的课程安排得较为宽松，很多同学下课之后不知道该怎样安排自己的时间，更不知道该在大学里如何汲取各种知识，问题的关键在于他们忽视了大学里可以利用的多种多样的资源。

一、积极与同辈交流

孔子曰："三人行，必有我师焉。"大学四年，与我们朝夕相处的，正是我们的同学和学长。从他们每个人身上，我们都能发现不少闪光点，如果能够做到取长补短，那将是多么大的收获啊！

同学和学长不但是自己的学习伙伴，也是最好的人脉和知识来源。大学生群体里有很多有思想、有想法的学生，如果细心观察、虚心请教，我们就能从这些优秀的伙伴身上学到很多有用的东西。如遇到困难，看看别人是如何处理类似的问题或相似的情况的，对自己会是很好的启发。有不会的问题请教身边的同学，不仅是得到答案的最快方式，而且能够促使自己逐渐形成与他人交流、向他人学习的习惯。同时，在与同学的交流中还会增进彼此之间的感情。正所谓"闻道有先后，术业有专攻"，每个人的专长不同，每个人对问题的理解和认识也不尽相同，大家只有互帮互学，才能共同进步。

学长们的经验和教训可以帮助我们减少试错的成本，尤其是本专业的学长们，他们按照学校和学院设计的培养方案和体系，经过了专业课程的学习和训练，对课程内容本身、学习重点和职业发展方向均有所了解。可以向他们请教本专业的重点学科内容，学习时要注意哪些问题，有意识地为日后工作和研究积累知识，这样可以让我们在学习中少走弯路，尽快实现自己的目标。

二、虚心向老师请教

作为课堂学习的延伸，大学新生要善于向老师请教，也要勇于提出问题。不论是学习方法、技巧上的问题，还是课程内容和教师研究领域方面的问题，都可以提，甚至还可以提出有关做人做事的问题。不要担心自己提出的问题让自己显得幼稚，只要这一问题是你目前困惑的，四处寻求答案而"百思不得其解"的，均可以提出来。老师是乐于"传道、授业、解惑"的，我们向老师请教的大多是关于学习方法和工具等的技术性问题，比如学好本专业需要看哪些参考书，学好本课程关键需要掌握哪些学习方法和思维方法，该如何进行课题研究和参加学科竞赛，该如何着手展开社会调研等。另外,也可以针对日常学习提出一些问题,尤其在进行与本专业相关的研究时,千万不能把问题堆积起来或者绕开问题走,尤其在一些关键问题上要向老师多请教。能够提出问题正是从简单的学习走向深入研究的开始,要锻炼自己这种能力,向老师请教之后,再慢慢培养自己解决问题的能力。这样四年下来,肯定收获颇丰。

三、充分利用图书馆

培养阅读的习惯,可以在大学课堂之余汲取更多的知识。在大学里的所有学习资源中,图书馆应该是大学生最亲密的"伙伴"。每所大学都有自己的图书馆,有些大学的院系也拥有本院系专门的图书资料室。应充分了解图书馆的馆藏资源和布局,即知道图书馆有哪些图书。不同学科的图书馆,其主要的藏书内容和馆藏分类会有所不同,但是一般都会有一些常规的阅览室,如报刊、工具书、社科类阅览室等。大学新生入学,在办理完阅览证、借书证之后,不妨先去学校图书馆大致浏览一番,弄清楚如何使用电子检索系统找到自己想要的书,怎样浏览图书馆新进的书籍,每个阅览室都有些什么类型的图书,外借书一次可以借阅几本,续借有什么要求,怎样预约书籍等问题。

目前,很多大学的图书馆都实行网络化管理,因此,大家应尽可能多地使用图书馆的网络资源和电子资源,利用图书馆的电子阅览室,掌握查找文献或者信息的方法,了解国内外期刊的大致情况等。

通常,图书馆有两种"泡"法。一种是带有非常强的目的性,如阅读老师在课堂上推荐的专业书籍,或者是为了写论文而查阅资料,以及从自己的兴趣点出发,有意识地检索某一方面的书籍。另一种则带有一定的随意性和娱乐性,没课的时候到图书馆看看小说消磨时间,或者到期刊阅览室翻翻最新的报纸和杂志,时刻与社会保持同步,还可以看看本专业的前沿动态,这些会对你的将来大有裨益。对现代的大学生来说,获取最新的资讯信息也是学习中必不可少的一个环节。

四、积极听取学术讲座

在大学里,为了增强学术气氛和活跃人们的思维,为了扩大学生的知识面和丰富学生的课余生活,经常举办各种各样的普及性讲座。这些讲座内容丰富、形式各异:有展望性的,如介绍现代科技发展动向;有思想性的,如评价各种哲学思潮;有知识性的,如中外历史漫谈和世界地理漫步;还有文艺性的,如文学作品分析、音乐名家介绍及名曲欣赏等。它们融科学性、知识性和趣味性于一体,对个人文化素质的提高非常重要。大学讲座是可贵的思想财富,身处大学校园,有这样的便利条件,如果能尽量多听取讲座尤其是质量高的学术科技讲座,四年大学生活定会有更多的收获。

五、善于利用网络学习资源

我们生活在一个知识爆炸的时代，电脑、手机、平板，只要能连上互联网，我们就能置身于各种信息当中。由于网络能够提供多类别的学习资源、多样化的呈现方式、多渠道的信息加工，以及一对一、一对多、多对一、多对多的对话方式，因此蕴藏着突破传统教育资源的限制、实施因材施教的潜能，同时可以满足不同智力优势、不同学习水平以及不同学习方式的学生的信息需要和学习要求。但同时，大家需要注意，互联网中的信息鱼龙混杂，如果没有鉴别能力、自控能力，你也可能在网络的世界里迷失自己。

我校的数字化、网络化教学环境很好，在校内建成一个宽带交互式多媒体教学网，实现了语音和图像信息的实时传输。通过教学信息组织的非线性化、信息处理的数字化、信息储存的光盘化、学习资源的多样化的有机结合，实现了校内实时网络教学和远程教学的资源共享、辅导答疑、教务管理等。

第五节　正确面对学习中的"不适应"

一、面对迷茫的学习目标

中学时代的学习目的极其单纯——考上大学。对许多同学而言，一旦达到这一目标，就开始茫然不知所措，不知道为何要学习，缺乏学习的原动力，不知道自己前进的方向在哪。大学生只有对学习内容有足够的兴趣，才能够产生强烈的求知欲和探索欲，才能有饱满的学习热情。因此，大家应当首先尽力学好本专业的知识，并在整个学习过程中培养对本专业的兴趣，这样才能找到前进的方向，才有动力。

二、面对不感兴趣的专业

在高考填报志愿的过程中，很多学生或家长对专业并不是很了解，只是选择了当时比较热门的专业，或是服从专业调剂等。当新生入校之后，有时会发现自己所读的专业并不是自己感兴趣的专业。遇到这种情况，首先要摒除成见，不要带着抵触心理，虽然它不是你心甘情愿的选择，但不一定就是错误的选择。要充分了解自己的专业，判断它是不是真的不适合自己。如果发现专业真的不适合，可以选择转专业。但转专业时要谨慎，要详细了解自己想转的专业，最好询问一些相关的老师和学长，看自己是否适合学习这个专业，会不会因基础不足而导致课程跟不上。要与辅导员好好沟通，了解清楚转专业的必要条件和程序，当然，还要和父母好好商量，不要先斩后奏，应充分尊重他们的意见。

三、面对错误的学习观

有不少同学对学习的认识产生了一些偏差,认为毕业后的出路主要靠关系,在校成绩的好坏不能决定未来。不能否认,的确有靠着关系安逸度日的人,但是在这个竞争日益激烈的社会,安逸一时却不一定能安逸一世,真正有用的仍然是真才实学,真正能功成名就的都是靠自己的真功夫真本事。因此,我们需要在大学期间,努力提高自己的各项技能和能力,这样才能在步入职场时更具竞争力。

四、面对"没有毅力"的学习现象

大学更注重学生的自学能力,这就要求新生学会自我管理和时间管理。大学里,除了课堂学习,还有丰富多彩的校园活动,如果不能进行合理的安排,将会无法平衡学习与活动之间的关系、学习与担任学生干部之间的关系,从而导致学习成绩下降乃至挂科。大多数同学并不缺乏制订学习计划的能力,但确保计划有效实施的能力欠佳。因此,最好是制订一个有效的学习计划,并充分考虑计划的可行性,不要急功近利,计划安排得过于密集,变成了不可能完成的任务,结果不了了之。当然,有了好的计划还需要有毅力去切实执行。有研究指出,习惯的养成周期是 21 天,也就是说,最初的一个月是最难以坚持的,要想顺利度过这个时期,不妨结伴学习,为自己找到另一双监督的眼睛。

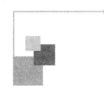

第五章 心理适应

时光飞逝,平静而无情;青春短暂,多彩而匆忙。进入大学校园的新生,难免产生各种困惑、迷茫和矛盾。怎样才能解决这些问题,让大学时光充实而不忙乱、紧张而不压抑、自由而不失控、多彩而不偏激呢?

每年九月,莘莘学子怀着喜悦的心情跨入大学校门,踏上人生的又一个起点。对校园里的新生来说,无论是生活环境还是学习方法,无论是个人目标还是社会期望,都会发生很大的变化。大学的生活环境、学习要求、人际关系、管理制度等方面都与中学有极大差异。从被人管理到自主管理,难免会有些不适应,诸多问题往往令他们手足无措。在新鲜感逐渐消退后,各种各样的心理问题便凸显出来。

第一节 新生心理矛盾与冲突

一、新生适应期常见的五种消极心理

(一)间歇心理

高中时期高度紧张的生活是同学们终生难忘的。经过3年超负荷的拼搏以及身心能量的过度透支,大学生入学后几乎身心俱疲,相当一部分同学滋生了对学习的厌倦情绪。由于心理紧张得以解除,学习上无动力,行动上提不起劲,喘口气、歇歇脚的心理比较普遍。

(二)茫然心理

中学阶段大家的奋斗目标非常明确,即围绕高考而拼搏。明确的目标具有动力、导向和激励作用,面临严峻的升学压力,个体的潜能被最大限度地挖掘出来。考入大学后,原有的目标已实现,大家进入理想的重新建构期,以保持行为的必要张力。有的新生在入学初期尚未确立新的人生目标,出现了目标的盲区和理想的真空。因此,

往往缺乏方向感,感到无所适从。再加上高校管理不像中学那么直接和严格,学生的自由度较大,被约束惯了的学生在突如其来的自由面前,反而茫然不知所措。许多新生不知道自己该干什么,不善于自主地安排自己的生活和学习,从而感到焦虑、茫然与无奈。

(三) 失落心理

失落心理的产生主要与两种因素有关:①新生入学前将大学生活过度理想化,每一名即将步入大学校园的学生,都曾有过一系列关于大学生活的美妙联想——幽静的林荫道、一眼望不到尽头的阶梯教室、笑声朗朗的宿舍楼,还有"睡在我上铺的兄弟"……然而,入学后发现并非完全如此。过高的期望值与大学的现实生活反差较大,导致部分新生入学后出现情绪波动和失落感。②失去中心地位。考上大学的同学,在高中阶段都是学习的佼佼者,老师青睐、同学羡慕,使他们成为同龄人的中心,无形中会产生某种过高的自我评价。进入大学后,全国各地成绩优异的佼佼者汇集一堂,相比之下,很多新生会发现自己显得比较平常,成绩比自己优异的同学比比皆是。这一突然的变化使一些新生措手不及,无法接受理想自我和现实自我之间的巨大差距,失落感便袭上心头。曾有一个考到上海上学的女学生,只因第一的头衔没了,英语听力和口语水平又与上海同学差之甚远,所以心理失衡,一直闹着要休学。

(四) 自卑心理

产生这种心理有三种情况:①部分同学高考成绩不理想,没有考到理想的学校,自尊心受挫。②一些新生入学后,发现高校的某些价值标准与中学不同。在高校,衡量个人价值和能力的不仅仅是学业成绩,个人的兴趣、才华、风度、交往能力等因素都是引起人们关注的重要品质。③生理因素和家庭环境引起自卑。有的男同学会因身材矮小而自卑;有的女同学会因长相不佳而自卑;还有一些来自农村或小城镇的同学,与来自大城市的同学相比,往往会觉得自己见识浅薄,没有特长,从而产生自卑感。

(五) 怀旧心理

进入高校后,生活和学习环境变化巨大。生活方式、习惯、环境的急剧变化,加上远离家乡、亲友和同伴,这对缺乏生活自理能力和人际交往技能的学生来说,无疑是个不小的挑战。尤其是某些年龄小、以自我为中心、习惯依赖家庭的学生,在人际关系紧张时,因想家而哭鼻子、闹情绪一类的事情时有发生。

在这一时期,很多大学新生感到迷茫和困惑。学生们的这种心态常常被人们称为"大一现象"或"大一的迷茫"。

二、新生成长的必由之路

新生进校以后,由于环境的变化而出现各种心理问题,如茫然心理、失落心理、自卑心理、怀旧心理等;在以后的学习中还可能会产生焦虑心理、抑郁心理、孤独心理等。怎样看待这些问题,同学们的看法有差异,专家们也有争议。有的认为以上问题是一种心理病态或者心理障碍,需要找心理专家咨询和治疗;有的认为以上问题是一种心理现象。为什么说是一种心理现象,因为茫然心理、失落心理、焦虑心理、抑郁心理等问题,不仅新生有,老生也有,不仅学生有,老师也有,不仅平民有,专家也有。可以说,每个人在人生的不同发展阶段都曾有过这类心理现象。

两种意见,谁对谁错,要具体问题具体分析,不能一概而论,是心理病态(心理障碍)还是心理现象要看问题的实质。核心的问题是看以上心态是局部的、偶然的、短暂的反应,还是过急的、反复的、长期的存在。如果是前者,只能算是心理失衡,最多也只能说心理暂时有点问题,度过了这个时间段或经历过这件事情,心态也就恢复正常了,这样的心理失衡每个人都有。如果是后者,就是心理障碍或者心理病态,就需要找心理专家咨询、治疗,有的还要用药物辅助治疗。

新生出现的种种心理问题,绝大多数只是心理失衡的问题,而且这种现象的产生是由环境变化引起的。这种心理失衡经过入学教育、老师的辅导、环境的熟悉、认知的改变和自我的调适,随着时间的推移会慢慢消失。所以,新生遇到这种现象不要过分着急,要换一个角度思考,把它看成青年学生成长的必由之路,每个人都会遇到、都要经历的一种心理现象,只不过是时间长短、反应轻重的问题。同时,它还与个人心理素质和对压力的释放、情绪的调适能力有关,能力强恢复就快,能力差恢复就慢。

三、积极调整,学会释放

新生进入校园以后,感觉一切都是那样的陌生,心中的孤独感油然而生。此时此刻往事总是历历在目,想到了过去,想到了高中那段时光,想到了初中校园,更想到了小学的教室。那时,是多么的天真,过着无忧无虑的生活。上学的时候背着书包去,放学的时候同样是背着书包回来,虽然那时的这些事情都是机械的、重复的,但日子过得是那样的开心。可如今千头万绪,均要一人承担,思维就像一团乱麻,有着说不清的郁闷和寂寞。

对于大一新生来说,今后在遇到压力的时候,可能都要由自己一个人默默承担,有时会让自己疲惫不堪,所以学会释放压力就显得十分重要。记住以下几点,会使你释放压力,找回轻松。

(1)不要惧怕压力,要勇敢地去面对。毕竟我们刚进大学,谁都会遇到这样或那样的压力。鲁迅先生曾说过:"真的勇士,敢于直面惨淡的人生,敢于正视淋漓的鲜血。"

(2)保持豁达、乐观的生活态度。任何事情都有正反两个方面,不能只看到消极的一面,凡事要往好的方向想。在遇到困难时,就把这些困难当成成长过程中所必经的历练,不断自我激励和肯定,学会吸取他人的优点和长处。运用积极思维,不管处境如何,都应该抱着一颗乐观开朗的心去对待生活,我们要坚信"阳光总在风雨后"。

(3)通过学习来充实自己,使生活充满希望。读书可以明智,可以移情易性。情绪低落的时候,多读些励志类书籍和伟人传记。

(4)学会放弃。有个词语叫"舍得",有"舍"才有"得",有时候真的是不舍不得,大舍大得。如果什么都不想失去,什么都想得到,往往会事与愿违。

(5)放松大脑,调节心情,给心灵放假,充分休息。心情不佳时,多参加一些社团文体活动,换换环境,换换脑子,因为新鲜的体验可以让你忘却烦恼。有意识地强迫自己转移注意力,对于调节情绪会有很大帮助。

(6)说出你的想法。当你心情不愉快时,不妨与同学和朋友交谈,向他们倾诉自己的烦恼。特别是向要好的异性朋友倾诉,会使不愉快的心情得到显著的改善。研究表明,向异性倾诉比向同性倾诉更有效。

(7)多运动。因为运动能调节人体的内分泌,可以加速血液循环,使能量得到合理的释放,有利于身心愉悦,还可增强抗压能力。

(8)学会正确评价自我。不可总拿别人的标准要求自己,尽量做好自己的每一件事,快乐地生活。

第二节　学会情绪管理

一、大学新生情绪的特点

(一)丰富性和复杂性

从人的生理发展阶段来看,大学生正处于青年期(14~25岁),这一时期是人生面临多种选择的时期,如学习、交友、恋爱等。大学新生作为特殊群体,生理基本成熟而心理尚未完全成熟,处于心理断乳期,易受到外界的干扰。对人、事、社会等特别关注,对友谊与爱情执着追求,对新鲜事物十分好奇,对学业和未来充满信心,朝气蓬勃、积极进取,拥有许多积极情绪(增力情绪)。但大学并不是伊甸园,也有竞争与压力。考试不及格、朋友误解、恋爱失败甚至天气变化等都可能导致消极情绪(减力情绪)的产生。可以说,大学生的情绪极其丰富又极其复杂。

（二）波动性和两极性

社会、家庭、学校及生活事件，都会对大学新生的情绪产生影响，使大学新生的情绪摇摆不定、跌宕起伏，时而热情激动，时而悲观消沉，表现出极大的波动性。这种情绪的极端形式就是情绪的两极性，即从一个极端跳到另一个极端。

（三）激情性和冲动性

由于知识水平和认知能力的提高，大学新生在一定程度上能够控制自己的情绪，但大学新生兴趣广泛，对外界事物较为敏感，加之年轻气盛又具有从众心理，因而在许多情况下，其情绪容易被激发，不考虑后果，带有很大的激情性和冲动性。如果这种激发结果是积极的，则有利于大学生成才，如见义勇为、听英模报告会等，都会奏响正义的凯歌；如果激发结果是消极的，甚至是反面的，如为了哥们义气或小团体利益不惜违反校规校纪甚至犯罪，就会对人生产生负面的影响。

（四）阶段性和层次性

在大学阶段，由于不同年级的培养目标和培养重点不同，教育方式和课程设置也有所区别，各个年级的学生面临的问题不同，情绪、情感特点也不同，呈现出阶段性和层次性特点。大学新生所面临的是适应环境、改变学习方法、熟悉和了解新的交往对象以及确立新的目标等问题。新生自豪感和自卑感混杂，放松感和压力感并存，好奇感和陌生感交织，情绪波动大。即使同年级的学生，由于社会、家庭及自身要求、期望不同，能力、心理素质存在差别，也会表现出不同的情绪状态，表现出层次区别。

（五）内隐性和外显性

大学新生很多情绪是一眼就能看出的，考试第一名或赢得一场球赛，马上就会喜形于色。但大学生在成长过程中，面临学习、交友、恋爱和择业等具体问题，感受到切肤之痛时，往往藏而不露，情绪具有很大的内隐性。

二、情绪管理及意义

（一）什么是情绪管理

所谓情绪管理，是指一个人对自己情绪的自我认知、自我控制、自我驱策能力和对他人情绪的识别与适度的反应能力。它包括如何准确表达自己的真情实感，如何克服冲动、延迟满足；如何调整情绪，避免因过度沮丧而影响思维；如何设身处地地为他人着想，真诚地去理解别人；如何激励自己越挫越勇，对未来永怀期望等内容。一个善于管理自己情绪的人，其情绪主基调应该是积极的、乐观的、愉快的；能够接纳自己与他人的情绪,能够表达自己的情绪,能够较好地把握与调节自己的负面情绪并有效地管理自己的情绪;能够适时、适度做出情绪反应,而且情绪反应能够与周围的环境相协调、相适应。

(二)情绪管理的意义

1.情绪管理与身心健康

俗话说:"情急百病生,情舒百病除。"可见情绪管理对人的身心健康具有重要的意义。大量的生活事例和研究都已证实,情绪活动能影响人的身心健康,情绪不仅可以致病,而且可以治病。不良的情绪不仅会导致心理疾病,还会导致生理疾病;良好的情绪不仅可以治疗心理疾病,还可以治疗生理疾病。

处于忧郁、焦虑不安和烦恼等消极情绪之中会使内分泌失去平衡,造成器官的功能活动受到阻抑,如果反复出现这类情绪就会引发一系列不良后果。例如:急躁而爱发脾气的人,易患高血压;忧郁而多愁善感的人,易患肺病;情绪的激烈变化是大病的先兆,盛怒之下会发生脑血管破裂,当场中风或因冠状动脉闭塞而突然死亡;发怒时,胃出口处肌肉骤然紧缩,东西出不去,会使整个消化道痉挛,腹部剧痛;生气时吃饭,则会消化不良。具有不良情绪的人,往往表现出过度的情绪反应与持久性的消极情绪。而消极的、负面的情绪如果持续时间过长,则会干扰一个人正常的心理活动,对人的身体健康、人际关系、工作学习效率等产生不良影响,甚至导致心理障碍,引发生理疾病。

良好的情绪则会对人体的身心健康起到良好的作用。积极情绪可使内分泌腺向血液中分泌肾上腺素,肾上腺素可增强新陈代谢,为人体提供能量。乐观、开朗、心情舒畅的人,其各种内脏健康运转,对外来不良因素的抵抗力较强。美国哈佛大学的一些学者曾用了40年的时间,对204位成年人做了跟踪调查,结果发现在21~46岁、精神生活舒畅的59人中,只有2人在53岁时得了重病,其中1人死亡;而在同一时期,得不到舒畅的精神生活的48人都在55岁以前死去。因此,只有学会管理自己的情绪,才能保持健康、良好的情绪状态,才有助于学业的进步、人际关系的改善及身心健康的保持。

2.情绪管理与人生成败

情绪管理不仅与身心健康有密切关系,从广义上讲,与我们能否适应社会、获得事业成功和更好地享受生活也有着密切的联系。一直以来,我们都非常重视智力开发,并认为一个人的事业成功是和他的智商高低成正比的。但这种智力学说无法解释这样一些常见的现象:为什么有的人在学校是尖子生,步入社会后却表现平平?为什么我们在第一次见到某些人时就能产生好感,而对另外一些人却一见生疑?为什么面对同样的困难和挫折,有的人一反常态、精神沉沦,有的人却能保持轻松愉快、一如既往？研究发现,影响人们人生发展和事业成败的因素,主要是情绪管理能力。一个善于管理情绪、调节情绪的人,当他面临困难和挫折的时候,他往往能够及时地调整自己的情绪,合理地看待困难和挫折,从而使自己能够保持乐观、自信的心态,并最终战胜困难和挫折。反之,一个不善于管理情绪、调节情绪的人,当他面临困难和挫折的时候,他往往不能够合理地看待困难和挫折,从而使自己陷入悲观、消极的心态中无法自拔,甚至一蹶不振,最终会被困难和挫折击垮。

三、情绪管理的心理机制

(一)不良情绪是由不合理认知引起的

1.什么是不合理认知

人们为什么会产生不良情绪呢？合理情绪疗法的创始人——美国心理学家艾尔伯特·艾里斯(Albert Elis)为解答这个问题,在1979年曾提出四点基本假设：

(1)自寻烦恼是人的本性,人并不完全是理性的动物,人常为情绪所困扰,而困扰的原因多半是由内因造成的,很少是由外因造成的。

(2)人有思考能力,但在思考有关自身的问题时,则多表现出损己害己的倾向。对与自己密切相关的事,往往做过多的无谓思考,这是困扰自己的主要原因。

(3)不需要有事实根据,单凭想象就可以形成信念,这是人区别于其他动物的特征之一。这种无中生有的想象力越丰富,就越容易使人陷入苦恼的困境之中。

(4)人有自毁倾向,同时也有自救能力。合理情绪疗法则可以通过转化前者来帮助发展后者。

因此,当你对与己有关的事件做出不合理的解释和评价时,会导致不良的情绪或行为后果的发生。而你对自己、对他人以及对周围世界的不合理的认识和评价,心理学上称之为"不合理认知"。

2.不合理认知的特征

一般来说,不合理认知具有以下三个特征：

(1)绝对化的要求。这是不合理认知中最常见的特征,是指人们以自己的意愿为出发点,对事物怀有必定发生或不会发生的信念。例如："只要我付出了努力,我就应该获得成功","我那么喜欢他,他就应该用同样的爱来回报我","他是我最好的朋友,现在我遇到了麻烦,他理所当然要帮助我",等等。显然,这些认知常常与"必须""应该"等词语联系在一起。为什么说这类认知是不合理的呢？因为万事万物的发生和发展都有其自身的规律,并不能以你的主观愿望为转移,同时你对这些客观规律的认识往往是不完全的,因此,考虑问题时不能太绝对,要留有余地。

(2)过分概括化。过分概括化是一种以偏概全的思维方式。用艾里斯的话来说,"这就好像是以一本书的封面来判定它的好坏一样"。其具体表现是个体对自己或别人做出不合理的评价,其典型特征是以某一件或某几件事来评价自身或他人的整体价值。例如,有的人遭遇失败后常常认为自己"一无是处"或"毫无价值",这种片面的自我否定往往会导致自责、自卑、自弃的心理,以及焦虑和抑郁等情绪。而一旦将这种评价转向他人,就会对他人做出不符合实际的评价,抓住一点,不及其余,就会一味地责备别人,并产生愤怒和敌意的情绪。例如,某人有某种缺点,就会据此认为他一无是处,本质不好,进而对他产生敌意。为什么说这类认知是不合理的呢?因为世上没有一个人能做到十全十美,每一个人都应认识到自己和他人都是有可能犯错误的。因此,比较妥当的做法就是"评价一个人的行为而不是去评价一个人'(艾里斯)。也就是说,我们应该就事论事地去评价自己或别人的具体行为和表现,而不应动辄对自己或别人做出整体价值的评价。

(3)糟糕至极。不合理认知的第三个主要特征是"糟糕至极",是指对事物的可能后果做出非常可怕、非常糟糕,甚至是一种灾难性的设想。这种想法之所以是非理性的,是因为对任何一件事情来说,都有比之更坏的情况发生。因此,没有任何一件事情可以被定义为百分之百的糟糕透顶。如果某个人坚持这样的观念,那么当他遇到了自认为是糟糕至极的事情发生时,他就会陷入极度不良的负性情绪中。其实,虽然非常不好的事情确实可能发生,你也有很多理由不希望它发生,却没有理由说这些事情不该发生。因此,面对这些不好的事情,你首先应该努力地接受现实,然后在可能的情况下想方设法去改变这种状态,如果确实不能改变,则要努力学会如何在这种状态下生活下去。总之,所谓"糟糕至极"就是认为一件不好的事情发生之后会带来非常糟糕的后果,这种认知会给人带来严重的不良情绪,并使人陷入恶性循环中难以自拔。

(二)日常生活中常见的不合理认知

艾里斯认为,日常生活中常见的不合理认知可以归结为三大类,即对自己、对他人、对周围环境及事物的不合理的、绝对化的信念和要求。这些不合理认知的显著特征是在语言上经常使用"应该""必须""一定要"等词。

第一类不合理认知:我必须出色地完成我所做的事情,以赢得他人的赞赏,否则,我会认为自己是一个毫无价值的人。艾里斯认为,这是一个不切实际的目标。理性的人们会在自己原有的基础上努力做好每件事而不去和别人做比较;他们会在努力的过程中寻找乐趣而不是忙于得到结果;他们会努力学习怎样把事情办得更圆满而不是试图去做一个完美的人。以具体的一件事来评价一个人的全部是不理智的,人的价值仅仅在于他是一个人,具有人性,每个人都应该承认和接受自己是一个可能犯错误的人。

第二类不合理认知:人们必须善意地对待我、体谅我,以我所希望的方式对待我;否则,社会和上天应该给予他们严厉的谴责、诅咒和惩罚。艾里斯指出,任何人都不可能控制他人的意愿。对于理性的人来说,在受到他人的责备时,如果自己确有错误,会努力改正,如果自己没有错误,会认为这种责备是别人情绪问题的表现;当别人犯了错误时,可能的话,他们会阻止其继续发展下去,阻止不了,他们就尽量使自己少受别人行为的影响。

第三类不合理认知:我周围的环境与条件必须安排得井然有序,以便我能很舒服地、很快地、很容易地得到每一样我想得到的东西,而我不想要的东西一件也碰不到。艾里斯指出,人们周围的各种事物有其自身的运动规律,理性的人们会努力去改善那种令人不快的环境,当无法改善时,则会努力学会接受这种现实。

四、情绪管理的原则和方法

(一)保持良好情绪的基本原则

1.不要过分关注自己

有一个大学生,他每天都为别人总在看他而感到苦恼。当他走在路上时,总是觉得路上的行人都在盯着他看,以至于他走路的姿势都很不自然;当他走进教室时,会觉得整个教室的人都在看他,看得他面红耳赤、手足无措,非常不自在……这样的日子让他实在难以忍受下去,于是他来到了心理咨询室。听完他的诉说后,咨询老师问:"那么,当你走在路上时,你有没有老盯着别人看呢?当你坐在教室里,有同学走进来时,你会不会老看着别人呢?"他想了一下说:"那倒没有。"老师又问:"你为什么不会老盯着别人看呢?"他说:"因为我自己的事都忙不过来,哪有那么多时间去看别人呢?"老师又问:"既然你没有那么多时间去看别人,为什么你却认为别人会有那么多时间看你呢?"他答不上来了。

其实,每天盯着他"看"的并不是别人,而是他自己。他对自己的过度关注导致了他的苦恼。因此,要保持良好的情绪,首先应学会不要过分关注自己。

2.不要太在乎他人的评价

别人的评价是否总是那么客观地反映自己的真实情况呢?形象地说,别人的评价就像一面镜子,有时会是平面镜,能真实地反映自己;有时则是哈哈镜,会歪曲地反映自己。因为每个人在评价别人的时候,由于受自身生活经验等因素的影响,看待问题的角度往往不一样,对别人的评价往往也会有很大差别。因此,要想得到别人的完全客观的评价显然是不可能的。如果说有人为哈哈镜里的自己是个胖子而苦恼的话,你一定会觉得这个人很可笑,而事实上因为别人的评价使得自己的情绪大受影响的大有人在,其实这和为哈哈镜里的自己是个胖子而苦恼的道理是一样的。因此,要保持良好的情绪,就应学会不要太在乎别人的评价。

3.学会积极认知,培养积极心态

有这样一则故事,它的题目是"多看了一眼",讲的是一个大学生到郊外去写生,突然他看到田里有一个农民正背对着他坐在地上插秧。当时他想,这个农民真懒,连插秧都要坐着插。于是他就摇了摇头,准备绕开这个农民。当他绕到农民前面的时候,无意中回头多看了一眼这个农民。这时他才发现:原来这个农民是个残疾人,他的两条腿都没有了!这个大学生的想法又完全改变了,他感叹道:"这位农民真勤劳啊!即使两条腿都没有了,他还要自食其力!我回去就以这为主题画一幅画!"其实,这个残疾农民在种田这个客观事实并没有改变,但由于大学生看待这个客观事实的角度不一样,他得出的结论就完全不一样。当他在背后看的时候,对这个农民做出了一个消极的评价;当他在前面看的时候,则对这个农民做出了一个积极的评价。这个故事说明,其实任何事物都有两面性,关键在于你从哪个角度来看待它。如果从消极的角度来看待它,你就会觉得心情很糟糕,但如果从积极的角度来看待它,你就会感到心情很愉快。因此,要保持良好的情绪,就应学会积极认知,培养积极心态。所谓积极认知,就是在看到事物不利的方面的同时,要学会"多看一眼",即看到事物有利的方面。这种看待问题的方式,容易使人看到希望、增强信心,始终保持良好的情绪多于不良的情绪。

4.学会顺应情绪的自然发展规律

日常生活中,你可能有过这样一种体验,那就是有的时候情绪会莫名其妙地变得非常低落,什么事也不想干,如果这时强迫自己去做事情,则会使自己的心情变得更加烦躁。其实,这是由情绪周期所决定的。生理学家发现,人的情绪变化周期为28天,在这个周期里人的情绪要经历一个"高涨期"和一个"低落期"。当情绪处于"高涨期"时,会感到心情愉快,做事的效率也很高;当情绪处于"低落期"时,则会感到情绪低落,做事的效率也比较低。因此,要保持良好的情绪,就应学会顺应情绪的自然发展规律,当情绪处于"低落期"时,就不要勉强自己去学习或工作,可以去做一些休闲、娱乐的活动,放松一下情绪。一般来说,情绪"低落期"只会维持两三天,过了这两三天的情绪"低落期"后,你的情绪就会慢慢好转起来。

(二)情绪管理的常用方法

人的一生不可能不碰到这样或那样不愉快的事情,因此就不可能没有烦恼、焦虑、忧愁和恐惧的时候。不愉快的事情往往会引起人们的心理骚动和心理失衡,使人们的情绪活动偏离正常状态,并过多地出现诸如恐惧、忧郁、紧张、焦虑等方面的情绪。心理学上把这种心理状态称为"情绪失调"。情绪失调会对人的心理和生理产生不良的影响。轻度的情绪失调会干扰人们正常的学习、工作和生活,诸如注意力不集中、记忆力减退、判断力降低、学习和工作效率下降等。严重的情绪失调则会导致恐惧症、恐慌症、强迫症、忧郁症、神经官能症等病态人格或神经方面的疾病,还会导致胃溃疡和十二指肠溃疡、心肌病发作等,甚至危及人的生命。因此,应当尽量地防止和减少情绪失调,在情绪出现失调时,应及时采取各种情绪管理方法,防止其进一步恶化,以保持一种良好的情绪状态。

一般来说,比较常用的情绪管理方法有以下五种:

1.宣泄法

所谓宣泄,实质上是指个体通过所能够采取的行为,将郁积于个体内部的受压抑的能量引导出来并消耗掉,借此使个体获得平静。宣泄法最早来源于日本企业的管理策略。日本的许多工厂都设有"泄气室",屋内除了与老板酷似的橡皮人外空无一物,心中有气的工人关上门来便可以对着橡皮人老板或骂或打,直到筋疲力尽为止,这时气也消了一大半。日本企业通过这种方法调节工人的情绪,结果工人的工作效率大大提高。后来,心理学家就把这种调节情绪的方法运用到了心理学中。宣泄的方法是很多的,如运动宣泄法、倾诉宣泄法、娱乐宣泄法、眼泪缓解法等。

(1)运动宣泄法。较为剧烈的劳动或体育运动,能在一定程度上起到宣泄情绪的作用。因此,当你的情绪处于不良状态时,可以通过参加一些较为剧烈的劳动或游泳、跑步、踢球等体育运动来释放心中的郁闷。

(2)倾诉宣泄法。当一个人遇到痛苦的事情时,通常都希望得到别人的理解、同情、安慰、鼓励、信任和支持。在遇到痛苦和烦恼时,如果有一个值得自己信任的人能在身边认真倾听自己的诉说,即使他没有提供很有价值的建议,但诉说之后,你会感到非常畅快。

(3)娱乐宣泄法。当情绪不佳时,还可以通过听音乐、看电影、看电视、读小说、散步等娱乐活动来宣泄不良的情绪。

(4)眼泪缓解法。美国精神病学家曾对331名18~75岁的人进行调查,结果表明女性每月平均哭3~5次,男性每月平均哭1~4次,他们都感到哭过以后情绪有明显好转,对恢复心理平衡有帮助。因此,当你感到心情很难受时,不要过于压抑自己的情绪,该哭就哭。

2.升华法

当个体出现一些不能为社会所允许和接纳的动机、欲求与行为时,强烈的冲突可能使得个体将自己的心理能量导向比较崇高的方向，使之符合社会文化和社会规范的要求，这就是升华法。比如，一个失恋的男青年，他很想报复和自己分手的女朋友，但如果用伤害她的方法来报复，则要受到法律的惩罚。于是他将对恋人的报复心理转向了对事业的追求上，通过在事业上获得成功，让女朋友为当初和他分手而感到后悔，从而将报复心理导向了比较符合社会规范的方向。

3.补偿法

社会性需要区别于生理性需要的一大特点就是：它可以通过补偿来获得满足。比如，饥饿不能通过饮水得到满足，但家庭的美满幸福能缓解人们事业失败的苦痛；"我"饥饿了不能通过"你"吃饭获得满足，但自己的未竟之志可以在儿女的成就之中得以实现。这就是补偿。补偿的另一种含义是，个体在某一方面的缺憾或不幸可以通过其他方面优势的发挥来弥补，使自己获得成功感。比如，在容貌方面的自卑心理可通过学业或事业上取得成就来补偿。

4.自我积极暗示法

自我积极暗示是一种自我刺激过程，指个体以超出客观现实的想象或自认为某些特定的事、物、人的存在来进行自我刺激，达到改变行为和主观经验的目的，同时引起心理、生理上相应的变化。比如，一个心情不佳、郁郁寡欢的人可以拿起镜子直视自己，然后强迫自己露出笑容，看到自己的笑容再告诉自己：你看，我不是很高兴吗？我应该放声大笑。通过这样的心理暗示，也许忧郁的心情会获得很大的缓解。有时候，自我积极暗示能使自信心得到发掘与确立。当遇到挫折、身陷困境时，希望你能够处变不惊、临危不惧，通过内心自我激励而产生出惊人的力量，获得真正的成功。

5.文饰法

顾名思义，文饰法是文过饰非的一种心理防御机制。当个体面临挫折时，为减轻挫折的程度，维护个人的自尊和心理平衡，常常为自己错误的行为寻找理由或对自己遭受的挫折做歪曲的理解。具体的方法有：

（1）酸葡萄法，即对自己无法得到的东西降低好感。《伊索寓言》中有一则《狐狸和葡萄》的寓言，说的是狐狸饿极了，看见架上挂着一串串葡萄，想摘又摘不到，临走时自言自语地说："葡萄还是酸的。"这则寓言在世界上广为流传，可以说家喻户晓，在西方还被引入字典，"酸葡萄"表示得不到的东西就说它不好。而心理学中也借用了这个术语，用来解释合理化的自我安慰，它是人类心理防卫的重要功能之一。其实，每个人都会遭遇那个狐狸的境遇。

（2）与"酸葡萄"心态相对应的称为"甜柠檬"心态，它指的是人们对得到的东西，尽管不喜欢或不满意也坚持认为是好的，即对自己被迫得到的东西增加好感。例如你买了一套衣服，觉得价钱太贵，颜色也不如意，但你也许还是会告诉别人，这是今年最流行的款式,很值得。

(3)援例自卫法,即用别人,特别是名人做过的事来解释自己行为的合理性。

第三节 塑造健全人格

一、人格与健全人格

大学是人格发展和完善的重要时期。在这一时期,大学生关注自己的人格发展,体现出强烈的自尊心和个性特征,重视维护自己的人格尊严,日常人际交往中也常听到"不要伤害别人的人格"的警示。然而,大学生对于如何塑造自己健全的人格,存在许多困惑。如认为个性的体现就是要与众不同、无拘无束;体现个性就是追求时髦、抛弃传统等。因此,校园中不少很有"个性"的学生以自我为中心,对学校的规章制度非常抵触,疏离于集体之外,与同学和班级关系不协调,这些不仅影响到大学生人格的健康发展,也妨碍自身身心的健康。因此,大学生塑造健全人格,首先必须科学地认识人格的含义。

(一)人格的含义与特征

人格(personality)是个相当宽泛的概念。现代"人格"一词广泛运用于社会学、法学、伦理学、心理学等众多学科。人格在社会学上表示个人行为特质的统一性和固定的配合形式;人格在法律上指人能作为权利、义务主体的资格;心理学角度的人格和个性含义相同,指的是一个人在漫长的历程中所逐渐形成的,表现为稳定的和持续的心理特点,包括需要、气质、性格、能力等。

我国心理学家陈仲庚认为:"人格是个体在行为上的内在倾向性,它表现一个人在不断变化中的全体和综合,是具有动力一致性和连续性的持久自我,是人在社会化过程中形成的给予人特色的身心组织。"

我们认为:人格是现实中的独特的个人,由社会化获得的,具有内在统一性和相对稳定性的个人特质结构,是人的思想和行为的综合。对此,我们可以从以下几方面加以理解:

(1)人格是全面整体的人。它是对人的整体描述,而不仅仅是对人的某一方面的描述,反映了人的整体性,既包含人的内在品质,又包含人的外在行为实践,具有表里的统一性。

(2)人格具有相对稳定性。人格是具有主观世界的人,其主观世界既有可变性,又具有相对的稳定性。因此,人格的内在品质和行为具有相对的一贯性。

(3) 人格是有特色的个人。人格是人的独特的结构,具有复杂的内在组织,给人言行以特色,使一个人成为有别于他人的独特的个体。

(4) 人格是一个内在的动力组织。人格结构不只是一个素质结构,也是一个动力结构。它具有能量,决定人的动机和行为,是人的行为实践的推动力量,也是人在行为实践中遭受挫折、产生疾病的内在原因。

(5) 人格是社会化的结果。人格是人在社会生活中,不断吸收社会思想和行为规范的结果,人格的形成和变化过程就是人的社会化过程。

(二) 人格在人生发展中的作用

人格的健康对个体发展及社会发展都具有积极的意义。这是因为:

(1) 人格决定人生命运。人格对个人发展具有决定性影响,一个人所选择的人格模式将决定他的命运。同样,生活在社会变革时期的大学生,如果选择了正确的人格模式,必将走向成功。在文化多元化和社会处于变革时代的今天,当大学生面临人格模式的选择时,只有选择了适应时代需要的人格模式,才能有美好的现在和光明的未来。

(2) 人格影响身心健康。人格是人的心理行为的基础。人的心理行为是人格与环境相互作用的结果。人对客观世界的不同反应都打上了人格的烙印。人格在很大程度上决定了人如何对外界的刺激做出反应以及反应的方向、程度和效果。因而人格会影响一个人的身心健康及适应状况。

医学研究发现,许多身心疾病都有其相应的人格特征模式,这种人格特征在疾病的发生、发展过程中起到了生成、促进、催化的作用。比如,哮喘病患者多有过分依赖、幼稚、暗示性的人格特征;偏头痛患者多表现出刻板、好竞争、好嫉妒、追求完美的人格特征;而具有矛盾、强迫性、抑郁特征的人容易得结肠炎、胃溃疡等疾病。

讲究人格心理卫生并不仅仅是为了避免疾病,更重要的是要发挥积极人格的作用,增进人的社会适应能力,促进人的健康和完善,进而促进社会的文明和发展。现实生活中,一个性情开朗、热情、善于交际、为人诚恳的人,往往较容易得到群体和他人的接纳、欢迎、帮助,容易创造出一个和谐的环境,从而有利于自己保持心情愉快,施展才华。大学新生入学后的适应状况以及大学毕业走上社会后的适应状况,往往是一个人人格素质的反映。

(3) 病态人格害人害己。病态人格又称变态心理,是一种人格发展的内在不协调或对正常人格的偏离现象。具有病态人格的人的外表与正常人并无两样,完全能够处理生活和工作,但在情绪和行为活动方面存在明显障碍,比如情绪极不稳定,对人感情淡漠,甚至冷酷无情,行为极易受到偶然动机或本能欲望的支配,缺乏自制力和理智,行为表现过分幼稚或过分冲动。具有病态人格的人在现实社会中极为少见,他们中有的人会给他人和社会造成无法估量的麻烦和危害。

二、现代健康人格的基本特征

世界上的一些行为方式使人生气勃勃,并且还不危害他人、动物及供给我们一切生计的环境。这些行为方式就是健康人格的表现。健康人格意味着把自己看作一个人,一个拥有自由和责任的人,而不是一个感情冲动的消极工具或他人所期望的人。关于他人,健康人格也把他人看作一个人,而不是物或工具。他们生活在与同等地位的人的"我与你"的对话关系之中,而不是"我与他"的关系之中。人格特征不是一个固定的人格模式,而是动态变化的。大学生的人格塑造正是在这种背景下展开的,它不只是个人修养的需要,更是时代的使命、历史的重任。

严格地说,什么样的人格才算是健康的,并没有一个统一的标准。大多数研究者认为人格健康有以下标准:认知健全适宜,情感饱满适度,意志坚强可控,关系和谐统一,人际关系宽松,未见心理异常。

英格尔斯就现代人应具备的品质特征提出了自己的观点,这些特征也可以认为是现代人格的基本特征。

(1) 现代人乐于接受新的思想观念和新的行为方式。这是现代人所具备的特征的首要方面,相比之下,传统的人则不太愿意接受新的事物和新的思想。

(2) 现代人乐于接受社会的改革和变化,积极支持和响应社会的改革和进步,乐于面对改变的现实。

(3) 现代人思路广阔、头脑开放,愿意考虑并接受各方面的不同意见,不仅对自己所处的环境持有自己的意见,而且对外部和国家事务也有自己的看法。传统的人则思想相对保守被动,只是对与个人有切身利害关系的少数事情感兴趣。

(4) 现代人注重现在与未来,守时惜时,有很强的时间观念,乐于着眼于现在和未来,不愿拘泥于传统和过去。一方面能更好地继承优良的传统遗产,另一方面又能从旧的东西中解放出来。

(5) 现代人有强烈的个人效能感,对人和社会充满信心,办事讲效率,相信人能控制环境,能解决自身的问题,反对办事拖沓或采取敷衍的态度对待工作。

(6) 现代人有计划性,在公共生活和个人生活中趋向于制订长期的计划。

(7) 现代人富有知识,对周围的世界有自己的看法或意见,不固执己见,不轻信臆断和妄想,倾向于探索未知的领域。在现代人中间,充满着尊重知识的风气。

(8) 现代人具有可依赖性和信任感,能使社会成为依赖人类的理性力量和理性支配下的社会,注重竞争中的合作性。

(9) 现代人注重相互了解、尊重和保持自尊,对弱者和地位较低者的尊严和权利能给予更多的保护。

从目前心理学的研究来看,一些人本主义心理学家提出的人格健康的标准是颇有借鉴价值的。这里向大家介绍比较有代表性的人格健康标准——马斯洛的"自我实现人"的标准。

(1) 了解并认识现实,持有较为实际的人生观。

(2) 对人、对己、对大自然表现出最大的认可和接纳。

(3) 在情绪与思想表达上较为自然。

(4) 有较广的视野,就事论事,较少考虑个人利益。

(5) 有独处和自立的能力。

(6) 不受环境和文化的支配。

(7) 对生活有永不衰退的欣赏力。

(8) 在生命中曾有过引起心灵震动的高峰体验。

(9) 爱人类并认同自己为全人类的一员。

(10) 有至深的知交,有亲密的家人。

(11) 具有民主风范,尊重别人的意见。

(12) 有伦理道德观念,能区别手段与目的,绝不会为达到目的而不择手段。

(13) 富有哲理的、善意的幽默感。

(14) 富有创造性,不墨守成规。

(15) 不受现存文化规范的束缚。

三、健全人格的塑造

大千世界里没有两个人的人格、个性是完全相同的。随着大学生心理的成熟,其自我意识已经觉醒,大学生需要培养、完善并展示自己健康的个性、健全的人格。这不仅关系到大学生自身的健康与成才,也关系到社会的发展与进步,还关系到现代化的进程与质量。美国学者英格尔斯指出:"一个国家只有当它的人民是现代人,它的国民从心理和行为上都转变为现代人格,它的现代政治、经济和文化管理机构中的工作人员都获得了某种与现代化发展相适应的现代性,这样的国家才可真正称之为现代化国家。"社会的现代化主要是人的现代化(即人格的现代化),现代化要先化人后化物。

我国社会主义现代化呼唤着现代化的人格。作为我国社会主义现代化建设的主力军,当代大学生正处于人格形成、发展、完善的阶段,随着大学生心智的成熟,大学生的人格塑造具有越来越大的主观能动性,表现为对外界影响具有自己一定的判断与选择性,大学生自身的理想与信念、对自身的认识、对完美人格的向往是大学生塑造健全人格、陶冶性情的强大动力。因此,大学生健全人格的塑造,需要充分发挥自身的主体作用。大学生在塑造自我健康人格的同时,一要服从于自身身心健康和发展的需要,二要服从于现代化建设和社会进步的需要。这是大学生健康人格塑造的尺度。

(一)人格优化的方法——择优汰劣

人格塑造有两种基本方法,一是择优,二是汰劣。无论多么健全的人,其人格品质中都有好的一面和不好的一面,只不过不同的人好与不好的表现形式不一样。所以,大学生要培养、完善自己的人格,首先应该了解自己的人格特征,对自己人格品质中的长短处、优缺点有个清醒的认识,然后针对自己的人格品质不断进行优化。这样才能明确目标,从实际出发,扬长避短,对自己的人格品质进行优化组合。择优的方法即选择某些良好的人格品质作为自己努力的目标,比如自信、开朗、热情、勤奋、坚毅、诚恳、善良、正直等人格特征,可作为人格塑造的依据。汰劣的方法即针对自己人格上的缺点、弱点予以纠正,比如自卑、抑郁、胆小、冷漠、懒散、任性、粗心、急躁等。在多数情况下,择优与汰劣往往是一起进行的,择优的过程就是弥补不足的过程,而改正缺点也是在培养优点。

(二)人格优化的基础——丰富知识

知识是现代人格塑造的必备条件。美国学者英格尔斯说:"现代人之无愧于自己称号的一个重要标志,乃是他具有传统人无法比拟的广阔视野和丰富知识。"培根在《培根论人生》一书中也说:"读史使人明智,读诗使人灵秀,数学使人周密,科学使人深刻,伦理学使人庄重,逻辑修辞学使人善辩,凡有所学,皆成性格。"

大学生是未来社会的高级人才,而高级人才也必然是具有独立人格的人,而人格的独立离不开知识的支撑。应该说,每一个健全的人都应该有自己的思想,能进行独立思考。一个人要进行独立思考,就需要有广泛的知识,尤其是有关社会与人生方面的知识。高尔基说过,人的知识越广,人的本身也越臻完善。学习知识、增长智慧的过程也是人格优化的过程,高品质人格内涵必须有高层次的文化熏陶。在现实生活中,不少人的人格缺陷源于知识贫乏,如无知容易使人自卑、粗鲁,丰富的知识则使人自信、坚强、理智、热情、谦恭等。大学生在学好专业文化知识之余,也应该加强人文社会科学知识的学习,多看经典名著和经典电影,多参加各种富有深厚文化内涵的艺术活动,提高自己的审美情趣,这样就能掌握人格健全的主动权。当自己的情绪出现困扰的时候,就能够运用自己的知识和经验储备,进行自我分析、自我调节,实现自助自救。

(三)人格优化的途径——从小事做起

"不积小流,无以成江海","千里之行,始于足下"。人格优化就是要从身边的小事做起,从养成健康的生活方式开始,要做到生活有规律,科学用脑,锻炼身体,合理饮食,不嗜烟酒,丰富自己的兴趣爱好和业余生活。

(四)人格优化的土壤——融入集体

人格发展、塑造的过程是人社会化的过程,是人与他人、集体、社会互动的过程。人格在集体中形成,在集体中展现,正如马克思所说:"只有在集体中,个人才能获得全面发展其才能的手段,也就是说,只有集体中才可能有个人自由。"集体是一个人展现其人格的舞台,也是认识自己人格的一面镜子。通过与集体交往,在判断别人的人格品质的同时,其实也在对自己的人格品质做出评判,能及时发现别人和自己人格品质中好与不好的一面。自己的某些品质或受到赞扬、鼓励,或受到指责、限制,从而有助于调整自我,而且集体能伸出手来,帮助集体中的个人择优汰劣。因而,集体是锻炼人格品质的熔炉。

几乎所有的人都有与人交往沟通的需要,都有得到群体认可、接受并能融入某一群体之中的需要。同样,生活在大学生群体中的青年,通过社会交往,特别是与自己志趣相投的同学和朋友一起进行思想沟通和感情交流,能够从中得到启发、疏导和帮助,从而增进了解,开阔心胸,增强生活、学习的信心和力量,最大限度地获得来自群体的心理支援,这对维持和优化大学生的人格品质都有较大的影响。

(五)人格优化的关键——把握适度

人格发展和表现的"度"是十分重要的,否则会"过犹不及"。列宁指出:"一个人的缺点仿佛是他的优点的继续。如果优点的继续超过了应有的限度,表现得不是时候,不是地方,那就会变成缺点。"

具体地说,人格塑造的度,应该是坚定而不固执,勇敢而不鲁莽,豪放而不粗鲁,好强而不逞强,活泼而不轻浮,机敏而不多疑,果断而不冒失,稳重而不寡断,谨慎而不胆怯,忠厚而不愚蠢,老练而不世故,忍让而不软弱,自信而不自负,自谦而不自卑。

对人格"度"的把握,除了人格品质要健康地发展,避免偏向外,还表现在不同的人格品质要协调地发展,即"刚柔并济",对于"刚"者,应多发展些"柔",对于"柔"者,应加强"刚",这样才能形成合理、健康的人格;再者,要因人、因时、因事、因地表现人格特征,这样塑造出来的人格才有韧度,才有较强的适应能力。

第四节　学会心理自助与求助

在我们的大学生活中,难免会遇到各种挫折或者心理困扰。有的同学在遇到某些困难时自己能及时调整,但也有同学在某些特定事件上自己无法调节,需要他人帮助,这就好比每个人对感冒的抵抗程度不一样,有的通过自身的免疫系统就能应对,有的则需要医生协助才能痊愈。

一、心理健康的自我调节

现在的大学生的知识经验不断丰富,经过中学阶段的培养,其思维不断发展,特别是随着逆向思维、换位思维和自我思维的发展,其自我意识的能动性已逐步完善起来。因此,只要掌握一些必要的方式和方法,一般情况下,大学生自己维护自己的心理健康是不成问题的。

那么,大学生心理健康的自我调节方法有哪些呢?

(一) 积极参与社会活动,发展社会交往

人是不能够离开群体而单独生存的,人的一生几乎都是在与他人的交往中度过的。人际交往对于任何人都具有非常重要的意义,亚里士多德曾经说:"能独自生活的人,不是野兽,就是上帝。"可见,社会交往是我们生活中非常重要的一部分。

大学生参与社会活动,有助于大学生的个性形成和社会适应,有助于大学生形成良好和健康的品质,有助于大学生的全面发展。同时,在社会交往中,我们通过与其他人进行比较,可以帮助提高对自己和其他人的认识。

(二) 培养良好的人格品质

健全的人格是一个人的立身之本。人格的健全与否,决定着人对事物的认知、行为、体验、情绪的不同。从学生来说,人格的健全才是他最完全的幸福。在某种意义上,人生的快乐与不快乐,顺利与不顺利,并不在于实际上是什么,而在于你如何认识它,这取决于你的人生观和价值观,与智力和美丽无关。

一个人格不完善的人,就不能正确地适应社会,他的行为会与社会发生矛盾,甚至出现反社会的行为。这对个人来说是不幸的,严重影响了个人的健康发展,同时影响着正常的人际交往,给别人带来困惑、痛苦,更使自己承受更大的压力和痛苦。

(三) 养成科学的生活方式

科学的生活方式不仅有助于增强大学生的身体健康,也对大学生心理健康有着积

极的影响。有研究表明:生活方式与体质呈正相关,心理压力、心理困扰与体质呈负相关,心理适应能力与体质呈正相关。体力活动与心理压力、心理困扰呈负相关,与心理适应能力呈正相关。经常参加大强度体力活动且体质较好者,其心理应激(压力)可能会减少,大强度体力活动对体质的影响超过心理适应对体质的影响。总而言之,科学的生活方式有助于提高大学生的生理和心理健康水平。

那么应该如何养成科学的生活方式呢?

1.合理的膳食结构

目前当代大学生的膳食问题集中在两个方面:一方面,由营养不足引起的问题还没有得到根本的解决,如学生缺铁性贫血的发生率还维持在一定的水平,钙摄入不足的问题也比较突出;另一方面,由营养过剩导致的肥胖问题,这个问题已经成为影响大学生健康的重要因素。上述问题的出现主要是由不健康的饮食习惯造成的。

大学生应注意调整自身的膳食结构,减少主食摄入,多吃蔬菜、水果以及奶制品等食物,还要坚决克服不吃早餐、偏食等不良的饮食习惯。努力做到膳食平衡:膳食中所含的营养素种类齐全、数量充足、比例适当,即氨基酸平衡、热量营养素平衡、酸碱平衡以及各种营养素摄入量之间的平衡,只有这样,才利于营养素的吸收和利用。

2.健康的休闲方式

现在的大学生体质低弱的很大一部分原因是休闲方式不健康,所以大学生要加强体育锻炼,选择健康合理的休闲方式。很多大学生的课余时间就是待在宿舍里上网、看电视、玩游戏。其实除了体育课,大学生还可以参与户外运动。

养成健康的休闲方式需要大家走下网络、走出宿舍、走向操场,通过积极参与宿舍运动会、趣味运动,加入兴趣爱好类的学生体育社团、体育俱乐部、兴趣小组等,把更多的休闲时间投入健康向上的体育锻炼活动中去。

3.充足的睡眠时间

专家实验证明,人的大脑要思维清晰、反应灵敏,必须要有充足的睡眠,如果长期睡眠不足,会使人心情忧虑焦急。此外,大脑得不到充分的休息,就会影响大脑的创造性思维和处理事物的能力,继而我们的学习效率也就大打折扣了。

从医学角度来说,熬夜通常造成人体皮肤受损、抵抗力下降、记忆力下降、阴虚火旺、视力下降五大身体危害。

因此,我们需要保持充足的睡眠时间。根据大学生的身体特点,每天睡眠时间要保持在8个小时左右,中午可以适当午睡半个小时,这样才能保证我们有足够的精力投入到每天的学习和生活中去。

（四）加强心理自我调节

当我们遇到烦心事或者产生心理困扰的时候,自我的心理调节并不是一件十分复杂的事情,我们可以从以下几方面去做一些尝试。

1.找自己的好朋友或者长辈、辅导员进行倾诉

当遇到不幸、烦恼和不顺心的事之后,切勿忧郁压抑,把心事深埋心底,而应将这些烦恼向你信赖的人倾诉,倾诉有时候虽然不能帮你解决问题,但是它能缓解心理压力、疏泄心理情绪。如果没有合适的人可以倾诉,对身边的宠物讲也行,或者写在你的日记本里也可以。

2.外出散心或者旅游

山区或海滨周围的空气中含有较多的阴离子,阴离子是人和动物生存所必需的物质。空气中的阴离子越多,人体的器官和组织所得到的氧气就越充足,新陈代谢机能旺盛,神经体液的调节功能增强,有利于促进机体的健康。愈健康,心理就愈容易平静。

3.听听音乐

音乐是人类美好的语言。听好歌、听轻松愉快的音乐会使人心旷神怡,沉浸在幸福愉快之中而忘记烦恼。恰当的音乐作品能作用于人的情感,引起共鸣、激动、联想、想象,以"随风潜入夜,润物细无声"的方式浸润人的心灵,使人受某种道德情操、精神品质、意识观念的熏陶渗透,从而达到崇高的思想境界。

4.找个合适的地方宣泄自己的情绪

情绪的宣泄是平衡心理、保持和增进心理健康的重要方法。过分压抑自己的情绪只会使困扰愈加严重,而适度的宣泄可以把不良情绪释放出来,从而使压抑的心境得到缓解。比如,你可以大哭一场,也可以去KTV放声歌唱,把心中的不悦大声喊出来;你还可以去操场跑步、打球,通过剧烈的运动把体内的能量释放出来。当然,宣泄的方式和场合要恰当,不能给自己或他人带来一些不良后果。

5.注意转移

当人陷入心理困境时,最先也是最容易采取的便是注意转移法,即躲开、不接触导致心理困境的外部刺激。在心理困境中,人的大脑往往形成一个较强的兴奋中心,注意转移了相关的外部刺激,可以使这个兴奋灶让位给其他刺激引起的新的兴奋中心。兴奋中心转移了,也就摆脱了心理困境,"耳不听心不烦",正是说的这一道理。

二、心理咨询与心理求助

前面介绍了心理自我调节的方式和方法,但是对有些同学来说,自我调节的效果微乎其微,或者某个事件对他的影响十分重大,自己没办法走出当时的心理困境,那么这时就需要专业人员为他提供帮助。

（一）什么是心理咨询

什么是心理咨询？心理咨询就是咨询师运用心理学的原理和方法，帮助来访者发现自身的问题和问题的根源，从而挖掘来访者本身潜在的能力，改变其原有的认知结构和行为模式，以提高来访者对生活的适应性和调节周围环境的能力。

（二）关于心理咨询的误区

1.心理咨询与我无关

就像都有过患感冒的经历一样，每个人在人生的不同阶段都曾存在或轻或重的心理困惑或心理障碍。大家都有过愤怒、郁闷、焦虑、回避、恐惧、厌食、失眠、注意力不集中、难以适应新环境等体验吧？但仅靠自己的意志力同心理问题抗争，结果往往越克服越厉害，越抗争越严重，还会引发躯体疾病，严重影响工作和生活。那种认为只有负面情绪累积到"病"的境地才要咨询的看法是错误的，如果目前出现了无力解决的问题，影响到工作和生活，就应该求助于心理咨询人员，如果问题发展到严重干扰生活的状态，那更应接受心理咨询和治疗。其实，就算非常健康毫无心理问题的人，也可以接受"心理发展"等方面的咨询辅导，比如职业生涯规划、亲子关系培养、儿童智力、情商培养等，有助于进一步发挥个人的潜能。

2.去接受心理咨询就意味着不健康了

首先，心理问题与精神病是两个完全不同的概念，精神病是医学概念，如精神分裂症、躁郁症等，是最严重的心理疾病，它与一般的心理问题和心理障碍有很大区别。而轻度的心理问题或者心理人格障碍、认知障碍、心理困惑等几乎人人都有，完全不算"不正常"。身体不适，我们要休息、锻炼和保健，心理不适也同样要休息、锻炼和保健。专业的心理咨询人员就如同教练和保健师，是人们心灵保健的指导者。

其次，就心理问题求助于心理咨询人员并不意味着有什么不正常，相反，表明了个体具有较高的自我认知和生活目标，希望通过心理咨询更好地完善自我，生活得更幸福，而不是回避和否认问题。寻求心理咨询并非有些人理解的所谓"有病"，而是一个人的心理天空暂时被阴蔽，而要求从这种阴蔽状态走向晴天。

心理咨询可以帮助我们认识和开拓自身，不断突破自我的种种局限，全面而充分地发展。一些发展性的心理咨询如自我规划、职业选择、潜力提升、孕期心理、儿童智力开发等则更是和"有病、不正常"没有关系。

3.进行心理咨询需要讲出隐私，感觉不安全、不好意思

来访者有权选择是否讲出自己的隐私，当来访者觉得和咨询师的安全关系还没有建立起来的时候，可以选择不讲自己认为是隐私的部分，直到觉得咨询关系是安全

的。同时,根据《中国心理学会临床与咨询心理学工作伦理守则(第二版)》的要求,咨询师有责任保护寻求专业服务者的隐私权,同时明确认识到隐私权在内容和范围上受到国家法律和专业伦理规范的保护和约束。在咨询开始前,咨询师会对来访者说明工作的保密原则及其应用的限度、保密例外情况并签署知情同意书。咨询师要按照法律法规和专业伦理规范,在严格保密的前提下创建、使用、保存、传递和处理专业工作相关信息。如因专业工作需要在案例讨论或教学、科研、写作中采用心理咨询或治疗案例,咨询师应隐去可能辨认出来访者的相关信息。

4.心理咨询就是聊聊天、开导一下而已

心理咨询当然有宣泄、开导、安慰的作用,但是上面这种观点否定了心理咨询的专业性。心理咨询是由专业人员即心理咨询师运用心理学以及相关知识,遵循心理学原则,通过各种技术和方法,帮助求助者解决心理问题的过程。

而且心理咨询有一套完整的操作规程,有专门的交谈答问的技巧,旨在帮助求助者发现自身的问题和根源,从而挖掘求助者本身潜在的能力,来改变其原有的认知结构和行为模式,以提高其对生活的适应性和调节周围环境的能力,这也绝非一般的谈话开导所能做到的。

5.我自己看看心理学书籍就能解决心理问题

遇到心理问题,看一些心理咨询方面的书籍,对于认识自己的问题不能说没有作用,自我调适也是非常重要的。但是,这对于心理问题的解决,其效果是比较小的。

首先,从专业知识和技能上讲,专业心理咨询人员都接受过专门的知识学习和技能训练,至少熟知几个心理学流派,熟练掌握两种以上专门的心理疗法,具备专业的识别测试和问答技术,这些都是一般非专业人士难以达到的。

其次,自我解决心理问题效果较差,从事实上看,连专业的心理工作者都不会给自己做咨询,咨询师对自己亲近的亲人也难以开展有效咨询。而专业人员可以比较客观准确地识别问题,并可以有针对性地进行引导和建议。此外,所谓心理问题,多数都是经自我调适不起作用或者效果甚微的,心理咨询仍然要求助于专业心理工作者。

6.做一次心理咨询就能彻底解脱

许多人对心理咨询师抱着魔术师一般的想法,认为咨询一次就什么问题都解决了。事实上可能也会有这样的感觉:第一次咨询之后如释重负。其实,这种感觉很可能只是暂时的,当回到现实世界很可能又从头开始。心理咨询很难立竿见影,心理咨询是一个连续、动态的过程,这个过程包含咨询师和来访者双方信任关系的建立、来访者问题的澄清、来访者的再发展等。这就决定了心理咨询和治疗很少一次就完全见效。

心灵的成长、个性的完善是需要时间的。一般人求助于心理咨询师时,通常是带着许多经年累月所形成的心理问题,比如多年的抑郁、强迫等神经症,是不可能通过一次 50 分钟左右的心理咨询就解决的。通常咨询师在第一次咨询中会收集你的信息和情况，然后逐步发展出治疗和纠正的方法。一般一次咨询之后，还需要继续预约咨询。

7.这位心理咨询师好像没有什么能够解决问题的办法

确实存在一些这样的抱怨。但是要注意到，除了一些咨询师的确缺乏专业技能之外，还有很多情况并非心理咨询不起作用。

首先，目前无论哪个心理学流派的治疗理论和治疗技术，都需要一定的时间、多次的强化才能见效。

其次，不同心理咨询方法对不同来访者会产生不同的效果，可能某些方法对某些人在某些时候作用有限，这也需要进一步深入咨询，改换方法或者转介。

最后，来访者一定要敞开心扉与心理咨询师交流，要积极配合，主动表达，与心理咨询师共同探讨自己心理问题的根源及成因，并寻求解决之道。来访者有改变自身的愿望，并且投入到咨询中，就可以推动咨询的进程，就像水涨船高。如果来访者自身不做出一定的努力，对改变自己的愿望不强烈，就会影响咨询效果。当然，信任感的建立和咨询师擅长的领域也对咨询效果有影响，所以建立匹配的咨询关系很重要。但是记住，当咨询过程中出现心理抗拒或移情反应时也应坚持治疗，这可能表明正处于攻坚的关键时刻。

8.心理咨询师能够帮助我解决一切问题

心理咨询不是万能的，首先要求咨询的内容必须是心理方面的，其他方面不属于咨询的范围，心理咨询和治疗不该被神化。

心理咨询是咨询师协助来访者解决各类心理问题的过程，它的核心是"助人自助，自我成长"。咨询师通过启发、引导、支持、鼓励，帮助来访者领悟到内心存在的冲突，矫正错误的认知，做出新的有效的行为，从而达到解决问题、促进发展、完善人格的目的。心理咨询不是要替人决策，而是要帮人决策。那种把心理医生当作"救世主"，把自己所有的心理包袱丢给咨询师，认为咨询师有能耐把它们一一替自己解开，而自己无须思考、内省、努力的想法是不正确的。

对于那些有严重的心理疾病的人，除了心理治疗以外，还要辅以药物治疗。此外，每位心理咨询师不可能擅长解决所有问题，常见的情况是对某些领域更加得心应手。

(三) 心理咨询的基本原则

心理咨询主要是一个交谈的过程，那么在操作过程中是否可以随心所欲呢？答案是否定的。心理咨询需遵循以下原则。

1.保密性原则

咨询师应对来访者的有关资料给予保密，不得对外公开来访者的姓名、个人情况等；尊重来访者的个人隐私权，不能在咨询室以外的其他地方随意谈论来访者的问题。如因工作需要不得不引用咨询事例时，应对材料进行适当处理，不得公开来访者的真实姓名、学校或住址等个人信息。但是保密原则也有两个例外：一是来访者有自杀行动或自杀倾向时；二是来访者有可能危害他人的行为时。这两种情况下，咨询师会打破保密原则，就来访者的情况提醒相关利益人（如监护人、被伤害对象等），这时秉承的是生命第一的原则。

2. 价值中立原则

该原则是指在咨询过程中，咨询师要尊重来访者的价值信念体系，不能以自己的价值观念为准则，对来访者的行为准则任意进行判断。更不能以任何方式向来访者强行灌输某一价值准则，或强迫来访者接受自己的观点和态度。

3. 时间限定原则

心理咨询必须遵守一定的时间限制。首先，事先对心理咨询的时间予以限制，不仅可以使来访者有一定的安定感，而且能够使来访者充分珍惜并有效利用时间。其次，限定时间不仅可以让来访者体验到咨询师有自己的生活，而且可以让来访者认识到除自己之外还有很多人也在等待咨询师的帮助。所以咨询时间一般规定为每次 50 分钟左右（初次受理时，咨询时间可以适当延长），原则上不能随意延长咨询时间。当然，咨询时间的限定也不是绝对的，可根据来访者的状态、心理发展程度以及年龄大小，适当缩短时间。

4. 感情限定原则

良好人际关系的确立虽然是顺利开展心理咨询的关键，有利于咨询师与来访者的心理沟通与接近，但沟通也是有限度的，咨询师不应与来访者在咨询室以外亲密接触和交往，这不仅容易使来访者过于了解咨询师的内心世界和私生活，阻碍来访者的自我表现，而且会使咨询师该说的不能说，以至于失去客观公正地判断事物的能力。

5. 助人自助原则

心理咨询其实是一个"助人自助"的过程，即由"他助"（来访者求助咨询师），经过"互助"（咨询师与来访者之间相互了解、理解和谅解），最后达到来访者"自助"（自己改变认识和行为）的完整过程，而不是咨询师直接给来访者一个所谓的答案，来访者按答案进行执行。

（四）心理咨询的对象

心理咨询的对象主要是正常人，心理咨询所提供的全新环境可以帮助人们认识自己与社会，处理各种关系，逐渐改变自己对外界不合理的思维、情感和反应方式，并学会与外界相适应的方法，提高工作效率，改善生活品质，以便更好地发挥内在潜力，实现自我价值。

心理咨询最一般、最主要的对象,是健康人群,或者是存在心理问题的亚健康人群,而不是病态人群,病态人群是精神科医生的工作对象。

健康人群会面对婚姻、家庭、择业、亲子关系、子女教育、人际关系、学习、恋爱、性心理、自我发展、焦虑、抑郁、压力应对等问题,他们会期待做出理想的选择,顺利地度过人生的各个阶段,求得内心平衡,以及自身能力的最大发挥和寻求良好的生活质量。

对于大学生来说,当你出现下列情况时,应当想到心理咨询:

- 当某些事引起了你强烈的心理冲突,自己难以解决时。
- 当你有明显不寻常的感觉和行为时,例如,总感觉有人在说自己的坏话,总听到一个声音指挥、控制你……
- 当你心情烦闷,难以自拔时。
- 当你的人际关系出现了问题,常与他人发生冲突时。
- 当你总觉得睡眠不好,如失眠、做噩梦或者梦游时。
- 当择业时需要准确判断自己的适应性时。
- 当你在恋爱中出现难以解决的问题时。
- 当你希望进一步改善自己的性格时。
- 当你常会害怕一些并不可怕的事物时,如害怕花、水、笔,害怕看人等;又如,脑子里总是不停地想一些无意义的小问题,或者不停地洗手等。
- 当你有一些古怪的性问题,或对月经、遗精等问题有困惑时。

当你发现自己周围的同学或朋友、家人出现下列情况时,也应该提醒他们去进行心理咨询:

- 初涉世事,对新环境适应困难时。
- 过分自卑,经常感到心情压抑者。
- 经受挫折之后,精神一蹶不振时。
- 婚姻及家庭关系不和睦,渴望通过指导改善者。
- 学习压力大,无力承受但又不能自行调节时。
- 在社会交往中,出现怯懦、自我封闭等情况时。
- 经历了失恋、失去亲人等情况之后,心灵创伤无法自愈者。
- 患有某种身体疾病,对此产生心理压力者。
- 时常厌食或暴食者,或感觉有睡眠障碍者。
- 性格变化很大,或出现有奇怪的行为者,如暑天一个月不洗澡、无缘无故长时间不去上课等。

・轻度性心理障碍者。

(五)心理咨询能带给我哪些好处?

心理咨询和治疗的效果已被大量研究证实,其好处体现在以下几个方面:

(1)帮助你管理自己的情绪,使你拥有积极稳定的情绪,避免出现各种情绪问题。

痛苦、焦虑等强烈的负面感受是很多来访者寻求帮助的主要推动力之一。在咨询中,咨询师帮助来访者充分表达情感,表示支持和理解,协助来访者探索情感问题背后的原因,学习管理情感的方法,从而获得情感的疏解。

(2)帮助你正确地认识自我和周围世界,使你拥有完善的认知体系,避免因错误归因而导致种种失败。

来访者通过咨询可对自己的问题形成新的理解,以新视角看待问题。在我们的成长过程中,会形成自己看待这个世界和他人关系的方式和方法,但是有些看待问题的方式和方法可能是片面的、以偏概全的,甚至是完全不合理的,通过咨询我们可以发现并重新审视自己某些认知上的偏差,从而进行纠正,避免问题的出现。

(3)帮助你摆脱因失恋、丧失信心等而产生的痛苦,改善你应对挫折的方法。

通过缓解负面感受、获得领悟,能帮助个体更有力量,从而更有效地解决问题。而学习一些技能,比如沟通技能、解决冲突的技能、表达自我的技能、决策技能等,也能帮助来访者更有效地表达自己,减少无力感,更好地投入生活。

(4)帮助你渡过人生各个发展阶段可能出现的危机,平安地完成人生的发展任务。

我是谁?我从哪里来?我要到哪里去?这些问题常常会引发个体的生存焦虑。心理咨询能够帮助个体思考这些问题,并试着去回答,试着追寻自己的人生目标和生命意义。

(5)使你拥有健全的人格,摆脱自卑、自恋、自闭等不良心态,从而更好地投入到学习、工作和生活中去。

心理咨询可以帮助我们树立正确的自我观念,既能看到自身存在的缺点,更能看到自己身上的优点;发现、了解自己的内心感受,做到自我悦纳,能够对自己的行为反思,形成正确的认知,从细节处慢慢改善,发现生命的真谛。

(6)为你提供生涯指导,帮助你在重大问题上正确独立地抉择。

人生难免会遇到各种选择和路口,尤其是在面对一些重大决策(如考研、就业、跳槽等)时,我们会感到彷徨无措,心理咨询能帮助我们厘清个人的愿景,发现自身的优势,澄清个人价值观念,从而帮助我们更好地发现自己、了解自己,在重大问题上有决策的能力和技能。

(六)心理咨询是一个什么样的过程？

心理咨询是一个有开始有终结的过程，这个过程由一系列不同的活动组成，这些活动大致分为以下五个阶段。

1.定向阶段

这一阶段中，咨询师与来访者将初步建立咨询关系，咨询师通过收集资料，了解来访者的咨询需要，做出是否接案的决定，做出咨询安排。

2.问题探索阶段

这一阶段中，咨询师会通过一系列倾听技巧去了解来访者，进一步理解和界定来访者前来求助的问题，与来访者共同建立一段氛围安全、相互信任的咨询关系。

3.目标与方案探讨阶段

在上一阶段中，来访者基本明确了前来求助的问题。接下来，咨询师将与来访者共同探讨来访者想要过什么样的生活，或想得到怎样的改变，并设想出各种可能的方案，对这些方案的优劣进行权衡、评估，最终确定一个合适的方案。

4.行动/转变阶段

这一阶段是咨询过程中最具活力的环节。在确定了目标与方案之后，咨询师将以一种或数种治疗理论为指导，通过分析、解释、指导、训练等方式来影响来访者。来访者也在这一过程中产生新的理解和领悟，学习新的认知方式和行为方式，向着目标方向取得积极的变化。

5.评估/结束阶段

这一阶段是完整咨询过程的一个重要环节。咨询师与来访者回顾咨询过程，总结体验和收获，确保来访者可以安全地脱离咨询关系，能更加独立地迎接挑战。

三、学校心理咨询资源

(一)心理健康教育中心简介

武汉工程大学心理健康教育中心成立于2005年，是学校面向全体在校学生开展心理健康教育和咨询工作的专门机构，2022年2月正式获批为湖北省高校心理健康教育示范中心。心理健康教育中心位于流芳校区大礼堂东北角（校医院对面），截至2023年7月，中心配有专职教师7名(副教授2名)，兼职咨询师6名；拥有预约等待室、个体咨询室、家庭辅导室、团体辅导室、音乐放松室、沙盘辅导室、沙龙活动室、心理测评室、心理宣泄室等各类心理健康教育专用场所14间(其中流芳校区13间、武昌校区1间)，总面积超过700平方米。

心理健康教育中心每年定期开展各类心理健康教育活动70余场次，在武昌、流芳两个校区分别设置开放了咨询室,每周固定开放 65 个时段,为学生提供咨询服务,每周定期举办 2~3 个不同主题团体辅导活动。

(二)心理咨询预约方式

1.现场预约

学生可直接前往心理健康教育中心前台进行现场登记预约,地址为流芳校区大礼堂东北角(校医院对面)二楼预约接待室(A201)。

2.微信预约

学生可通过武汉工程大学心理健康教育中心微信公众号——"馨兰心理"(wit-525),在"咨询预约"板块登录心理健康教育系统,进行网络预约。

3.网页预约

学生可通过武汉工程大学主页进入师生网上事务中心,搜索"心理咨询"关键词,选择"心理咨询预约",通过统一身份认证账号登录心理健康教育系统进行咨询预约。

(三)心理健康教育中心联系方式

(1)咨询电话:027-87905331。

(2)官方 QQ:1824229610(工大心理助手)。

(3)邮箱地址:wit525@qq.com。

(4)微信公众号:馨兰心理(wit-525)

微信号:wit-525

融入大学 ▶

———

我是否认识了我的大学？

我是否已经适应了现在的大学生活？

我将如何融入我的大学？

融入大学 ▷

学是一定在学,是否学会就不一定了。

对于"学会学习、学会做人、学会做事、学会规划",我们可能都做得不够好,但我们一定要尽自己最大的努力去做。

第六章 学会学习

"学会学习"是新时代的主题,也是21世纪大学生生存与发展的新要求。"学会学习"包含"爱学、肯学、会学",要学会质疑、学会思维、学会享受学习。

在一位即将毕业的大学生写给班主任的一封信中有这样一段话:"在大学即将毕业的时候,我回头看看自己所走过的大学之路,我想哭,不是因为离别,而是因为四年里什么都没学到。不知道求职简历该写什么,更不知道我将来的生活会怎样……"可见,大学生"学会学习"是多么的重要!从一定意义上讲,从中学到大学,学生就是要完成从"学会"到"会学"的转变,必须经历一场"学习的革命"。那么,大学生怎样才能"学会学习"呢?本章将向大家介绍学习的本质和面向21世纪的学习观,分析影响大学生学习效果的因素,阐释大学生学习的基本矛盾、基本要素和基本方法。

第一节 认识学习的本质

一、学习的概念和功能

什么是学习?《现代汉语词典》的解释为"从阅读、听讲、研究、实践中获得知识或技能"。美国心理学家加涅认为,学习是人的倾向或能力的变化,但这种变化要能保持一定时期,且不能单纯归因于生长过程。一般来说,学习有广义学习和狭义学习之分,本章探讨的是狭义学习的问题。狭义学习是指人的学习,在社会生活实践活动和交往的过程中,以语言为中介,自觉地、积极主动地掌握人类社会历史经验和积累个体经验的过程。

学习是21世纪大学生生存与发展的基本手段,大学生只有通过学习,才能成为全面发展的人。学习的功能主要表现在以下三个方面。

(一)获取知识

古今中外的许多科学家、政治家、文学家都和学习结下了不解之缘,通过学习获取知识。比如：马克思为了写作《资本论》，阅读了1400多种书籍，引用了数百位作者的观点。

（二）发展智能

子曰："好学近乎知。"著名数学家华罗庚说过："唯有学习，不断地学习，才能使人聪明；唯有努力，不断地努力，才能出现才能。"事实上，任何人的智能都是在后天的学习实践中得来的。

（三）提高素质

学习是素质形成的前提条件，大学生唯有通过不断学习，才有可能形成和提高自身的综合素质。

二、大学学习的过程

大学学习的过程具有阶段性的特点，遵循由浅入深、循序渐进的规律，一般可分为四个阶段。

（一）基础知识学习阶段（一般在第1、2学期）

这是大学学习的开端，俗话说："良好的开端是成功的一半。"这一阶段通常要学习公共基础课和一般基础课，包括大学英语、体育、思想品德与法律基础、高等数学、大学物理、计算机文化基础、大学语文、画法几何等多门课程。许多大学生的案例表明，大学学习过程犹如建造一座金字塔，"基础不牢，地动山摇"学好基础知识对于大学生来说是至关重要的。

（二）专业基础知识学习阶段（一般在第3、4、5学期）

这一阶段起着承上启下的作用，通常要学习专业基础课（或专业技术主干课），要学习某一专业（学科）的基础理论、基本原理和基本技能。优秀学生的成功经验表明，专业基础知识学得越扎实，专业学习就越轻松，就越有利于增强综合运用知识的能力。

（三）专业知识学习阶段（一般在第6、7学期）

这一阶段的学习主要体现专业特点，要学习从事未来工作所需要的最直接、最实用的知识，更是发展个性特点、提升能力的关键阶段。

（四）毕业设计（论文）阶段（第8学期）

毕业设计（论文）就是从生产和社会实践中选择适当的题目进行设计或研究，撰写论文，并在教师的指导下，综合运用所学的知识和技能，独立分析和解决生产实践或社会生活中的具体问题。这一阶段是大学生从"大学人"转向"社会人"的最后一次"实践演习"。

第二节 树立正确的学习观

一、大学学习的基本规律

大学学习的基本规律包括五条：一是记忆遗忘规律。信息加工理论学家认为，学习是信息在人脑中存储和提取的加工过程。德国心理学家艾滨浩斯研究发现，信息在人脑中的保持和遗忘符合"遗忘先快后慢"规律。二是循序渐进规律。大学学习是一个不断积累知识和经验的过程。中国古代思想家荀子的"不积跬步，无以至千里；不积小流，无以成江河"，说的就是这个道理。三是学思结合规律。学愈广博，思愈深远。大凡人们求知途径有二，一曰学，二曰思。孔子说过："学而不思则罔，思而不学则殆。"独立思考，是大学生区别于中学生最重要的标志。四是知行合一规律。大学学习的最终目的是学以致用，真正的知识是要用于实践的，知行合一是大学学习发展的必然趋势和最终归宿。五是环境制约规律。任何学习都离不开环境的影响，大学学习通常会受到社会环境、自然环境以及人的自身心理环境的制约，同时又会因为人的参与对环境起到改造或创造作用。

二、正确的学习观

学习观是人们对学习的看法和态度。它直接影响到人们学习态度的树立、学习内容的选择、学习方法的改进，以及学习效果的取得等方面。学会学习首先要更新学习观念。一旦观念出了问题，不管你多么有知识、多么有能力，都失去了意义。改变世界之前，先要改变自己。是观念，而不是环境在决定你的命运。作为21世纪的大学生，要顺应时代要求，树立全面、自主、终身的现代学习观念，用新的学习观念指导我们大学和未来的学习活动。

（一）全面学习观

联合国教科文组织在《学会生存》的报告中指出："只有全面发展的人，才能称得上合格人才。"因此，大学生要自觉树立全面学习观，正确处理德与才、通才与专才、全面发展与个性发展等方面的关系，把自己培养成为世界通用的、能看到最不同的学科领域间的相互联系的、不受任何学科界限束缚的高级复合型人才。

宋代史学家司马光说过："才者，德之资也；德者，才之帅也。"显然，才是德的基础，是人发展和成功的基本条件;德是才的方向和灵魂,是才发展的内在动力。因此,做个德才兼备的大学生是我们的崇高使命。

国际上曾存在两种影响较大的人才培养模式:一是美国的通才模式;二是苏联的专才模式。实践证明,当今世界科学技术日新月异,科学发展呈现出高度分化又高度综合的态势,更需要具有国际视野、一专多能、学科交叉的复合型人才。因此,大学生应追求知识、能力、素质三方面并重,三方面俱佳;在充分自由发展优良个性的同时,注重全面发展。

(二)自主学习观

21世纪是知识经济时代,也是信息爆炸时代。研究表明,人类知识总量的递增速度愈来愈快,而知识的更新周期愈来愈短。因此,大学生要树立自主学习观,从"维持性学习"走向"自主性学习",从"学会"转变为"会学"。

大学是培养高级专门人才的摇篮。一个高级专门人才必须具备自学能力、独立工作能力,以及分析问题和解决问题的能力。大学有学识渊博、知识密集的教师群体,设备先进的实验室和藏书丰富的图书馆;大学实行开放式选课、学习、管理,教学实行学分制等,这些都为大学生开展自主学习提供了优势和保证。同时,大学生一般是20岁左右的青年,生理和智力趋于成熟,辩证思维能力趋向完善,思维活跃,独立自主意识开始萌芽,这些都为大学生的自主学习奠定了良好的身心基础。

自主学习,一是学生要有自主性,具有独立的主体意识,觉得学习是自己的事,拥有明确的学习目标和自觉积极的学习态度,自我支配、调节、控制学习活动,学什么、怎么学,学习好与差完全靠自己,责任也在自己;二是学生要发挥主观能动性,克服依赖心理,自我加压,自我激发学习兴趣,要通过从师学习达到无师自通。要我学→我要学→我会学→我学会→我学好→我成才,从学习的角度诠释了一个人的成才过程。

(三)终身学习观

21世纪的社会是学习型社会,终身学习是21世纪的生存概念。联合国教科文组织在《学会生存》的报告中指出:"我们再也不能刻苦地一劳永逸地获取知识了,而需要终身学习如何去建立一个不断演进的知识体系——'学会生存'。"国外研究表明,一个大学本科毕业生在校期间所学知识仅占一生中所学知识的10%左右,而其余90%的知识要在工作中不断学习和获取。在知识经济时代,人类社会将从"学历社会"走向"学习社会",学习成为人们的终生需要。

(四)研究性学习观

大学学习除了获取知识和传承知识外,更重要的还是创造知识,而创造知识要从研究实践中得来。因此,大学生要树立研究性学习观,培养研究能力,学会在研究实践中学习。要培养创造性,在学习上要能举一反三,要培养丰富的想象力,提高发散思维能力,敢于质疑,善于批判。列夫·托尔斯泰说过:"如果学生在学校里学习的结果是使自己什么也不会创造,那他的一生将永远是模仿和抄袭。"

研究表明,大学生可以通过参加各类学习讨论、学科竞赛和社会实践来培养和提高研究能力。当前,影响力较大、知名度较高的大学生学科竞赛有全国大学生数学建模竞赛、全国大学生电子设计竞赛、中国机器人及人工智能大赛、全国大学生机械设计创新大赛、"挑战杯"中国大学生创业计划竞赛、全国大学生结构设计竞赛、全国大学生英语竞赛等。

第三节 掌握大学学习的基本方法

一、学会适应大学学习

(一)适应大学教学方式

大学教师的教学方式,主要体现在以下几个方面:

(1)讲课内容不完全来自教材,有的来自其他教学参考书,有的来自本学科研究的前沿内容,有的来自教师本人的研究成果,内容多,时间紧。

(2)讲课介绍思路多,细节讲得少。特别是教材中有的内容,教师只告诉你在多少页,要求你课后自己去看,课堂上只讲授重点、难点。

(3)讲课理论部分多,客观内容少;课堂提问多,课下答疑少;参考书目多,课外习题少。

(4)采用多媒体教室授课。信息量大、资料翔实,但讲课速度快,有时学生听课记笔记跟不上,甚至连翻书的时间都没有。

(二)适应大学学习时间

大学区别于中学很重要的标志之一是大学生可以自由支配的时间大量增加。时间的有效利用对大学生的成才至关重要,从某种意义上说,我们的学习就是和时间赛跑,谁能驾驭时间,谁就赢得了学习的主动权,谁就能到达成功的彼岸。

(1)有效利用时间,科学运筹时间。所谓科学运筹时间,就是有计划地支配时间,并在单位时间内取得最佳的学习效果。每天干什么,每个月或每年要达到什么目标,都要科学地统筹、合理地安排。合理计划的基本模式就是要求自学者制订一个最适合自己情况的学习计划时间表,遵循时间表完成计划的各项任务。制订学习计划表一般可分为三步:第一步,安排非自学活动所占用的时间(包括课堂学习和生活、休息等非学习活动,每周都要有固定时间);第二步,计算尚有多少时间可用于自学;第三步,填写一份以自学为主的每周活动表,把自学内容安排到恰当的自学时间中去,努力提高单位时间内的学习效率。

(2)丰富课余生活,锻炼能力。学校有很多让大家发挥特长、培养兴趣爱好、陶冶情操、完善个性、施展才华的舞台,有院、系学生会及各种学生社会团体。大学生可以适当地参加一些社会性活动,如社团活动、学生会工作,以及在不影响学习的前提下适量打工等。但是,特别要强调的是适度,以不干扰正常学习任务的完成和学习时间的安排为原则,否则就得不偿失了。

(3)要想始终保持良好的学习状态,还要注意锻炼。每天要安排1个小时的体育活动。无数事实证明,虽然体育锻炼占用了人们一定的时间,但它帮助人们赢得了更多的精力和活力,从而使人们情绪饱满、精神更加愉快地工作和学习。

(三)适应大学课外活动

课外活动是课堂教学活动之外的学生活动,也是学生掌握知识、提高素质和锻炼能力的重要环节。通过课外活动,可以陶冶高尚情操、塑造美好心灵,提高审美能力,激发成才动力,丰富课余生活。

大学生应该根据自己的特长、兴趣和爱好,在不影响正常学习的前提下,积极主动地参加课外活动,使课外活动成为第二课堂,培养自己的创新精神和实践能力,弥补第一课堂的不足。如参加国家重要节日的纪念活动、学术科技研究活动、丰富多彩的文体活动、有利于身心健康的教育活动等。

(四)适应大学学习方法

学习方法对学习结果的影响很大。在高校心理咨询中心,一些大学生心情沮丧、神态忧郁,主诉的内容多与学习上的挫折有关。例如:某学院一位大一女生在咨询中心主诉时,觉得自己上课听不懂,作业不会做,尤其是高等数学和英语最令她感到头疼。究其原因,原来她仍然用的是高中阶段的学习方法,因此,即使勤奋刻苦可能也很难获得较好的成绩,这在大学新生中是相当普遍的现象。特别对有些心理准备不足的学生,这种挫折可能会造成其自信心的丧失,严重者甚至会导致精神疾病。

进入大学后,以教师为主的教学模式结束了,取而代之的是以学生为主的自学模式。自学能力的高低是影响大学生学业成绩最重要的因素。这种自学能力包括独立确定目标、对教师所讲内容提出质疑、查询有关文献资料、确定自修内容、与人探讨难题等能力。

从高中的传统学习方法向大学新的学习方法过渡,是每个大学生必须经历的过程。如果大家早有思想准备,减少心理压力,积极探讨,就能少走弯路,顺利度过这一阶段,最终促进学业成绩的提高。

二、学会学习大学理论课

一个学生学习效果的好坏取决于三个重要因素,它们是学习的动力、态度和方法。它们之间的关系是:

$$好的学习效果 = f(M_1, M_2, M_3)$$

其中:M_1——正确的动力(motivation);

M_2——勤奋的态度(manner);

M_3——良好的方法(method)。

(一)学会听课

听课是学生学习的中心环节。听课的质量直接影响学习质量,而听课质量又取决于会不会听课,或者说是否善于听课。

1.大学教师讲课的基本特征

怎样听好课呢?首先要了解大学教师讲课的基本特征:

①科学性。教师都重视科学的概念、严密的论证、本学科的基本规律和方法及本学科的前沿知识。

②选择性。鉴于信息量无限和学习时间有限这一基本矛盾,教师只能选择对基本信息进行讲授,它们是基本概念、基本规律、基本原理和基本方法(简称"四基")。

③逻辑性。教师都有自己的思路,就是"提出问题、分析问题、解决问题、得到结论"的思维逻辑系统。

④独创性。教师往往有自己的学术见解、研究成果、工程实践经验和教学体系,而不是照本宣科。

⑤艺术性。教师很注意把知识和个人内在的意向外化为语言、动作、表情、态度,使学生领会并受到感染。

2.大学生听课要注意的问题

学生听课要在集中精力的基础上,就以下几个方面加以注意:

①明确学习目标,掌握基本概念及其定义、定律、定理,并了解它们的外延和背景。

②弄清讲授的重点、难点和教师的思路,特别要注意本学科研究和解决问题的方法。

③理解本课程的体系结构以及本课程和已学课程间的关系,以便用已学懂的知识进行联想,温故而知新。

④注意教师讲课中阐述的个人见解,既要积极开动脑筋思考问题,又可以大胆怀疑并提出问题。

⑤了解本学科的发展趋势,以便今后利用其他文献资料做进一步探讨。

（二）学会记笔记

俗话说:"好记性不如烂笔头。"记笔记有助于理解所学内容,有助于复习和记忆,也有助于注意力的集中稳定。

如何记笔记?不要企图把老师的话全"录"下来,不要把黑板或课本上的文字、公式照抄一遍。

1.要记教师讲授的思路、重点、难点和主要结论

思路指教师讲授的思维逻辑系统。它因人而异,因讲授内容而异。这种不同点正是学生要学习的地方。

重点指概念、假设、推理、论证、判断、检验等环节。它们组成了课程中的理论部分。

难点指需要花力气攻克的关键点。关键点攻克了,其他问题就会迎刃而解。

结论指教师综合归纳出的一些要点,它概括了讲授的全部内容,既是讲授中的精华,也是学生复习时的提纲。

2.要根据课程性质确定"记"的重点

听基础课和专业基础课,笔记侧重于记基本概念、基本规律、基本原理及基本方法的推论、应用和联系。

上专业课,除记录好本学科理论和方法的推论、应用和联系外,还要敏感地记下更新的信息,注意记下与其他学科的联系。

文科课程的笔记侧重于记基本的哲理、研究的方法、分析的论点、实践的验证等。

外语课不仅要记好语法分析,还要多记词汇、词组、习惯用语、一词多义等。

3.要边记边思考

对于新概念,要想一想为什么建立这个概念,它是怎样从实际问题中抽象出来的。讲到论证时,要想一想已知和未知的因素是什么,推理的方法为什么是这样的,论证中的关键步骤有哪些。推导应用公式时,要想一想应用这些公式有什么限制条件,有什么实际意义。

此外,在记课堂笔记时,要用自己熟悉的语言和形象的符号记。要经常整理课堂笔记,进行学习小结,形成自己的思路。

（三）学会预习、复习和练习

1.怎样预习

课前预习是指听课前的泛读,方法是浏览,并在重点、难点、疑问处做标注或记号。预习有助于培养独立思考能力(预习时要思考哪些为已知,哪些为未知,哪些为难点);有助于提高听课质量(能在听课时格外注意重点和难点);有助于提高记课堂笔记的水平(能克服"听、看、想、记"间互相干扰的矛盾);有助于提高学习效率(预习时将相关已学过的知识在头脑中过一遍,加强新旧知识的联系,有助于记忆)。

2.怎样复习

通过复习可以巩固课堂上学到的知识,将"已知"的知识和"新知"的知识联系起来;为做练习题、实际应用以及开展实验、大作业、课程设计等教学实践活动做理论准备;反复地复习还可以使得某些知识形成头脑中的"常规",实现学习过程中的一次次飞跃。

复习时,应注意做到:①先复习后做习题;②以教师指定的主要教科书和课堂笔记为主,以参考文献为辅,分清"重点"和"一般";③及时复习,及时消化;④自问自答,"打破砂锅问到底";⑤用自己熟悉的语言和自己熟悉的格式进行学习小结、总结和综述。

3.怎样练习

练习是指学生在教师的指导下,依靠自觉的控制和校正,反复地完成一定的动作或活动,借以形成技能、技巧或行为习惯的一种学习方法。绝大多数课程都有课后练习这个环节,如外语课的语音和作文练习、体育课的技能和技巧练习、制图课的绘图练习、学计算机时的应用练习等。

学生在进行课后练习时,应该在思想上明确以下要点:

①练习的目的。练习是教师有目的的安排,学生应该主动了解教师安排练习的目的。

②练习的内容。练习材料大多是根据练习目的精心挑选的。学生在练习过程中不但要注意对教学基本内容的理解、加强基本技能的训练,而且要把典型练习和创造性练习结合起来,运用学到的理论知识去解决一些难度更大的,甚至更有创新意义的问题。如果既有一般性练习要求又有提高性练习要求,应在完成一般性练习后力争完成一些提高性练习。

③练习的时间。练习是在基本掌握所学内容以后进行的。

④练习的方法。练习要按照确定的步骤和格式进行;练习先要求正确,后要求熟练;练习的方式要适当多样化,以提高对练习的兴趣以及改善练习的结果;练习一般先易后难、先单项(解决个别性问题)后综合(解决整体性问题);练习要个人独立完成(也

可在集体讨论的基础上个人独立完成）。

⑤练习结果的处理。学生在每次练习后，应该对自己的练习结果做一些自我检查，检查哪些方面有成效，哪些方面存在缺点或错误。学生做完每道习题后，也应该对得到的结论做一些自我分析，例如这个结论是在什么条件下取得的，这个结论受到什么限制等，以扩大做出这道习题的"战果"。如果能在每次做完习题后对所做习题的结果有一个讨论，则会收到更好的效果。此外，学生必须认真对待教师对练习的诊断和评语，从而学到书本上学不到的东西。

（四）学会提问

所谓学问，就是既要学又要问。问谁呢？问自己，问老师，问同学，问书本。

问自己，就是不断给自己提出问题，自己设法去解决。复习时不断给自己提出问题，不仅是为了弄懂课堂上老师讲的和书上有的知识，而且要激发自己深入钻研的动力，找到深入钻研的途径。做完每道习题后，给自己提出问题并进行对所提问题的探讨，为的是把解答引向深入，提高做题效果。

问老师，即就思考的问题向老师讨教。不仅是遇到疑难问题向老师求助，更重要的是主动争取机会，将自己经过思索所得到的不确切的答案和老师共同探讨，分析正确与否。问老师不仅仅是单向求答的过程，更是一个师生双向思想交流的过程。

问同学，即对学习中共性的疑难问题展开讨论。由于同学都是思维活跃的年轻人，对问题没有固有的认识，在讨论时，大家相互提问，互相解答，从而达到学通弄懂的目的。

问书本，即通过教科书和参考文献解决疑难问题。教科书对学生在学习阶段可能产生的问题是有解答的，只要将教科书的前后内容融会贯通，一般都能够找到答案。至于一些更深入的问题，则要通过阅读专门文献才能解决，而这些专门文献也会在教科书的参考文献中列出。

（五）学会利用图书馆

学会利用图书馆是具备较强的自学能力和接受终身教育的前提。面对浩如烟海的知识和层出不穷的科技信息，该怎么检索、怎么收集、怎么利用呢？

对一名大学生来说，停留于学习教科书中的知识是远远不够的，必须要学会并具备以教科书为基础，充分利用图书馆来查阅其他参考文献，加深对教科书所叙述的基本内容的理解，丰富自己头脑中的信息量的能力。

图书馆馆藏资料主要是文献，其形式包括：①图书，如教科书、专著、论文集、国家标准、技术规范、技术规程、工具书等；②报刊，如报纸、期刊（杂志）等；③非报刊文献，如学术会议论文、科技报告、政府出版物、技术档案等。

如何查阅文献呢？一是学会检索，包括手工检索和计算机检索两种方式；二是学会记读书笔记，包括摘录式笔记、批注式笔记和评注式笔记。

（六）学会正确对待考试

大学生应该以下列正确态度来对待考试：

(1)在平时的学习中，要了解本课程的教学目标，并按此教学目标做好平时的学习安排。这是考出好成绩的根本保证。

(2)认清考试的根本目的是促进复习、提高学习质量。充分利用考前时间全面地进行复习，彻底地解决平时积累的疑难问题，对本课程的基本概念、基本原理、基本方法有透彻的理解。这是考出好成绩的理论保证。

(3)将考试当作自己平时学习的一次总结性检验，相信平时学好了必然会考得好；即使平时学得不好，只要考前认真复习，不留死角，不存在侥幸过关思想，也能考好。这是考出好成绩的心理保证。

(4)重视考试过程中的方法和技巧。例如思想既要处于高度集中状态，又要始终保持清醒；不急不躁、不慌不忙、有条不紊；认真对待每个考题的细节，重视对每一个结论、每一个数据的核对；先易后难、由近及远等。这是考出好成绩的战术保证。

三、学会上好实践课

高等理工科学校的毕业生必须具有独立思考能力、实际动手能力以及研究和创新能力，而这些能力的培养必须通过实践教学环节来完成。高等理工科学校的学生学习要充分体现理论与实践相结合，专业知识学习与技能培养相结合，教师指导与学生独立学习相结合，基础理论学习与实践学习相结合。

有关调查表明，近几年理工科学校培养出的毕业生，基础知识比较扎实，专业知识也能够适应工作需要，外语和计算机水平也逐年提高，但是他们的实际工作能力，即独立动手能力和工程实践能力较弱，适应岗位环境和工作的时间较长。能在几个月内胜任工作的占10%，在1年内胜任工作的占18%，在1～2年胜任工作的占67%，还有5%的毕业生在很长的时间里都不能胜任其所在岗位的工作。可见大学生学好实践课，对培养大学生的综合能力是何等重要。

大学实践课主要包括以下几个方面：实验、金工实习、认识实习、生产实习、公益劳动、课程设计和毕业设计(论文)，以及计算机技术训练等。

（一）学会做实验

实验是人们根据实验目的，确定实验原理，利用实验用品来干预或控制研究对象，使某种事件或现象在有利于观察的条件下发生或重现,从而说明科学事实、揭示客观事物本质和规律的过程。

如何做好实验呢?实验前一定要做好准备,认真阅读实验指导书,弄清实验的目的、原理、步骤,熟悉实验器材;同时要认真阅读"实验室规则",做到心中有数。

1.实验的一般流程

第一步:实验设计。

①明确实验目标和内容(做什么);

②确定实验原理(理论上怎样做,可有多种途径供选择);

③收集相关实验资料(为什么这样做,选择最佳途径);

④选择实验方法(准备怎样做);

⑤落实实验用品(仪器、设备、药品等);

⑥设计实验过程(实验步骤、实验现象、实验数据的记录等);

⑦安排实验时间;

⑧对实验结果做出预测和评价(做得怎样)。

第二步:实验操作。

①严格按照实验设计进行(严格控制变量);

②及时、准确地收集实验资料(保存好原始记录)。

第三步:整理实验资料,得出实验结论。

第四步:分析实验结论(数据的误差分析、实验过程的反思)。

第五步:撰写实验报告。

2.实验的作用

①学会科学实验的一般方法;

②培养严谨的科学精神和实事求是的科学态度;

③训练思维的条理性、严密性和批判性。

(二)学会写论文

1.论文的总体要求

①立论客观,具有独创性。文章的基本观点必须来自对具体材料的分析和研究,所提出的问题在本专业学科领域内有一定的理论意义或实际意义,并通过独立研究,提出自己有一定深度的认识和看法。

②论据翔实,富有确证性。论文能够做到旁征博引,多方佐证,所用论据自己持何看法,有主证和旁证。论文中所用的材料应做到言必有据,准确可靠,精确无误。

③论证严密,富有逻辑性。作者提出问题、分析问题和解决问题,要符合客观事物

的发展规律,全篇论文形成一个有机的整体,言之有序,使判断与推理天衣无缝。

④体式明确,标注规范。论文必须以论点的形成构成全文的结构格局,以多方论证的内容组成文章丰满的整体,以较深的理论分析辉映全篇。此外,论文的整体结构和标注要求规范得体。

⑤语言准确,表达简明。论文最基本的要求是能让读者看懂。因此,要求文章想得清、说得明、想得深、说得透,做到深入浅出,言简意赅。

2.论文的标准格式

①论文题目。论文题目(下附署名)要求准确、简练、醒目、新颖。

②目录。目录是论文中主要段落的简表(短篇论文不必列目录)。

③内容提要。内容提要是文章主要内容的摘录,要求短、精、完整。字数少可几十字,多则以不超过三百字为宜。

④关键词或主题词。关键词是从论文的题名、提要和正文中选取出来的,是对表述论文的中心内容有实质意义的词汇。关键词是用作计算机系统标引论文内容特征的词语,便于信息的系统汇集,以供读者检索。每篇论文一般选取3~8个词作为关键词,另起一行,排在"内容提要"的左下方。

主题词是经过规范化的词,在确定主题词时,要对论文进行主题分析,依照标引和组配规则转换成主题词表中的规范词语(参见《汉语主题词表》和《世界汉语主题词表》)。

⑤引言。引言又称前言、序言或导言,用在论文的开头。引言一般要概括地写出作者的意图,说明选题的目的和意义,并指出论文写作的范围。引言要短小精悍、紧扣主题。

⑥正文。正文是论文的主体,正文应包括论点、论据、论证过程和结论。主体部分包括提出问题——论点,分析问题——论据和论证,解决问题——论证方法与步骤,结论。

⑦参考文献。一篇论文的参考文献是将论文在研究和写作中参考或引证的主要文献资料,列于论文的末尾。参考文献应另起一页,标注方式按 GB/T 7714—2015《信息与文献参考文献著录规则》进行。

3.写论文应注意的几个问题

①选择合适的论文题目。获取最佳论文选题的途径有:选择自己有浓厚兴趣,而且在某方面较有专长的课题;要善于独辟蹊径,选择富有新意的课题;选择能够找得到足够参考资料的课题;询问导师和专家的意见;也可在不了解和了解不详的领域中寻找课题;善于利用图书馆,图书馆的自动化、网络化为获取选题提供了便利条件。

②写作论文要突出自己所做的工作。每一种论文都有其特定的规范,只要先把研究做好了、做扎实了,论文就好写了。要想写好自己的毕业论文,主要应该花时间和精

力找出可以成为比较好的研究对象的问题，然后确定合适的研究方法，通过艰苦细致的工作找出结果。在此过程中，一定要注意突出自己所做的工作，清晰地表达出自己对问题的认识和观点，这样才能称为一份合格的学术论文。

③合理运用参考资料。在写作论文时，经常需要引用资料。很多学生有这样的困惑：到底引用资料到什么程度算"抄袭"？怎样合理运用材料？界定引用和抄袭有个重要的标准，就是在整体上是不是有自己的观点、有自己的立论，别人的文献是不是仅作为自己观点的一个补充和引证。如果没有形成自己的观点和判断，完全是把别人的东西搬过来，堆砌起来，这就难免会有抄袭之嫌。如果有自己的观点，资料是为你的观点做注脚，这就是合理的引注。

④学会做二手文献清单、工作清单。文献综述既是主观的，又是客观的。客观是因为它反映了某学科的相关研究材料以及他人、前人的研究成果；主观是因为综述是对前人、他人成果的总结归纳。归纳是文献综述最重要的部分，所以归纳必须准确。通过查阅新文献，了解国内外研究动态，把握整个研究趋势，论文也就有了一定依据。没有好的文献综述，是很难写出好的学术论文的。现在做研究、写论文的条件很好，图书馆有丰富的材料，电子图书、互联网使用起来也十分方便，只要充分利用，研究信息就会源源不断，这就为进行研究提供了很好的基础。在进行研究的时候，要学会做二手文献清单，学会写工作清单，学会搜集材料、做索引，要充分学习别人已经做过的研究。自己的研究只有建立在别人研究的基础上，才有可能做得扎实，论文才有可能科学严谨，才有可能进一步创新。

（三）学会设计

大学通过设计作业（课程设计、毕业设计），使学生面对模拟或实际的社会需求，运用所学的科技知识，提出自己的技术设想和可付诸实施的方案、图示和说明，能在较大程度上培养学生的自学能力、解决问题的能力以及组织和创新能力。设计作业也可作为检查学生在某一阶段或者整个在校期间的学习结果的一种方式。

设计的特点是：①有明确目标，如社会在某些方面的需求；②多方案性，即对同一目标构思出多种方案，进行分析比较，确定最佳方案进行设计；③多约束性，即受数、理、化基本规律的限制，受资金、人力、物力、技术条件的限制，受生产设施和材料来源的限制，受美学、法律等因素的限制。

学生在设计中要重视检索资料、运算、绘图、科技写作等方面的技能训练，讲究运用好的设计方法、规范化的设计程序和正确的设计结果表达形式，写出符合工程设计要求的设计说明书、计算书和设计图纸。

第四节 学"习"语录

青年兴则国家兴,青年强则国家强。作为当代青年,要主动学习习近平新时代中国特色社会主义思想,正确认识中国的国情,正确认识世界发展大势,牢固树立"四个自信"和"四个意识",坚持做到"两个维护"。作为新时代的大学生,要努力学"习"新思想,争做新时代新青年,做到既能"仰望星空",树立远大理想,又能"脚踏实地",埋头苦读苦干,为实现中华民族伟大复兴的中国梦挥洒青春汗水。

一、习近平总书记关于中国式现代化的重要论述(部分)

(一)党的二十大报告中的"中国式现代化"(节选)

中国式现代化,是中国共产党领导的社会主义现代化,既有各国现代化的共同特征,更有基于自己国情的中国特色。

——中国式现代化是人口规模巨大的现代化。我国十四亿多人口整体迈进现代化社会,规模超过现有发达国家人口的总和,艰巨性和复杂性前所未有,发展途径和推进方式也必然具有自己的特点。我们始终从国情出发想问题、作决策、办事情,既不好高骛远,也不因循守旧,保持历史耐心,坚持稳中求进、循序渐进、持续推进。

——中国式现代化是全体人民共同富裕的现代化。共同富裕是中国特色社会主义的本质要求,也是一个长期的历史过程。我们坚持把实现人民对美好生活的向往作为现代化建设的出发点和落脚点,着力维护和促进社会公平正义,着力促进全体人民共同富裕,坚决防止两极分化。

——中国式现代化是物质文明和精神文明相协调的现代化。物质富足、精神富有是社会主义现代化的根本要求。物质贫困不是社会主义,精神贫乏也不是社会主义。我们不断厚植现代化的物质基础,不断夯实人民幸福生活的物质条件,同时大力发展社会主义先进文化,加强理想信念教育,传承中华文明,促进物的全面丰富和人的全面发展。

——中国式现代化是人与自然和谐共生的现代化。人与自然是生命共同体,无止境地向自然索取甚至破坏自然必然会遭到大自然的报复。我们坚持可持续发展,坚持节约优先、保护优先、自然恢复为主的方针,像保护眼睛一样保护自然和生态环境,坚定不移走生产发展、生活富裕、生态良好的文明发展道路,实现中华民族永续发展。

——中国式现代化是走和平发展道路的现代化。我国不走一些国家通过战争、殖民、掠夺等方式实现现代化的老路,那种损人利己、充满血腥罪恶的老路给广大发展中国家人民带来深重苦难。我们坚定站在历史正确的一边、站在人类文明进步的一边，高举和平、发展、合作、共赢旗帜，在坚定维护世界和平与发展中谋求自身发展，又以自身发展更好维护世界和平与发展。

中国式现代化的本质要求是：坚持中国共产党领导，坚持中国特色社会主义，实现高质量发展，发展全过程人民民主，丰富人民精神世界，实现全体人民共同富裕，促进人与自然和谐共生，推动构建人类命运共同体，创造人类文明新形态。

（二）习近平总书记在新进中央委员会的委员、候补委员和省部级主要领导干部学习贯彻习近平新时代中国特色社会主义思想和党的二十大精神研讨班开班式上的重要讲话精神（节选）

党的领导决定中国式现代化的根本性质。党的性质宗旨、初心使命、信仰信念、政策主张决定了中国式现代化是社会主义现代化，而不是别的什么现代化。我们党始终高举中国特色社会主义伟大旗帜，既坚持科学社会主义基本原则，又不断赋予其鲜明的中国特色和时代内涵，坚定不移地走中国特色社会主义道路，确保中国式现代化在正确的轨道上顺利推进。我们党坚持把马克思主义作为根本指导思想，不断深化对共产党执政规律、社会主义建设规律、人类社会发展规律的认识，不断开辟马克思主义中国化时代化新境界，为中国式现代化提供科学指引。我们党坚持和完善中国特色社会主义制度，不断推进国家治理体系和治理能力现代化，形成包括中国特色社会主义根本制度、基本制度、重要制度等在内的一整套制度体系，为中国式现代化稳步前行提供坚强制度保证。我们党坚持和发展中国特色社会主义文化，激发全民族文化创新创造活力，为中国式现代化提供强大精神力量。可以说，只有毫不动摇坚持党的领导，中国式现代化才能前景光明、繁荣兴盛；否则，中国式现代化就会偏离航向、丧失灵魂，甚至犯颠覆性错误。

党的领导确保中国式现代化锚定奋斗目标行稳致远。我们党始终坚守初心使命，矢志为中国人民谋幸福、为中华民族谋复兴，坚持把远大理想和阶段性目标统一起来，一旦确定目标，就咬定青山不放松、接续奋斗、艰苦奋斗、不懈奋斗。改革开放以来，我们建设社会主义现代化国家的奋斗目标都是循序渐进、一以贯之的，并随着实践的发展而不断丰富完善。在总结改革开放和新时代实践成就和经验基础上，党的二十大更加清晰擘画了到2035年我国发展的目标要求，科学描绘了全面建成社会主义现代化强国、全面推进中华民族伟大复兴的宏伟蓝图。从这些历史进程中，我们可以清楚地看到，建设社会主义现代化国家是我们党一以贯之的奋斗目标，一代一代地接力推进，并不断取得举世瞩目、彪炳史册的辉煌业绩。

党的领导激发建设中国式现代化的强劲动力。改革开放是决定当代中国命运的关键一招,也是决定中国式现代化成败的关键一招。改革开放以后,我们党以伟大历史主动精神不断变革生产关系和生产力之间、上层建筑和经济基础之间不相适应的方面,不断推进各领域体制改革,形成和发展符合当代中国国情、充满生机活力的体制机制,让一切劳动、知识、技术、管理和资本的活力竞相迸发,让一切创造社会财富的源泉充分涌流。党的十八大以来,我们党以巨大的政治勇气全面深化改革,突出问题导向,敢于突进深水区、敢于啃硬骨头、敢于涉险滩、敢于面对新矛盾新挑战,冲破思想观念束缚,突破利益固化藩篱,坚决破除各方面体制机制弊端,改革由局部探索、破冰突围到系统集成、全面深化,许多领域实现历史性变革、系统性重塑、整体性重构,为中国式现代化注入不竭动力源泉。

党的领导凝聚建设中国式现代化的磅礴力量。我们党深刻认识到中国式现代化是亿万人民自己的事业,人民是中国式现代化的主体,必须紧紧依靠人民,尊重人民创造精神,汇集全体人民的智慧和力量,才能推动中国式现代化不断向前发展。我们坚持党的群众路线,想问题、作决策、办事情注重把准人民脉搏、回应人民关切、体现人民愿望、增进人民福祉,努力使党的理论和路线方针政策得到人民群众衷心拥护。我们坚持把人民对美好生活的向往作为奋斗目标,坚持以人民为中心的发展思想,着力保障和改善民生,着力解决人民急难愁盼问题,让中国式现代化建设成果更多更公平地惠及全体人民。我们党发展全过程人民民主,拓展民主渠道,丰富民主形式,扩大人民有序政治参与,确保人民依法通过各种途径和形式管理国家事务,管理经济和文化事业,管理社会事务,以主人翁精神满怀热忱地投入到现代化建设中来。我们党以中国式现代化的美好愿景激励人、鼓舞人、感召人,有效促进政党关系、民族关系、宗教关系、阶层关系、海内外同胞关系和谐,促进海内外中华儿女团结奋斗,凝聚起全面建设社会主义现代化国家的磅礴伟力。

二、习近平在纪念五四运动100周年大会上的讲话

(一)正确认识五四运动的性质和意义

五四运动的性质:五四运动,爆发于民族危难之际,是一场以先进青年知识分子为先锋、广大人民群众参加的彻底反帝反封建的伟大爱国革命运动,是一场中国人民为拯救民族危亡、捍卫民族尊严、凝聚民族力量而掀起的伟大社会革命运动,是一场传播新思想新文化新知识的伟大思想启蒙运动和新文化运动,以磅礴之力鼓动了中国人民和中华民族实现民族复兴的志向和信心。

五四运动的意义:五四运动以全民族的力量高举起爱国主义的伟大旗帜。五四运动以全民族的行动激发了追求真理、追求进步的伟大觉醒。五四运动以全民族的搏击

培育了永久奋斗的伟大传统。

（二）当代中国青年运动的主题

新时代中国青年运动的主题、新时代中国青年运动的方向、新时代中国青年的使命，就是坚持中国共产党领导，同人民一道，为实现"两个一百年"奋斗目标、实现中华民族伟大复兴的中国梦而奋斗。

（三）对当代青年的六点期望

第一，新时代中国青年要树立远大理想。青年的理想信念关乎国家未来。青年理想远大、信念坚定，是一个国家、一个民族无坚不摧的前进动力。青年志存高远，就能激发奋进潜力，青春岁月就不会像无舵之舟漂泊不定。正所谓"立志而圣则圣矣，立志而贤则贤矣"。青年的人生目标会有不同，职业选择也有差异，但只有把自己的小我融入祖国的大我、人民的大我之中，与时代同步伐、与人民共命运，才能更好实现人生价值、升华人生境界。离开了祖国需要、人民利益，任何孤芳自赏都会陷入越走越窄的狭小天地。

新时代中国青年要树立对马克思主义的信仰、对中国特色社会主义的信念、对中华民族伟大复兴中国梦的信心，到人民群众中去，到新时代新天地中去，让理想信念在创业奋斗中升华，让青春在创新创造中闪光！

第二，新时代中国青年要热爱伟大祖国。孙中山先生说，做人最大的事情，"就是要知道怎么样爱国"。一个人不爱国，甚至欺骗祖国、背叛祖国，那在自己的国家、在世界上都是很丢脸的，也是没有立足之地的。对每一个中国人来说，爱国是本分，也是职责，是心之所系、情之所归。对新时代中国青年来说，热爱祖国是立身之本、成才之基。当代中国，爱国主义的本质就是坚持爱国和爱党、爱社会主义高度统一。

新时代中国青年要听党话、跟党走，胸怀忧国忧民之心、爱国爱民之情，不断奉献祖国、奉献人民，以一生的真情投入、一辈子的顽强奋斗来体现爱国主义情怀，让爱国主义的伟大旗帜始终在心中高高飘扬！

第三，新时代中国青年要担当时代责任。时代呼唤担当，民族振兴是青年的责任。鲁迅先生说，青年"所多的是生力，遇见深林，可以辟成平地的，遇见旷野，可以栽种树木的，遇见沙漠，可以开掘井泉的"。在实现中华民族伟大复兴的新征程上，应对重大挑战、抵御重大风险、克服重大阻力、解决重大矛盾，迫切需要迎难而上、挺身而出的担当精神。只要青年都勇挑重担、勇克难关、勇斗风险，中国特色社会主义就能充满活力、充满后劲、充满希望。青年要保持初生牛犊不怕虎、越是艰险越向前的刚健勇毅，勇立时代潮头，争做时代先锋。一切视探索尝试为畏途、一切把负重前行当吃亏、一切"躲进小楼成一统"逃避责任的思想和行为，都是要不得的，都是成不了事的，也是难以真正获得人生快乐的。

新时代中国青年要珍惜这个时代、担负时代使命,在担当中历练,在尽责中成长,让青春在新时代改革开放的广阔天地中绽放,让人生在实现中国梦的奋进追逐中展现出勇敢奔跑的英姿,努力成为德智体美劳全面发展的社会主义建设者和接班人!

第四,新时代中国青年要勇于砥砺奋斗。奋斗是青春最亮丽的底色。"自信人生二百年,会当水击三千里。"民族复兴的使命要靠奋斗来实现,人生理想的风帆要靠奋斗来扬起。没有广大人民特别是一代代青年前赴后继、艰苦卓绝的接续奋斗,就没有中国特色社会主义新时代的今天,更不会有实现中华民族伟大复兴的明天。千百年来,中华民族历经苦难,但没有任何一次苦难能够打垮我们,最后都推动了我们民族精神、意志、力量的一次次升华。今天,我们的生活条件好了,但奋斗精神一点都不能少,中国青年永久奋斗的好传统一点都不能丢。在实现中华民族伟大复兴的新征程上,必然会有艰巨繁重的任务,必然会有艰难险阻甚至惊涛骇浪,特别需要我们发扬艰苦奋斗精神。奋斗不只是响亮的口号,而是要在做好每一件小事、完成每一项任务、履行每一项职责中见精神。奋斗的道路不会一帆风顺,往往荆棘丛生、充满坎坷。强者,总是从挫折中不断奋起、永不气馁。

新时代中国青年要勇做走在时代前列的奋进者、开拓者、奉献者,毫不畏惧面对一切艰难险阻,在劈波斩浪中开拓前进,在披荆斩棘中开辟天地,在攻坚克难中创造业绩,用青春和汗水创造出让世界刮目相看的新奇迹!

第五,新时代中国青年要练就过硬本领。青年是苦练本领、增长才干的黄金时期。"青春虚度无所成,白首衔悲亦何及。"当今时代,知识更新不断加快,社会分工日益细化,新技术新模式新业态层出不穷。这既为青年施展才华、竞展风采提供了广阔舞台,也对青年能力素质提出了新的更高要求。不论是成就自己的人生理想,还是担当时代的神圣使命,青年都要珍惜韶华、不负青春,努力学习掌握科学知识,提高内在素质,锤炼过硬本领,使自己的思维视野、思想观念、认识水平跟上越来越快的时代发展。

新时代中国青年要增强学习紧迫感,如饥似渴、孜孜不倦学习,努力学习马克思主义立场观点方法,努力掌握科学文化知识和专业技能,努力提高人文素养,在学习中增长知识、锤炼品格,在工作中增长才干、练就本领,以真才实学服务人民,以创新创造贡献国家!

第六,新时代中国青年要锤炼品德修为。人无德不立,品德是为人之本。止于至善,是中华民族始终不变的人格追求。我们要建设的社会主义现代化强国,不仅要在物质上强,更要在精神上强。精神上强,才是更持久、更深沉、更有力量的。青年要把正确的道德认知、自觉的道德养成、积极的道德实践紧密结合起来,不断修身立德,打牢道德根基,在人生道路上走得更正、走得更远。面对复杂的世界大变局,要明辨是非、恪守正道,不人云亦云、盲目跟风。面对外部诱惑,要保持定力、严守规矩,用勤劳的双手和诚实的劳动创造美好生活,拒绝投机取巧、远离自作聪明。面对美好岁月,要有饮水思源、懂得回报的感恩之心,感恩党和国家,感恩社会和人民。要在奋斗中摸爬滚打,体察世间冷暖、民众忧乐、现实矛盾,从中找到人生真谛、生命价值、事业方向。

新时代中国青年要自觉树立和践行社会主义核心价值观,善于从中华民族传统美德中汲取道德滋养,从英雄人物和时代楷模的身上感受道德风范,从自身内省中提升道德修为,明大德、守公德、严私德,自觉抵制拜金主义、享乐主义、极端个人主义、历史虚无主义等错误思想,追求更有高度、更有境界、更有品位的人生,让清风正气、蓬勃朝气遍布全社会!

三、建党100周年讲话

(一)习近平在庆祝中国共产党成立100周年大会上的讲话

今天,在中国共产党历史上,在中华民族历史上,都是一个十分重大而庄严的日子。我们在这里隆重集会,同全党全国各族人民一道,庆祝中国共产党成立一百周年,回顾中国共产党百年奋斗的光辉历程,展望中华民族伟大复兴的光明前景。

在这里,我代表党和人民庄严宣告,经过全党全国各族人民持续奋斗,我们实现了第一个百年奋斗目标,在中华大地上全面建成了小康社会,历史性地解决了绝对贫困问题,正在意气风发向着全面建成社会主义现代化强国的第二个百年奋斗目标迈进。这是中华民族的伟大光荣!这是中国人民的伟大光荣!这是中国共产党的伟大光荣!

中华民族是世界上伟大的民族,有着5000多年源远流长的文明历史,为人类文明进步作出了不可磨灭的贡献。1840年鸦片战争以后,中国逐步成为半殖民地半封建社会,国家蒙辱、人民蒙难、文明蒙尘,中华民族遭受了前所未有的劫难。从那时起,实现中华民族伟大复兴,就成为中国人民和中华民族最伟大的梦想。

为了拯救民族危亡,中国人民奋起反抗,仁人志士奔走呐喊,太平天国运动、戊戌变法、义和团运动、辛亥革命接连而起,各种救国方案轮番出台,但都以失败而告终。中国迫切需要新的思想引领救亡运动,迫切需要新的组织凝聚革命力量。

十月革命一声炮响,给中国送来了马克思列宁主义。在中国人民和中华民族的伟大觉醒中,在马克思列宁主义同中国工人运动的紧密结合中,中国共产党应运而生。中国产生了共产党,这是开天辟地的大事变,深刻改变了近代以后中华民族发展的方向和进程,深刻改变了中国人民和中华民族的前途和命运,深刻改变了世界发展的趋势和格局。

中国共产党一经诞生,就把为中国人民谋幸福、为中华民族谋复兴确立为自己的初心使命。一百年来,中国共产党团结带领中国人民进行的一切奋斗、一切牺牲、一切创造,归结起来就是一个主题:实现中华民族伟大复兴。

——为了实现中华民族伟大复兴,中国共产党团结带领中国人民,浴血奋战、百折不挠,创造了新民主主义革命的伟大成就。我们经过北伐战争、土地革命战争、抗日战争、解放战争,以武装的革命反对武装的反革命,推翻帝国主义、封建主义、官僚资本主义三座大山,建立了人民当家作主的中华人民共和国,实现了民族独立、人民解放。新民主主义革命的胜利,彻底结束了旧中国半殖民地半封建社会的历史,彻底结束了旧中国一盘散沙的局面,彻底废除了列强强加给中国的不平等条约和帝国主义在中国的一切特权,为实现中华民族伟大复兴创造了根本社会条件。中国共产党和中国人民以英勇顽强的奋斗向世界庄严宣告,中国人民站起来了,中华民族任人宰割、饱受欺凌的时代一去不复返了!

——为了实现中华民族伟大复兴,中国共产党团结带领中国人民,自力更生、发愤图强,创造了社会主义革命和建设的伟大成就。我们进行社会主义革命,消灭在中国延续几千年的封建剥削压迫制度,确立社会主义基本制度,推进社会主义建设,战胜帝国主义、霸权主义的颠覆破坏和武装挑衅,实现了中华民族有史以来最为广泛而深刻的社会变革,实现了一穷二白、人口众多的东方大国大步迈进社会主义社会的伟大飞跃,为实现中华民族伟大复兴奠定了根本政治前提和制度基础。中国共产党和中国人民以英勇顽强的奋斗向世界庄严宣告,中国人民不但善于破坏一个旧世界、也善于建设一个新世界,只有社会主义才能救中国,只有中国特色社会主义才能发展中国!

——为了实现中华民族伟大复兴,中国共产党团结带领中国人民,解放思想、锐意进取,创造了改革开放和社会主义现代化建设的伟大成就。我们实现新中国成立以来党的历史上具有深远意义的伟大转折,确立党在社会主义初级阶段的基本路线,坚定不移推进改革开放,战胜来自各方面的风险挑战,开创、坚持、捍卫、发展中国特色社会主义,实现了从高度集中的计划经济体制到充满活力的社会主义市场经济体制、从封闭半封闭到全方位开放的历史性转变,实现了从生产力相对落后的状况到经济总量跃居世界第二的历史性突破,实现了人民生活从温饱不足到总体小康、奔向全面小康的历史性跨越,为实现中华民族伟大复兴提供了充满新的活力的体制保证和快速发展的物质条件。中国共产党和中国人民以英勇顽强的奋斗向世界庄严宣告,改革开放是决定当代中国前途命运的关键一招,中国大踏步赶上了时代!

——为了实现中华民族伟大复兴,中国共产党团结带领中国人民,自信自强、守正创新,统揽伟大斗争、伟大工程、伟大事业、伟大梦想,创造了新时代中国特色社会主义的伟大成就。党的十八大以来，中国特色社会主义进入新时代，我们坚持和加强党的全面领导，统筹推进"五位一体"总体布局、协调推进"四个全面"战略布局，坚持和完善中国特色社会主义制度、推进国家治理体系和治理能力现代化，坚持依规治党、形成比较完善的党内法规体系，战胜一系列重大风险挑战，实现第一个百年奋斗目标，明确实现第二个百年奋斗目标的战略安排，党和国家事业取得历史性成就、发生历史性变革，为实现中华民族伟大复兴提供了更为完善的制度保证、更为坚实的物质基础、更为主动的精神力量。中国共产党和中国人民以英勇顽强的奋斗向世界庄严宣告，中华民族迎来了从站起来、富起来到强起来的伟大飞跃，实现中华民族伟大复兴进入了不可逆转的历史进程！

一百年来，中国共产党团结带领中国人民，以"为有牺牲多壮志，敢教日月换新天"的大无畏气概，书写了中华民族几千年历史上最恢宏的史诗。这一百年来开辟的伟大道路、创造的伟大事业、取得的伟大成就，必将载入中华民族发展史册、人类文明发展史册！

一百年前，中国共产党的先驱们创建了中国共产党，形成了坚持真理、坚守理想，践行初心、担当使命，不怕牺牲、英勇斗争，对党忠诚、不负人民的伟大建党精神，这是中国共产党的精神之源。

一百年来，中国共产党弘扬伟大建党精神，在长期奋斗中构建起中国共产党人的精神谱系，锤炼出鲜明的政治品格。历史川流不息，精神代代相传。我们要继续弘扬光荣传统、赓续红色血脉，永远把伟大建党精神继承下去、发扬光大！

一百年来，我们取得的一切成就，是中国共产党人、中国人民、中华民族团结奋斗的结果。以毛泽东同志、邓小平同志、江泽民同志、胡锦涛同志为主要代表的中国共产党人，为中华民族伟大复兴建立了彪炳史册的伟大功勋！我们向他们表示崇高的敬意！

此时此刻，我们深切怀念为中国革命、建设、改革，为中国共产党建立、巩固、发展作出重大贡献的毛泽东、周恩来、刘少奇、朱德、邓小平、陈云同志等老一辈革命家，深切怀念为建立、捍卫、建设新中国英勇牺牲的革命先烈，深切怀念为改革开放和社会主义现代化建设英勇献身的革命烈士，深切怀念近代以来为民族独立和人民解放顽强奋斗的所有仁人志士。他们为祖国和民族建立的丰功伟绩永载史册！他们的崇高精神永远铭记在人民心中！

人民是历史的创造者，是真正的英雄。我代表党中央，向全国广大工人、农民、知识分子，向各民主党派和无党派人士、各人民团体、各界爱国人士，向人民解放军指战员、武警部队官兵、公安干警和消防救援队伍指战员，向全体社会主义劳动者，向统一战线广大成员，致以崇高的敬意！向香港特别行政区同胞、澳门特别行政区同胞和台湾同胞以及广大侨胞,致以诚挚的问候! 向一切同中国人民友好相处、关心和支持中国革命、建设、改革事业的各国人民和朋友,致以衷心的谢意。

初心易得,始终难守。以史为鉴,可以知兴替。我们要用历史映照现实、远观未来,从中国共产党的百年奋斗中看清楚过去我们为什么能够成功、弄明白未来我们怎样才能继续成功,从而在新的征程上更加坚定、更加自觉地牢记初心使命、开创美好未来。

——以史为鉴、开创未来,必须坚持中国共产党坚强领导。办好中国的事情,关键在党。中华民族近代以来180多年的历史、中国共产党成立以来100年的历史、中华人民共和国成立以来70多年的历史都充分证明,没有中国共产党,就没有新中国,就没有中华民族伟大复兴。历史和人民选择了中国共产党。中国共产党领导是中国特色社会主义最本质的特征,是中国特色社会主义制度的最大优势,是党和国家的根本所在、命脉所在,是全国各族人民的利益所系、命运所系。

新的征程上,我们必须坚持党的全面领导,不断完善党的领导,增强"四个意识"、坚定"四个自信"、做到"两个维护",牢记"国之大者",不断提高党科学执政、民主执政、依法执政水平,充分发挥党总揽全局、协调各方的领导核心作用!

——以史为鉴、开创未来,必须团结带领中国人民不断为美好生活而奋斗。江山就是人民、人民就是江山,打江山、守江山,守的是人民的心。中国共产党根基在人民、血脉在人民、力量在人民。中国共产党始终代表最广大人民根本利益,与人民休戚与共、生死相依,没有任何自己特殊的利益,从来不代表任何利益集团、任何权势团体、任何特权阶层的利益。任何想把中国共产党同中国人民分割开来、对立起来的企图,都是绝不会得逞的! 9500多万中国共产党人不答应! 14亿多中国人民也不答应!

新的征程上,我们必须紧紧依靠人民创造历史,坚持全心全意为人民服务的根本宗旨,站稳人民立场,贯彻党的群众路线,尊重人民首创精神,践行以人民为中心的发展思想,发展全过程人民民主,维护社会公平正义,着力解决发展不平衡不充分问题和人民群众急难愁盼问题,推动人的全面发展、全体人民共同富裕取得更为明显的实质性进展!

——以史为鉴、开创未来,必须继续推进马克思主义中国化。马克思主义是我们立党立国的根本指导思想,是我们党的灵魂和旗帜。中国共产党坚持马克思主义基本原理,坚持实事求是,从中国实际出发,洞察时代大势,把握历史主动,进行艰辛探索,不断推进马克思主义中国化时代化,指导中国人民不断推进伟大社会革命。中国共产党为什么能,中国特色社会主义为什么好,归根到底是因为马克思主义行!

新的征程上,我们必须坚持马克思列宁主义、毛泽东思想、邓小平理论、"三个代表"重要思想、科学发展观,全面贯彻新时代中国特色社会主义思想,坚持把马克思主义基本原理同中国具体实际相结合、同中华优秀传统文化相结合,用马克思主义观察时代、把握时代、引领时代,继续发展当代中国马克思主义、21世纪马克思主义!

——以史为鉴、开创未来,必须坚持和发展中国特色社会主义。走自己的路,是党的全部理论和实践立足点,更是党百年奋斗得出的历史结论。中国特色社会主义是党和人民历经千辛万苦、付出巨大代价取得的根本成就,是实现中华民族伟大复兴的正确道路。我们坚持和发展中国特色社会主义,推动物质文明、政治文明、精神文明、社会文明、生态文明协调发展,创造了中国式现代化新道路,创造了人类文明新形态。

新的征程上,我们必须坚持党的基本理论、基本路线、基本方略,统筹推进"五位一体"总体布局、协调推进"四个全面"战略布局,全面深化改革开放,立足新发展阶段,完整、准确、全面贯彻新发展理念,构建新发展格局,推动高质量发展,推进科技自立自强,保证人民当家作主,坚持依法治国,坚持社会主义核心价值体系,坚持在发展中保障和改善民生,坚持人与自然和谐共生,协同推进人民富裕、国家强盛、中国美丽。

中华民族拥有在5000多年历史演进中形成的灿烂文明,中国共产党拥有百年奋斗实践和70多年执政兴国经验,我们积极学习借鉴人类文明的一切有益成果,欢迎一切有益的建议和善意的批评,但我们绝不接受"教师爷"般颐指气使的说教!中国共产党和中国人民将在自己选择的道路上昂首阔步走下去,把中国发展进步的命运牢牢掌握在自己手中!

——以史为鉴、开创未来,必须加快国防和军队现代化。强国必须强军,军强才能国安。坚持党指挥枪、建设自己的人民军队,是党在血与火的斗争中得出的颠扑不破的真理。人民军队为党和人民建立了不朽功勋,是保卫红色江山、维护民族尊严的坚强柱石,也是维护地区和世界和平的强大力量。

新的征程上,我们必须全面贯彻新时代党的强军思想,贯彻新时代军事战略方针,坚持党对人民军队的绝对领导,坚持走中国特色强军之路,全面推进政治建军、改革强军、科技强军、人才强军、依法治军,把人民军队建设成为世界一流军队,以更强大的能力、更可靠的手段捍卫国家主权、安全、发展利益!

——以史为鉴、开创未来,必须不断推动构建人类命运共同体。和平、和睦、和谐是中华民族5000多年来一直追求和传承的理念,中华民族的血液中没有侵略他人、称王称霸的基因。中国共产党关注人类前途命运,同世界上一切进步力量携手前进,中国始终是世界和平的建设者、全球发展的贡献者、国际秩序的维护者!

新的征程上,我们必须高举和平、发展、合作、共赢旗帜,奉行独立自主的和平外交政策,坚持走和平发展道路,推动建设新型国际关系,推动构建人类命运共同体,推动共建"一带一路"高质量发展,以中国的新发展为世界提供新机遇。中国共产党将继续同一切爱好和平的国家和人民一道,弘扬和平、发展、公平、正义、民主、自由的全人类共同价值,坚持合作、不搞对抗,坚持开放、不搞封闭,坚持互利共赢、不搞零和博弈,反对霸权主义和强权政治,推动历史车轮向着光明的目标前进!

中国人民是崇尚正义、不畏强暴的人民,中华民族是具有强烈民族自豪感和自信心的民族。中国人民从来没有欺负、压迫、奴役过其他国家人民,过去没有,现在没有,将来也不会有。同时,中国人民也绝不允许任何外来势力欺负、压迫、奴役我们,谁妄想这样干,必将在14亿多中国人民用血肉筑成的钢铁长城面前碰得头破血流!

——以史为鉴、开创未来,必须进行具有许多新的历史特点的伟大斗争。敢于斗争、敢于胜利,是中国共产党不可战胜的强大精神力量。实现伟大梦想就要顽强拼搏、不懈奋斗。今天,我们比历史上任何时期都更接近、更有信心和能力实现中华民族伟大复兴的目标,同时必须准备付出更为艰巨、更为艰苦的努力。

新的征程上,我们必须增强忧患意识、始终居安思危,贯彻总体国家安全观,统筹发展和安全,统筹中华民族伟大复兴战略全局和世界百年未有之大变局,深刻认识我国社会主要矛盾变化带来的新特征新要求,深刻认识错综复杂的国际环境带来的新矛盾新挑战,敢于斗争,善于斗争,逢山开道、遇水架桥,勇于战胜一切风险挑战!

——以史为鉴、开创未来,必须加强中华儿女大团结。在百年奋斗历程中,中国共产党始终把统一战线摆在重要位置,不断巩固和发展最广泛的统一战线,团结一切可以团结的力量、调动一切可以调动的积极因素,最大限度凝聚起共同奋斗的力量。爱国统一战线是中国共产党团结海内外全体中华儿女实现中华民族伟大复兴的重要法宝。

新的征程上,我们必须坚持大团结大联合,坚持一致性和多样性统一,加强思想政治引领,广泛凝聚共识,广聚天下英才,努力寻求最大公约数、画出最大同心圆,形成海内外全体中华儿女心往一处想、劲往一处使的生动局面,汇聚起实现民族复兴的磅礴力量!

——以史为鉴、开创未来,必须不断推进党的建设新的伟大工程。勇于自我革命是中国共产党区别于其他政党的显著标志。我们党历经千锤百炼而朝气蓬勃,一个很重要的原因就是我们始终坚持党要管党、全面从严治党,不断应对好自身在各个历史时期面临的风险考验,确保我们党在世界形势深刻变化的历史进程中始终走在时代前列,在应对国内外各种风险挑战的历史进程中始终成为全国人民的主心骨!

新的征程上,我们要牢记打铁必须自身硬的道理,增强全面从严治党永远在路上的政治自觉,以党的政治建设为统领,继续推进新时代党的建设新的伟大工程,不断严密党的组织体系,着力建设德才兼备的高素质干部队伍,坚定不移推进党风廉政建设和反腐败斗争,坚决清除一切损害党的先进性和纯洁性的因素,清除一切侵蚀党的健康肌体的病毒,确保党不变质、不变色、不变味,确保党在新时代坚持和发展中国特色社会主义的历史进程中始终成为坚强领导核心!

我们要全面准确贯彻"一国两制"、"港人治港"、"澳人治澳"、高度自治的方针,落实中央对香港、澳门特别行政区全面管治权,落实特别行政区维护国家安全的法律制度和执行机制,维护国家主权、安全、发展利益,维护特别行政区社会大局稳定,保持香港、澳门长期繁荣稳定。

解决台湾问题、实现祖国完全统一,是中国共产党矢志不渝的历史任务,是全体中华儿女的共同愿望。要坚持一个中国原则和"九二共识",推进祖国和平统一进程。包括两岸同胞在内的所有中华儿女,要和衷共济、团结向前,坚决粉碎任何"台独"图谋,共创民族复兴美好未来。任何人都不要低估中国人民捍卫国家主权和领土完整的坚强决心、坚定意志、强大能力!

未来属于青年,希望寄予青年。一百年前,一群新青年高举马克思主义思想火炬,在风雨如晦的中国苦苦探寻民族复兴的前途。一百年来,在中国共产党的旗帜下,一代代中国青年把青春奋斗融入党和人民事业,成为实现中华民族伟大复兴的先锋力量。新时代的中国青年要以实现中华民族伟大复兴为己任,增强做中国人的志气、骨气、底气,不负时代,不负韶华,不负党和人民的殷切期望!

一百年前,中国共产党成立时只有50多名党员,今天已经成为拥有9500多万名党员、领导着14亿多人口大国、具有重大全球影响力的世界第一大执政党。

一百年前,中华民族呈现在世界面前的是一派衰败凋零的景象。今天,中华民族向世界展现的是一派欣欣向荣的气象,正以不可阻挡的步伐迈向伟大复兴。

过去一百年,中国共产党向人民、向历史交出了一份优异的答卷。现在,中国共产党团结带领中国人民又踏上了实现第二个百年奋斗目标新的赶考之路。

全体中国共产党员!党中央号召你们,牢记初心使命,坚定理想信念,践行党的宗旨,永远保持同人民群众的血肉联系,始终同人民想在一起、干在一起,风雨同舟、同甘共苦,继续为实现人民对美好生活的向往不懈努力,努力为党和人民争取更大光荣!

中国共产党立志于中华民族千秋伟业,百年恰是风华正茂!回首过去,展望未来,有中国共产党的坚强领导,有全国各族人民的紧密团结,全面建成社会主义现代化强国的目标一定能够实现,中华民族伟大复兴的中国梦一定能够实现。

伟大、光荣、正确的中国共产党万岁!

伟大、光荣、英雄的中国人民万岁!

(二)习近平在"七一勋章"颁授仪式上的讲话

今天,在庆祝中国共产党成立一百周年之际,我们在这里隆重举行仪式,将党内最高荣誉授予为党和人民作出杰出贡献的共产党员。

首先,我代表党中央,向"七一勋章"获得者,表示热烈的祝贺!致以崇高的敬意!

一百年来，我们党矢志践行初心使命，团结带领人民开辟了伟大道路、建立了伟大功业、铸就了伟大精神、积累了宝贵经验，在中华民族发展史和人类社会进步史上写下了壮丽篇章。

一百年来，一代又一代中国共产党人，为赢得民族独立和人民解放、实现国家富强和人民幸福，前仆后继、浴血奋战，艰苦奋斗、无私奉献，谱写了气吞山河的英雄壮歌。

今天受到表彰的"七一勋章"获得者，就是各条战线党员中的杰出代表。在他们身上，生动体现了中国共产党人坚定信念、践行宗旨、拼搏奉献、廉洁奉公的高尚品质和崇高精神。

——坚定信念，就是坚持不忘初心、不移其志，以坚忍执着的理想信念，以对党和人民的赤胆忠心，把对党和人民的忠诚和热爱牢记在心目中、落实在行动上，为党和人民事业奉献自己的一切乃至宝贵生命，为党的理想信念顽强奋斗、不懈奋斗。

心中有信仰，脚下有力量。全党同志都要把对马克思主义的信仰、对中国特色社会主义的信念作为毕生追求，永远信党爱党为党，在各自岗位上顽强拼搏，不断把为崇高理想奋斗的实践推向前进。

——践行宗旨，就是对人民饱含深情，心中装着人民，工作为了人民，想群众之所想，急群众之所急，解群众之所难，密切联系群众，坚定依靠群众，一心一意为百姓造福，以为民造福的实际行动诠释了共产党人"我将无我、不负人民"的崇高情怀。

江山就是人民，人民就是江山。全党同志都要坚持人民立场、人民至上，坚持不懈为群众办实事做好事，始终保持同人民群众的血肉联系。

——拼搏奉献，就是把许党报国、履职尽责作为人生目标，不畏艰险、敢于牺牲，苦干实干、不屈不挠，充分展示了共产党人无私无畏的奉献精神和坚忍不拔的斗争精神。

越是伟大的事业，越是充满挑战，越需要知重负重。全党同志都要保持"越是艰险越向前"的英雄气概，保持"敢教日月换新天"的昂扬斗志，埋头苦干、攻坚克难，努力创造无愧于党、无愧于人民、无愧于时代的业绩。

——廉洁奉公，就是保持共产党人艰苦朴素、公而忘私的光荣传统，从不以功臣自居，不计较个人得失，不贪图享受，守纪律、讲规矩，生动体现了共产党人应有的道德风范。

共产党人拥有人格力量，才能赢得民心。全党同志都要明大德、守公德、严私德，清清白白做人、干干净净做事，做到克己奉公、以俭修身，永葆清正廉洁的政治本色。

"七一勋章"获得者都来自人民、植根人民，是立足本职、默默奉献的平凡英雄。他们的事迹可学可做，他们的精神可追可及。他们用行动证明，只要坚定理想信念、坚定奋斗意志、坚定恒心韧劲，平常时候看得出来、关键时刻站得出来、危难关头豁得出来，每名党员都能够在民族复兴的伟业中为党和人民建功立业！

新时代是需要英雄并一定能够产生英雄的时代。中国共产党要始终成为时代先锋、民族脊梁，党员队伍必须过硬。希望受到表彰的同志珍惜荣誉、发扬成绩，争取更大光荣。各级党组织要从工作和生活上关心爱护功勋党员，大力宣传"七一勋章"获得者的感人事迹和崇高品德，在全党全社会形成崇尚先进、见贤思齐的浓厚氛围，激励广大党员、干部牢记党的性质宗旨，牢记党的初心使命，不懈奋斗、永远奋斗，在全面建设社会主义现代化国家新征程上，向着第二个百年奋斗目标、向着中华民族伟大复兴的中国梦奋勇前进！

四、习近平在庆祝中国共产主义青年团成立100周年大会上的讲话

共青团员们，青年朋友们，同志们：

青春孕育无限希望，青年创造美好明天。一个民族只有寄望青春、永葆青春，才能兴旺发达。

今天，我们在这里隆重集会，庆祝中国共产主义青年团成立100周年，就是要激励广大团员青年在实现中华民族伟大复兴中国梦的新征程上奋勇前进。

首先，我代表党中央，向全体共青团员和各级共青团组织、团干部，致以热烈的祝贺和诚挚的问候！

共青团员们、青年朋友们、同志们！

中华民族是历史悠久、饱经沧桑的古老民族，更是自强不息、朝气蓬勃的青春民族。在5000多年源远流长的文明历史中，中华民族始终有着"自古英雄出少年"的传统，始终有着"长江后浪推前浪"的情怀，始终有着"少年强则国强，少年进步则国进步"的信念，始终有着"希望寄托在你们身上"的期待。千百年来，青春的力量，青春的涌动，青春的创造，始终是推动中华民族勇毅前行、屹立于世界民族之林的磅礴力量！

青年的命运，从来都同时代紧密相连。1840年鸦片战争以后，中国逐步成为半殖民地半封建社会，国家蒙辱、人民蒙难、文明蒙尘，中华民族遭受了前所未有的劫难。一批又一批仁人志士为救国救民而苦苦追寻，一大批先进青年在"觉醒年代"纷纷觉醒。伟大的五四运动促进了马克思主义在中国的传播，拉开了新民主主义革命的序幕，也标志着中国青年成为推动中国社会变革的急先锋。

青春力量一经觉醒，先进思想一经传播，中华大地便迅速呈现出轰轰烈烈的革命新气象。在马克思列宁主义同中国工人运动的紧密结合中，中国共产党应运而生。中国共产党一经诞生，就把关注的目光投向青年，把革命的希望寄予青年。党的一大专门研究了建立和发展青年团作为党的预备学校的问题。1922年5月5日，在中国共产党直接关怀和领导下，中国共产主义青年团宣告成立。这在中国革命史和青年运动

史上具有里程碑意义!

　　坚定不移跟党走,为党和人民奋斗,是共青团的初心使命。一百年来,在党的坚强领导下,共青团不忘初心、牢记使命,走在青年前列,组织引导一代又一代青年坚定信念、紧跟党走,为争取民族独立、人民解放和实现国家富强、人民幸福而贡献力量,谱写了中华民族伟大复兴进程中激昂的青春乐章。

　　新民主主义革命时期,共青团广泛传播马克思主义,用先进思想启迪青年觉醒、凝聚青春力量,团结带领广大团员青年踊跃投身反帝反封建的工人运动、农民运动、学生运动,积极参加党领导的革命武装,在打倒军阀、抗日救亡、推翻国民党反动统治的伟大斗争中冲锋陷阵,展现出不怕牺牲、浴血斗争的精神风貌。刀光剑影,枪林弹雨,广大团员青年对党忠贞不渝,经受住了生与死的考验,为中国革命胜利贡献了青春、建立了重要功勋!

　　社会主义革命和建设时期,共青团积极参与中华民族有史以来最为广泛而深刻的社会变革,组建青年突击队、青年垦荒队、青年扫盲队,开展学雷锋活动,团结带领广大团员青年激发"敢教日月换新天"的豪情,喊出"把青春献给祖国"的响亮口号,向科学进军,向困难进军,向荒原进军,展现出敢于拼搏、辛勤劳动的精神风貌。艰难困苦,千难万险,广大团员青年主动作为、勇挑重担,哪里最困难、哪里就有团的旗帜,哪里有需要、哪里就有团员青年的身影,为祖国建设贡献了青春、建立了重要功勋!

　　改革开放和社会主义现代化建设新时期,共青团适应党和国家工作中心战略转移,解放思想,锐意进取,广泛开展争当新长征突击手、"五讲四美三热爱"、希望工程、青年志愿者、青年文明号、保护母亲河等一大批青春气息浓烈的创造性活动,团结带领广大团员青年发出"团结起来、振兴中华"的时代强音,在现代化建设各条战线上勇立潮头,展现出敢闯敢干、引领风尚的精神风貌。革故鼎新,建设四化,广大团员青年勇作改革闯将,开风气之先,为改革开放和社会主义现代化建设贡献了青春、建立了重要功勋!

　　中国特色社会主义新时代,共青团积极投身伟大斗争、伟大工程、伟大事业、伟大梦想波澜壮阔的实践,坚持守正创新、踔厉奋发,全面深化自身改革,团结带领广大团员青年在脱贫攻坚战场摸爬滚打,在科技攻关岗位奋力攀登,在抢险救灾前线冲锋陷阵,在疫情防控一线披甲出征,在奥运竞技赛场奋勇争先,在保卫祖国哨位威武守护,在党和人民最需要的时刻冲得出来、顶得上去,展现出自信自强、刚健有为的精神风貌。"清澈的爱,只为中国",成为当代中国青年发自内心的最强音。伟大梦想,伟大使命,广大团员青年自觉担当重任,深入基层一线,让青春在实现中华民族伟大复兴的中国梦中绽放异彩,为党和国家事业取得历史性成就、发生历史性变革贡献了青春、建立了重要功勋!

时代各有不同,青春一脉相承。一百年来,中国共青团始终与党同心、跟党奋斗,团结带领广大团员青年把忠诚书写在党和人民事业中,把青春播撒在民族复兴的征程上,把光荣镌刻在历史行进的史册里。

历史和实践充分证明,中国共青团不愧为中国青年运动的先锋队,不愧为党的忠实助手和可靠后备军!

共青团员们、青年朋友们、同志们!

越是往前走、向上攀,越是要善于从走过的路中汲取智慧、提振信心、增添力量。一百年来,共青团坚定理想、矢志不渝,形成了宝贵经验。这是共青团面向未来、再立新功的重要遵循。

——百年征程,塑造了共青团坚持党的领导的立身之本。没有中国共产党,就没有中国共青团。共青团从诞生之日起,就以党的旗帜为旗帜、以党的意志为意志、以党的使命为使命,把坚持党的领导深深融入血脉之中,形成了区别于其他青年组织的根本特质和鲜明优势。听党话、跟党走始终是共青团坚守的政治生命,党有号召、团有行动始终是一代代共青团员的政治信念。历史充分证明,只有坚持党的领导,共青团才能团结带领青年前进,推动中国青年运动沿着正确政治方向前行。

——百年征程,塑造了共青团坚守理想信念的政治之魂。共青团把青年人组织起来,是在理想信念感召下坚定信仰的结合、科学主义的结合。团的一大就明确提出了建设共产主义社会的远大理想,亮出了社会主义的鲜明旗帜,在一代又一代青年心中点亮理想之灯、发出信念之光,这是共青团最根本、最持久的凝聚力。历史充分证明,只有始终高举共产主义、社会主义旗帜,共青团才能形成最为牢固的团结、锻造最有战斗力的组织,始终把青年凝聚在党的理想信念旗帜之下。

——百年征程,塑造了共青团投身民族复兴的奋进之力。党的奋斗主题就是团的行动方向。共青团紧扣党在不同历史时期的中心任务,团结带领广大团员青年积极投身人民群众的壮阔实践,在民族复兴征程上勇当先锋、倾情奉献,发挥生力军和突击队作用,使实现民族复兴成为中国青年运动一以贯之的恢弘主流。历史充分证明,只有牢牢扭住为中华民族伟大复兴而奋斗这一主题,共青团才能团结起一切可以团结的青春力量,唱响壮丽的青春之歌。

——百年征程,塑造了共青团扎根广大青年的活力之源。共青团历经百年沧桑而青春焕发,依靠的就是始终扎根广大青年,始终把工作重点聚焦在最广大的工农青年和普通青年群体,把心紧紧同青年连在一起,把青年人的心紧紧同党贴在一起。历史充分证明,只有不断从广大青年这片沃土中汲取养分、获取力量,共青团才能成为广大青年信得过、靠得住、离不开的贴心人。

共青团员们、青年朋友们、同志们!

在中国共产党坚强领导下,全国各族人民万众一心、齐心协力,胜利实现了第一个百年奋斗目标,在中华大地上全面建成了小康社会,正在意气风发向着全面建成社会主义现代化强国的第二个百年奋斗目标迈进。

实现中国梦是一场历史接力赛,当代青年要在实现民族复兴的赛道上奋勇争先。时代总是把历史责任赋予青年。新时代的中国青年,生逢其时、重任在肩,施展才干的舞台无比广阔,实现梦想的前景无比光明。在庆祝中国共产党成立100周年大会上,共青团员、少先队员代表响亮喊出"请党放心、强国有我"的青春誓言。这是新时代中国青少年应该有的样子,更是党的青年组织必须有的风貌。

在新的征程上,如何更好把青年团结起来、组织起来、动员起来,为实现第二个百年奋斗目标、实现中华民族伟大复兴的中国梦而奋斗,是新时代中国青年运动和青年工作必须回答的重大课题。共青团要增强引领力、组织力、服务力,团结带领广大团员青年成长为有理想、敢担当、能吃苦、肯奋斗的新时代好青年,用青春的能动力和创造力激荡起民族复兴的澎湃春潮,用青春的智慧和汗水打拼出一个更加美好的中国!

这里,我给共青团提几点希望。

第一,坚持为党育人,始终成为引领中国青年思想进步的政治学校。志存高远方能登高望远,胸怀天下才可大展宏图。火热的青春,需要坚定的理想信念。我们党用"共产主义"为团命名,就是希望党的青年组织永远站在理想信念的高地上,用党的科学理论武装青年,用党的初心使命感召青年,用党的光辉旗帜指引青年,用党的优良作风塑造青年。新时代的中国青年,更加自信自强、富于思辨精神,同时也面临各种社会思潮的现实影响,不可避免会在理想和现实、主义和问题、利己和利他、小我和大我、民族和世界等方面遇到思想困惑,更加需要深入细致的教育和引导,用敏锐的眼光观察社会,用清醒的头脑思考人生,用智慧的力量创造未来。共青团作为广大青年在实践中学习中国特色社会主义和共产主义的学校,要从政治上着眼、从思想上入手、从青年特点出发,帮助他们早立志、立大志,从内心深处厚植对党的信赖、对中国特色社会主义的信心、对马克思主义的信仰。要立足党的事业后继有人这一根本大计,牢牢把握培养社会主义建设者和接班人这个根本任务,引导广大青年在思想洗礼、在实践锻造中不断增强做中国人的志气、骨气、底气,让革命薪火代代相传!

第二,自觉担当尽责,始终成为组织中国青年永久奋斗的先锋力量。奋斗是青春最亮丽的底色,行动是青年最有效的磨砺。有责任有担当,青春才会闪光。青年是常为新的,最具创新热情,最具创新动力。党和人民事业发展离不开一代又一代有志青年的拼搏奉献。只有当青春同党和人民事业高度契合时,青春的光谱才会更广阔,青春的能量才能充分迸发。青年是社会中最有生气、最有闯劲、最少保守思想的群体,蕴含着改造客观世界、推动社会进步的无穷力量。共青团要团结带领广大团员青年勇做新时代的弄潮儿,自觉听从党和人民召唤,胸怀"国之大者",担当使命任务,到新时代新天地中去施展抱负、建功立业,争当伟大理想的追梦人,争做伟大事业的生力军,让青春在祖国和人民最需要的地方绽放绚丽之花!

第三,心系广大青年,始终成为党联系青年最为牢固的桥梁纽带。共青团是党领导的群团组织,也是青年人自己的组织。团的最大优势在于遍布基层一线、深入青年身边。要紧扣服务青年的工作生命线,履行巩固和扩大党执政的青年群众基础这一政治责任,既把青年的温度如实告诉党,也把党的温暖充分传递给青年。要千方百计为青年办实事、解难事,主动想青年之所想、急青年之所急,充分依托党赋予的资源和渠道,为青年提供实实在在的帮助,让广大青年真切感受到党的关爱就在身边、关怀就在眼前!

第四,勇于自我革命,始终成为紧跟党走在时代前列的先进组织。对共青团来说,建设什么样的青年组织、怎样建设青年组织是事关根本的重大问题。"常制不可以待变化,一途不可以应无方,刻船不可以索遗剑。"共青团只有勇于自我革命,才能跟上时代前进、青年发展、实践创新的步伐。要把党的全面领导落实到工作的全过程各领域,走好中国特色社会主义群团发展道路,聚焦不断保持和增强政治性、先进性、群众性的目标方向,推动共青团改革向纵深发展。要敏于把握青年脉搏,依据青年工作生活方式新变化新特点,探索团的基层组织建设新思路新模式,带动青联、学联组织高扬爱国主义、社会主义旗帜,不断巩固和扩大青年爱国统一战线。要自觉对标全面从严治党经验做法,以改革创新精神和从严从实之风加强自身建设,严于管团治团,在全方位、高标准锻造中焕发出共青团昂扬向上的时代风貌!

"人生万事须自为,跬步江山即寥廓。"追求进步,是青年最宝贵的特质,也是党和人民最殷切的希望。新时代的广大共青团员,要做理想远大、信念坚定的模范,带头学习马克思主义理论,树立共产主义远大理想和中国特色社会主义共同理想,自觉践行社会主义核心价值观,大力弘扬爱国主义精神;要做刻苦学习、锐意创新的模范,带头立足岗位、苦练本领、创先争优,努力成为行业骨干、青年先锋;要做敢于斗争、善于斗争的模范,带头迎难而上、攻坚克难,做到不信邪、不怕鬼、骨头硬;要做艰苦奋斗、无私奉献的模范,带头站稳人民立场,脚踏实地、求真务实,吃苦在前、享受在后,甘于做一颗永不生锈的螺丝钉;要做崇德向善、严守纪律的模范,带头明大德、守公德、严私德,严格遵纪守法,严格履行团员义务。广大共青团员要认真接受政治训练、加强政治锻造,追求政治进步,积极向党组织靠拢,以成长为一名合格的共产党员为目标、为光荣。

长期以来,广大团干部发扬优良传统,认真履职尽责,为党的青年工作作出了重要贡献。团干部要铸牢对党忠诚的政治品格,高擎理想主义的精神气质,心境澄明,心力茁壮,让人迎面就能感受到年轻干部应有的清澈和纯粹。要自觉践行群众路线、树牢群众观点，同广大青年打成一片，做青年友，不做青年"官"，多为青年计，少为自己谋。要培养担当实干的工作作风，不尚虚谈、多务实功，勇于到艰苦环境和基层一线去担苦、担难、担重、担险，老老实实做人，踏踏实实干事。要涵养廉洁自律的道德修为，心有所畏、言有所戒、行有所止，不断锤炼意志力、坚忍力、自制力，做一个一心为公、一身正气、一尘不染的人。

共青团员们、青年朋友们、同志们！

革命人永远是年轻。中国共产党立志于中华民族千秋伟业，百年恰是风华正茂。列宁曾经引用恩格斯的话说："我们是未来的党，而未来是属于青年的。我们是革新者的党，而总是青年更乐于跟着革新者走。我们是跟腐朽的旧事物进行忘我斗争的党，而总是青年首先投身到忘我斗争中去。"历史和现实都证明，中国共产党是始终保持青春特质的党，是永远值得青年人信赖和追随的党。

在实现中华民族伟大复兴的征程上，中国共产党是先锋队，共青团是突击队，少先队是预备队。入队、入团、入党，是青年追求政治进步的"人生三部曲"。中国共产党始终向青年敞开大门，热情欢迎青年源源不断成为党的新鲜血液。共青团要履行好全团带队政治责任，规范和加强少先队推优入团、共青团推优入党工作机制，着力推动党、团、队育人链条相衔接、相贯通。各级党组织要高度重视培养和发展青年党员，特别是要注重从优秀共青团员中培养和发展党员，确保红色江山永不变色。

李大钊说过："青年者，国家之魂。"过去、现在、将来青年工作都是党的工作中一项战略性工作。各级党委（党组）要倾注极大热忱研究青年成长规律和时代特点，拿出极大精力抓青年工作，做青年朋友的知心人、青年工作的热心人、青年群众的引路人。各级党组织要落实党建带团建制度机制，经常研究解决共青团工作中的重大问题，热情关心、严格要求团干部，支持共青团按照群团工作特点和规律创造性地开展工作。

共青团员们、青年朋友们、同志们！

早在两千多年前，孔子就说："后生可畏，焉知来者之不如今也？"青年之于党和国家而言，最值得爱护、最值得期待。青年犹如大地上茁壮成长的小树，总有一天会长成参天大树，撑起一片天。青年又如初升的朝阳，不断积聚着能量，总有一刻会把光和热洒满大地。党和国家的希望寄托在青年身上！

1937年，毛泽东同志为陕北公学成立题词时说："要造就一大批人，这些人是革命的先锋队。这些人具有政治远见。这些人充满着斗争精神和牺牲精神。这些人是胸怀坦白的，忠诚的，积极的，与正直的。这些人不谋私利，唯一的为着民族与社会的解放。这些人不怕困难，在困难面前总是坚定的，勇敢向前的。这些人不是狂妄分子，也不是风头主义者，而是脚踏实地富于实际精神的人们。中国要有一大群这样的先锋分子，中国革命的任务就能够顺利的解决。"今天，党和人民同样需要一大批这样的先锋分子,党中央殷切希望共青团能够培养出一大批这样的先锋分子。这是党的殷切期待,也是祖国和人民的殷切期待!

五、学习习近平弘扬雷锋精神的重要指示

(1)新征程上,要深刻把握雷锋精神的时代内涵,更好发挥党员、干部模范带头作用,加强志愿服务保障和支持,不断发展壮大学雷锋志愿服务队伍,让学雷锋在人民群众特别是青少年中蔚然成风,让学雷锋活动融入日常、化作经常,让雷锋精神在新时代绽放更加璀璨的光芒,为全面建设社会主义现代化国家、全面推进中华民族伟大复兴凝聚强大力量。

——2023年2月,对深入开展学雷锋活动作出重要指示强调

(2)雷锋是时代的楷模,雷锋精神是永恒的。实现中华民族伟大复兴,需要更多时代楷模。

——2018年9月28日,在抚顺市雷锋纪念馆参观,向雷锋墓敬献花篮

(3)我们既要学习雷锋的精神,也要学习雷锋的做法,把崇高理想信念和道德品质追求转化为具体行动,体现在平凡的工作生活中,作出自己应有的贡献,把雷锋精神代代传承下去。

——2018年9月28日,在抚顺市雷锋纪念馆参观,向雷锋墓敬献花篮

(4)我们要见贤思齐,把雷锋精神代代传承下去。学习雷锋精神,就要把崇高的理想信念和道德品质追求融入日常的工作生活,在自己岗位上做一颗永不生锈的螺丝钉。

——2018年9月28日,在抚顺市雷锋纪念馆参观,向雷锋墓敬献花篮

(5)雷锋精神是永恒的,是社会主义核心价值观的生动体现。你们要做雷锋精神的种子,把雷锋精神广播在祖国大地上。

——2014年3月11日,出席十二届全国人大二次会议解放军代表团全体会议,亲切接见部分基层代表,对某工兵团"雷锋连"指导员谢正谊说

(6)雷锋精神,人人可学;奉献爱心,处处可为。

——2014年3月4日,给"郭明义爱心团队"的回信

(7)当有人需要帮助时,大家搭把手、出份力,社会将变得更加美好。

——2014年3月4日,给"郭明义爱心团队"的回信

(8)我国工人阶级应该为全社会学雷锋、树新风作出榜样,让学习雷锋精神在祖国大地蔚然成风。

——2014年3月4日,给"郭明义爱心团队"的回信

(9)希望你们努力践行社会主义核心价值观,积极向上向善,从"赠人玫瑰、手有余香"中感受善的力量,以实际行动书写新时代的雷锋故事,为实现中国梦有一分热发

一分光。

——2014年3月4日,给"郭明义爱心团队"的回信

(10)要倡导社会文明新风,带头学雷锋,积极参加志愿服务,主动承担社会责任,热诚关爱他人,多做扶贫济困、扶弱助残的实事好事,以实际行动促进社会进步。

——2013年5月4日,同各界优秀青年代表座谈时的讲话

(11)雷锋、郭明义、罗阳身上所具有的信念的能量、大爱的胸怀、忘我的精神、进取的锐气,正是我们民族精神的最好写照,他们都是我们"民族的脊梁"。

——2013年3月6日,参加十二届全国人大一次会议辽宁代表团审议时强调

六、习近平对青年的寄语

广大青年要坚持面向现代化、面向世界、面向未来,增强知识更新的紧迫感,如饥似渴学习,既扎实打牢基础知识又及时更新知识,既刻苦钻研理论又积极掌握技能,不断提高与时代发展和事业要求相适应的素质和能力。要坚持学以致用,深入基层、深入群众,在改革开放和社会主义现代化建设的大熔炉中,在社会的大学校里,掌握真才实学,增益其所不能,努力成为可堪大用、能担重任的栋梁之材。

——《在同各界优秀青年代表座谈时的讲话》(2013年5月4日),《十八大以来重要文献选编》(上),中央文献出版社2014年版,第279页

广大青年一定要勇于创新创造。创新是民族进步的灵魂,是一个国家兴旺发达的不竭源泉,也是中华民族最深沉的民族禀赋,正所谓"苟日新,日日新,又日新"。生活从不眷顾因循守旧、满足现状者,从不等待不思进取、坐享其成者,而是将更多机遇留给善于和勇于创新的人们。青年是社会上最富活力、最具创造性的群体,理应走在创新创造前列。

——《在同各界优秀青年代表座谈时的讲话》(2013年5月4日),《十八大以来重要文献选编》(上),中央文献出版社2014年版,第279页

广大青年要有敢为人先的锐气,勇于解放思想、与时俱进,敢于上下求索、开拓进取,树立在继承前人的基础上超越前人的雄心壮志,以青春之我,创建青春之国家,青春之民族。要有逢山开路、遇河架桥的意志,为了创新创造而百折不挠、勇往直前。要有探索真知、求真务实的态度,在立足本职的创新创造中不断积累经验、取得成果。

——《在同各界优秀青年代表座谈时的讲话》(2013年5月4日),《十八大以来重要文献选编》(上),中央文献出版社2014年版,第279页

广大青年一定要矢志艰苦奋斗。"宝剑锋从磨砺出,梅花香自苦寒来。"人类的美好理想,都不可能唾手可得,都离不开筚路蓝缕、手拼足胝的艰苦奋斗。我们的国家,我们的民族,从积贫积弱一步一步走到今天的发展繁荣,靠的就是一代又一代人的顽

强拼搏,靠的就是中华民族自强不息的奋斗精神"当前,我们既面临着重要发展机遇,也面临着前所未有的困难和挑战。梦在前方,路在脚下。自胜者强,自强者胜。实现我们的发展目标,需要广大青年锲而不舍、驰而不息的奋斗"

——《在同各界优秀青年代表座谈时的讲话》(2013年5月4日),《十八大以来重要文献选编》(上),中央文献出版社2014年版,第280页

广大青年要牢记"空谈误国、实干兴邦"身立足本职、埋头苦干,从自身做起,从点滴做起,用勤劳的双手、一流的业绩成就属于自己的人生精彩。要不怕困难、攻坚克难,勇于到条件艰苦的基层、国家建设的一线、项目攻关的前沿,经受锻炼,增长才干。要勇于创业、敢闯敢干,努力在改革开放中闯新路、创新业,不断开辟事业发展新天地。

——《在同各界优秀青年代表座谈时的讲话》(2013年5月4日),《十八大以来重要文献选编》(上),中央文献出版社2014年版,第280页

人的一生只有一次青春。现在,青春是用来奋斗的;将来,青春是用来回忆的。人生之路,有坦途也有陡坡,有平川也有险滩,有直道也有弯路。青年面临的选择很多,关键是要以正确的世界观、人生观、价值观来指导自己的选择。无数人生成功的事实表明,青年时代,选择吃苦也就选择了收获,选择奉献也就选择了高尚。青年时期多经历一点摔打、挫折、考验,有利于走好一生的路。要历练宠辱不惊的心理素质,坚定百折不挠的进取意志,保持乐观向上的精神状态,变挫折为动力,用从挫折中吸取的教训启迪人生,使人生获得升华和超越。

——《在同各界优秀青年代表座谈时的讲话》(2013年5月4日),《十八大以来重要文献选编》(上),中央文献出版社2014年版,第282页

前进要奋力,干事要努力。当代中国青年要在感悟时代、紧跟时代中珍惜韶华,自觉按照党和人民的要求锤炼自己、提高自己,做到志存高远、德才并重、情理兼修、勇于开拓,在火热的青春中放飞人生梦想,在拼搏的青春中成就事业华章。

——《致全国青联十二届全委会和全国学联二十六大的贺信》(2015年7月24日),《人民日报》2015年7月25日

"人才有高下,知物由学。"梦想从学习开始,事业靠本领成就。广大青年要自觉加强学习,不断增强本领。人生的黄金时期在青年。青年时期学识基础厚实不厚实,影响甚至决定自己的一生。广大青年要如饥似渴、孜孜不倦学习,既多读有字之书,也多读无字之书,注重学习人生经验和社会知识。"纸上得来终觉浅,绝知此事要躬行。"所有知识要转化为能力,都必须躬身实践。要坚持知行合一,注重在实践中学真知、悟真谛,加强磨炼、增长本领。

——《在知识分子、劳动模范、青年代表座谈会上的讲话》(2016年4月2日),人民出版社单行本,第11—12页

广大青年要自觉奉献青春,为全面建成小康社会多作贡献。青年时光非常可贵,要用来干事创业、辛勤耕耘,为将来留下珍贵的回忆。广大农村青年要在发展现代农业、建设社会主义新农村中展现现代农民新形象,广大企业青年要在积极参与生产劳动、产品研发、管理创新中创造更多财富,广大科研单位青年要在深入钻研学问、主动攻克难题中多出创新成果,广大机关事业单位青年要在提高为社会、为民众服务水平中建功立业。

——《在知识分子、劳动模范、青年代表座谈会上的讲话》(2016年4月26日),人民出版社单行本,第12页

广大青年要保持初生牛犊不怕虎的劲头,不懂就学,不会就练,没有条件就努力创造条件。"志之所趋,无远弗届,穷山距海,不能限也。"对想做爱做的事要敢试敢为,努力从无到有、从小到大,把理想变为现实。要敢于做先锋,而不做过客、当看客,让创新成为青春远航的动力,让创业成为青春搏击的能量,让青春年华在为国家、为人民的奉献中焕发出绚丽光彩。

——《在知识分子、劳动模范、青年代表座谈会上的讲话》(2016年4月26日),人民出版社单行本,第12页

把远大志向变成现实,既要求得到真学问、练就真本领,又要有锲而不舍、自强不息的奋斗精神,从一点一滴做起。要引导学生珍惜韶华、脚踏实地,把远大抱负落实到实际行动中,树立梦想从学习开始、事业靠本领成就的观念,让勤奋学习成为青春飞扬的动力,让增长本领成为青春搏击的能量。要帮助学生锤炼坚强的意志和品格,培养奋勇争先的进取精神,历练不怕失败的心理素质,保持乐观向上的人生态度,敢于面对各种困难和挫折。好青年志在四方,要鼓励高校学生把视线投向国家发展的航程,把汗水洒在艰苦创业的舞台,到基层去、到西部去、到祖国最需要的地方去,做成一番事业、做好一番事业。

——《在全国高校思想政治工作会议上的讲话》(2016年12月7日)

青年处于人生积累阶段,需要像海绵吸水一样汲取知识。广大青年抓学习,既要惜时如金、孜孜不倦,下一番心无旁骛、静谧自怡的功夫,又要突出主干、择其精要,努力做到又博又专、愈博愈专。特别是要克服浮躁之气,静下来多读经典,多知其所以然。

——在中国政法大学考察时的讲话(2017年5月3日),《人民日报》(2017年5月4日)

当代青年是同新时代共同前进的一代。我们面临的新时代,既是近代以来中华民族发展的最好时代,也是实现中华民族伟大复兴的最关键时代。广大青年既拥有广阔发展空间,也承载着伟大时代使命。青年是国家的希望、民族的未来。我衷心希望每一个青年都成为社会主义建设者和接班人,不辱时代使命,不负人民期望。对广大青

年来说,这是最大的人生际遇,也是最大的人生考验。

——在北京大学师生座谈会上的讲话(2018年5月2日),《人民日报》(2018年5月3日)

面对突如其来的新冠肺炎疫情,全国各族青年积极响应党的号召,踊跃投身疫情防控人民战争、总体战、阻击战,不畏艰险、冲锋在前、真情奉献,展现了当代中国青年的担当精神,赢得了党和人民高度赞誉。新时代中国青年要继承和发扬五四精神,坚定理想信念,站稳人民立场,练就过硬本领,投身强国伟业,始终保持艰苦奋斗的前进姿态,同亿万人民一道,在实现中华民族伟大复兴中国梦的新长征路上奋勇搏击。

——青春由磨砺而出彩人生因奋斗而升华(2020年五四青年节前夕),《人民日报》(2020年5月4日)

广大青年要肩负历史使命,坚定前进信心,立大志、明大德、成大才、担大任,努力成为堪当民族复兴重任的时代新人,让青春在为祖国、为民族、为人民、为人类的不懈奋斗中绽放绚丽之花。

——习近平在清华大学考察时的讲话(2021年4月19日),新华网2022年4月19日

希望全国广大青年牢记党的教诲,立志民族复兴,不负韶华,不负时代,不负人民,在青春的赛道上奋力奔跑,争取跑出当代青年的最好成绩!

——习近平在中国人民大学考察时强调:坚持党的领导传承红色基因,扎根中国大地,走出一条建设中国特色世界一流大学新路(2022年4月25日),《人民日报》(2022年4月26日)

广大青年要坚定不移听党话、跟党走,怀抱梦想又脚踏实地,敢想敢为又善作善成,立志做有理想、敢担当、能吃苦、肯奋斗的新时代好青年,让青春在全面建设社会主义现代化国家的火热实践中绽放绚丽之花。

——习近平总书记在中国共产党第二十次全国代表大会上的报告(2022年10月16日)

明天的中国,希望寄予青年。青年兴则国家兴,中国发展要靠广大青年挺膺担当。年轻充满朝气,青春孕育希望。广大青年要厚植家国情怀、涵养进取品格,以奋斗姿态激扬青春,不负时代,不负华年。

——习近平发表的二〇二三年新年贺词(2022年12月31日)

七、社会主义核心价值观

(一)社会主义核心价值观的科学内涵

党的十八大提出,倡导富强、民主、文明、和谐,倡导自由、平等、公正、法治,倡导爱

国、敬业、诚信、友善，积极培育和践行社会主义核心价值观。富强、民主、文明、和谐是国家层面的价值目标，自由、平等、公正、法治是社会层面的价值取向，爱国、敬业、诚信、友善是公民个人层面的价值准则，这24个字是社会主义核心价值观的基本内容。

"富强、民主、文明、和谐"，是我国社会主义现代化国家的建设目标，也是从价值目标层面对社会主义核心价值观基本理念的凝练，在社会主义核心价值观中居于最高层次，对其他层次的价值理念具有统领作用。富强即国富民强，是社会主义现代化国家经济建设的应然状态，是中华民族梦寐以求的美好夙愿，也是国家繁荣昌盛、人民幸福安康的物质基础。民主是人类社会的美好诉求。我们追求的民主是人民民主，其实质和核心是人民当家作主。它是社会主义的生命，也是创造人民美好幸福生活的政治保障。文明是社会进步的重要标志，也是社会主义现代化国家的重要特征。它是社会主义现代化国家文化建设的应有状态，是对面向现代化、面向世界、面向未来的，民族的科学的大众的社会主义文化的概括，是实现中华民族伟大复兴的重要支撑。和谐是中国传统文化的基本理念，集中体现了学有所教、劳有所得、病有所医、老有所养、住有所居的生动局面。它是社会主义现代化国家在社会建设领域的价值诉求，是经济社会和谐稳定、持续健康发展的重要保证。

"自由、平等、公正、法治"，是对美好社会的生动表述，也是从社会层面对社会主义核心价值观基本理念的凝练。它反映了中国特色社会主义的基本属性，是我们党矢志不渝、长期实践的核心价值理念。自由是指人的意志自由、存在和发展的自由，是人类社会的美好向往，也是马克思主义追求的社会价值目标。平等指的是公民在法律面前的一律平等，其价值取向是不断实现实质平等。它要求尊重和保障人权，人人依法享有平等参与、平等发展的权利。公正即社会公平和正义，它以人的解放、人的自由平等权利的获得为前提，是国家、社会应然的根本价值理念。法治是治国理政的基本方式，依法治国是社会主义民主政治的基本要求。它通过法制建设来维护和保障公民的根本利益，是实现自由平等、公平正义的制度保证。

"爱国、敬业、诚信、友善"，是公民基本道德规范，是从个人行为层面对社会主义核心价值观基本理念的凝练。它覆盖社会道德生活的各个领域，是公民必须恪守的基本道德准则，也是评价公民道德行为选择的基本价值标准。爱国是基于个人对自己祖国依赖关系的深厚情感，也是调节个人与祖国关系的行为准则。它同社会主义紧密结合在一起，要求人们以振兴中华为己任，促进民族团结、维护祖国统一、自觉报效祖国。敬业是对公民职业行为准则的价值评价，要求公民忠于职守，克己奉公，服务人民，服务社会，充分体现了社会主义职业精神。诚信即诚实守信，是人类社会千百年传承下来的道德传统，也是社会主义道德建设的重点内容，它强调诚实劳动、信守承诺、诚恳待人。友善强调公民之间应互相尊重、互相关心、互相帮助，和睦友好，努力形成社会主义的新型人际关系。

（二）当代大学生要学习践行社会主义核心价值观

习近平同志强调，青年的价值取向决定了未来整个社会的价值取向，而青年又处在价值观形成和确立的时期，抓好这一时期的价值观养成十分重要。这就像穿衣服扣扣子一样，如果第一粒扣子扣错了，剩余的扣子都会扣错。人生的扣子从一开始就要扣好。"凿井者，起于三寸之坎，以就万仞之深。"青年要从现在做起、从自己做起，使社会主义核心价值观成为自己的基本遵循，并身体力行大力将其推广到全社会去。

大学生是青年的重要组成部分，是进行中国特色社会主义生产和建设的生力军，是国家、民族的未来和希望。当代大学生要认真学习并自觉践行社会主义核心价值观，始终坚持社会主义核心价值观的价值导向，成为社会主义的合格建设者和可靠接班人。

当代大学生树立和培育社会主义核心价值观，要在以下几点下功夫。

一是要明志，增强"三个自信"，明确奋斗目标。作为当代大学生，我们要追求远大理想，坚定崇高的信念，增强道路自信、理论自信、制度自信，共同实现中国梦。大学期间，同学们都面临着一系列人生课题，如人生目标的确立、知识才能的丰富、发展方向的规划等。这些问题的解决，都需要科学的理想信念来引导。我们要把个人的奋斗志向与国家和民族的前途和命运联系在一起，把个人的进步同祖国的繁荣昌盛紧紧联系在一起，使理想信念之花结出丰硕的成长成才之果。我们要做忠诚的爱国者，时刻不忘自己是中华人民共和国的一分子。维护国家利益，维护祖国统一，以振兴中华为己任。无论我们以什么样的方式来报效祖国，都要自觉践行社会主义核心价值观，努力学习，掌握报效祖国的本领。

二是要勤学，下得苦功夫，求得真学问。知识是树立核心价值观的重要基础。古希腊哲学家苏格拉底说："美德即知识。"我国古人说："非学无以广才，非志无以成学。"大学的青春时光，人生只有一次，应该好好珍惜。"为学之要贵在勤奋、贵在钻研、贵在有恒。"鲁迅先生说过："哪里有什么天才，我只是把别人喝咖啡的工夫用在工作上了。"大学阶段，"恰同学少年，风华正茂"，有老师指点，有同学切磋，有浩瀚的书籍引路，可以心无旁骛求知问学。此时不努力，更待何时？要勤于学习、敏于求知，注重把所学知识内化于心，形成自己的见解，既要专攻博览，又要关心国家、关心人民、关心世界，学会担当社会责任。

三是要修德，加强道德修养，注重道德实践。"德者，本也。"蔡元培先生说过："若无德，则虽体魄智力发达，适足助其为恶。"道德之于个人、之于社会，都具有基础性意义，做人做事第一位的是崇德修身。这就是我们的用人标准为什么是德才兼备、以德为先，因为德是首要、是方向，一个人只有明大德、守公德、严私德，其才方能用得其所。修德，既要立意高远，又要立足平实。要立志报效祖国、服务人民，这是大德，养大德者方可成大业。同时，还得从做好小事、管好小节开始起步，"见善则迁，有过则改"，踏踏实实修好公德、私德，学会劳动、学会勤俭、学会感恩、学会助人、学会谦让、学会宽容、学会自省、学会自律。

四是要明辨，善于明辨是非，正确决断选择。"学而不思则罔，思而不学则殆。"是非明，方向清，路子正，人们付出的辛劳才能结出果实。面对世界的深刻复杂变化，面对信息时代各种思潮的相互激荡，面对纷繁多变、鱼龙混杂、泥沙俱下的社会现象，面对学业、情感、职业选择等多方面的考量，一时有些疑惑、彷徨、失落，是正常的人生经历。关键是要学会思考、善于分析、正确抉择，做到稳重自持、从容自信、坚定自励。要树立正确的世界观、人生观、价值观，掌握了这把总钥匙，再来看看社会万象、人生历程，一切是非、正误、主次，一切真假、善恶、美丑，自然就洞若观火、清澈明了，自然就能做出正确判断、做出正确选择。正所谓"千淘万漉虽辛苦，吹尽狂沙始到金"。

五是要笃实，扎扎实实干事，踏踏实实做人。道不可坐论，德不能空谈。于实处用力，从知行合一上下功夫，核心价值观才能内化为人们的精神追求，外化为人们的自觉行动。《礼记》中说："博学之，审问之，慎思之，明辨之，笃行之。"有人说："圣人是肯做工夫的庸人，庸人是不肯做工夫的圣人。"青年有着大好机遇，关键是要迈稳步子、夯实根基、久久为功。心浮气躁，朝三暮四，学一门丢一门，干一行弃一行，无论为学还是创业，都是最忌讳的。"天下难事，必作于易；天下大事，必作于细。"成功的背后，永远是艰辛努力。青年要把艰苦环境作为磨炼自己的机遇，把小事当作大事干，一步一个脚印往前走。滴水可以穿石。只要坚韧不拔、百折不挠，成功就一定在前方等着你。

核心价值观的养成绝非一日之功，要坚持由易到难、由近及远，努力把核心价值观的要求变成日常的行为准则，进而形成自觉奉行的信念理念。不要顺利的时候，看山是山、看水是水，一遇挫折，就怀疑动摇，看山不是山、看水不是水了。无论什么时候，我们都要坚守在中国大地上形成和发展起来的社会主义核心价值观，在时代大潮中建功立业，成就自己的宝贵人生。

八、中国共产党精神（部分）

（一）伟大建党精神

伟大建党精神是坚持真理、坚守理想，践行初心、担当使命，不怕牺牲、英勇斗争，对党忠诚、不负人民。

（二）抗疫精神

抗疫精神是生命至上、举国同心、舍生忘死、尊重科学、命运与共。

（三）红船精神

红船精神是红色革命精神之一，指的是开天辟地、敢为人先的首创精神，坚定理想、百折不挠的奋斗精神，立党为公、忠诚为民的奉献精神。

（四）井冈山精神

井冈山精神是红色革命精神之一，诞生于土地革命时期的井冈山根据地。井冈山精神的内涵可以用五句话来概括：①坚定不移的革命信念。②坚持党的绝对领导。③密切联系人民群众的思想作风。④一切从实际出发的思想路线。⑤艰苦奋斗的作风。

（五）长征精神

伟大长征精神，就是把全国人民和中华民族的根本利益看得高于一切，坚定革命的理想和信念，坚信正义事业必然胜利的精神；就是为了救国救民，不怕任何艰难险阻，不惜付出一切牺牲的精神；就是坚持独立自主、实事求是，一切从实际出发的精神；就是顾全大局、严守纪律、紧密团结的精神；就是紧紧依靠人民群众，同人民群众生死相依、患难与共、艰苦奋斗的精神。

（六）抗美援朝精神

抗美援朝精神是祖国和人民利益高于一切、为了祖国和民族的尊严而奋不顾身的爱国主义精神，英勇顽强、舍生忘死的革命英雄主义精神，不畏艰难困苦、始终保持高昂士气的革命乐观主义精神，为完成祖国和人民赋予的使命、慷慨奉献自己一切的革命忠诚精神，为了人类和平与正义事业而奋斗的国际主义精神。

九、习近平给大学生们的回信

（一）2023年5月1日习近平给中国农业大学科技小院的同学们的回信

你们好！来信收到了，得知大家通过学校设立的科技小院，深入田间地头和村屯农家，在服务乡村振兴中解民生、治学问，我很欣慰。

你们在信中说，走进乡土中国深处，才深刻理解什么是实事求是、怎么去联系群众，青年人就要"自找苦吃"，说得很好。新时代中国青年就应该有这股精气神。党的二十大对建设农业强国作出部署，希望同学们志存高远、脚踏实地，把课堂学习和乡村实践紧密结合起来，厚植爱农情怀，练就兴农本领，在乡村振兴的大舞台上建功立业，为加快推进农业农村现代化、全面建设社会主义现代化国家贡献青春力量。

在五四青年节到来之际，我向你们、向全国广大青年致以节日的祝贺！

（二）2022年5月18日习近平给南京大学留学归国青年学者的回信

你们好！得知你们以李四光、程开甲等老一辈科学家为榜样，在海外学成后回国投身科教事业，在各自岗位上努力报效祖国、服务人民，取得丰硕成果，我感到很欣慰。值此南京大学建校120周年之际，谨向你们并向全校师生员工、广大校友致以热烈的祝贺和诚挚的问候！

你们在信中表示，生逢伟大时代是人生之幸，留学归国青年要心系"国家事"、肩扛"国家责"，这些话讲得很好。希望同志们大力弘扬留学报国的光荣传统，以报效国家、服务人民为自觉追求，在坚持立德树人、推动科技自立自强上再创佳绩，在坚定文化自信、讲好中国故事上争做表率，为全面建设社会主义现代化国家、实现中华民族伟大复兴的中国梦积极贡献智慧和力量！

（三）2021年6月21日习近平给北京大学留学生的回信

中国共产党做这些事情，是因为中国共产党是为中国人民谋幸福的政党，也是为促进人类进步事业而奋斗的政党。中国有句俗语：百闻不如一见。欢迎你们多到中国各地走走看看，更加深入地了解真实的中国，同时把你们的想法和体会介绍给更多的人，为促进各国人民民心相通发挥积极作用。

（四）2020年7月7日习近平给中国石油大学（北京）克拉玛依校区毕业生的回信

这场抗击新冠肺炎疫情的严峻斗争，让你们这届高校毕业生经受了磨炼、收获了成长，也使你们切身体会到了"志不求易者成，事不避难者进"的道理。前进的道路从不会一帆风顺，实现中华民族伟大复兴的中国梦需要一代一代青年矢志奋斗。同学们生逢其时、肩负重任。希望全国广大高校毕业生志存高远、脚踏实地，不畏艰难险阻，勇担时代使命，把个人的理想追求融入党和国家事业之中，为党、为祖国、为人民多作贡献。

各级党委、政府和社会各界要切实做好高校毕业生就业工作，采取有效措施，克服新冠肺炎疫情带来的不利影响，千方百计帮助高校毕业生就业，热情支持高校毕业生在各自工作岗位上为党和人民建功立业。

（五）2020年6月27日习近平给复旦大学青年师生党员的回信

100年前，陈望道同志翻译了首个中文全译本《共产党宣言》，为引导大批有志之士树立共产主义远大理想、投身民族解放振兴事业发挥了重要作用。现在,你们积极宣讲老校长陈望道同志追寻真理的故事,传播马克思主义理论,是一件很有意义的事情。希望你们坚持做下去、做得更好。

心有所信,方能行远。面向未来,走好新时代的长征路,我们更需要坚定理想信念、矢志拼搏奋斗。希望广大党员特别是青年党员认真学习马克思主义理论,结合学习党史、新中国史、改革开放史、社会主义发展史,在学思践悟中坚定理想信念。在奋发有为中践行初心使命,努力为实现"两个一百年"奋斗目标、实现中华民族伟大复兴的中国梦贡献智慧和力量。

(六)2020年5月17日习近平给北京科技大学全体巴基斯坦留学生的回信

正如你们所感受到的,新冠肺炎疫情发生后,中国政府和学校始终关心在华外国留学生生命安全和身体健康,为大家提供了全方位的帮助。生命至上,不管是中国人还是在华外国人员,中国政府和中国人民都一视同仁予以关心和爱护。

我了解到,在抗击疫情期间,很多留学生通过各种方式为中国人民加油鼓劲。患难见真情。中国将继续为所有在华外国留学生提供各种帮助。中国欢迎各国优秀青年来华学习深造,也希望大家多了解中国、多向世界讲讲你们所看到的中国,多同中国青年交流,同世界各国青年一道,携手为促进民心相通、推动构建人类命运共同体贡献力量。

(七)2020年3月15日习近平给北京大学援鄂医疗队全体"90后"党员的回信

在新冠肺炎疫情防控斗争中,你们青年人同在一线英勇奋战的广大疫情防控人员一道,不畏艰险、冲锋在前、舍生忘死,彰显了青春的蓬勃力量,交出了合格答卷。广大青年用行动证明,新时代的中国青年是好样的,是堪当大任的!我向你们、向奋斗在疫情防控各条战线上的广大青年,致以诚挚的问候!

青年一代有理想、有本领、有担当,国家就有前途,民族就有希望。希望你们努力在为人民服务中茁壮成长、在艰苦奋斗中砥砺意志品质、在实践中增长工作本领,继续在救死扶伤的岗位上拼搏奋战,带动广大青年不惧风雨、勇挑重担,让青春在党和人民最需要的地方绽放绚丽之花。

(八)2020年2月21日习近平给在首钢医院实习的西藏大学医学院学生的回信

医生是人民健康的守护者。在这次新冠肺炎疫情防控斗争中,军地广大医务工作者冲锋在前、英勇奋战,用行动诠释了白衣天使救死扶伤的崇高精神。我相信,你们一定会以他们为榜样,努力做党和人民信赖的好医生。希望你们珍惜学习时光,练就过硬本领,毕业后到人民最需要的地方去,以仁心仁术造福人民特别是基层群众。

藏历新年就要到了,我向你们以及藏区各族群众致以节日的问候和美好的祝愿!

十、开展党史教育

(一)关于在全社会开展党史宣传教育的通知

高举中国特色社会主义伟大旗帜,以马克思列宁主义、毛泽东思想、邓小平理论、"三个代表"重要思想、科学发展观、习近平新时代中国特色社会主义思想为指导,深入贯彻落实党的十九大和十九届二中、三中、四中、五中全会精神,增强"四个意识"、坚定"四个自信"、做到"两个维护",围绕庆祝中国共产党成立100周年,在全社会广泛开展党史、新中国史、改革开放史、社会主义发展史宣传教育,普及党史知识,推动党史学习教育深入群众、深入基层、深入人心,引导广大人民群众深刻认识中国共产党为国家和民族作出的伟大贡献,深刻感悟中国共产党始终不渝为人民的初心宗旨,学习中国共产党推进马克思主义中国化形成的重大理论成果,传承中国共产党在长期奋斗中铸就的伟大精神,坚定不移听党话、跟党走,在全面建设社会主义现代化国家伟大实践中建功立业。

以学习宣传贯彻习近平新时代中国特色社会主义思想为主线,准确把握这一重要思想的理论逻辑、历史逻辑、实践逻辑,深入领会这一重要思想的历史地位和重大意义,不断增进政治认同、思想认同、理论认同、情感认同。深入学习领会习近平总书记关于党史、新中国史、改革开放史、社会主义发展史的重要论述,特别是在党史学习教育动员大会、庆祝中国共产党成立100周年大会上的重要讲话精神,及时跟进学、前后贯通学、联系实际学。要把握"四史"宣传教育内涵,注重内容上融会贯通、逻辑上环环相扣,引导广大人民群众特别是青少年弄清楚中国共产党为什么能、马克思主义为什么行、中国特色社会主义为什么好等基本道理,加深对党的历史的理解和把握,加深对党的理论的理解和认识。

组织好各项宣传教育活动。一是开展读书学史活动。开展"书映百年伟业"好书荐读活动,举办"红色经典·献礼百年"阅读活动,组织"强素质·作表率"读书活动,开展党建文献专题阅读学习活动。二是组织基层宣讲活动。广泛开展百姓宣讲,深入基层开展巡回宣讲,用小故事讲透大道理。举办形势报告会、"四史"专题宣讲等,邀请领导干部带头作报告。三是开展学习体验活动。深入挖掘红色文化内涵,精心设计推出一批精品展览、红色旅游精品线路、学习体验线路。组织有庄严感和教育意义的仪式活动,开展文化科技卫生"三下乡"等社会实践活动。四是开展致敬革命先烈活动。结合烈士纪念日等重要纪念日及其他传统节日,组织开展祭扫烈士墓、敬献花篮、宣读祭文、瞻仰遗物等活动。开展"为烈士寻亲"专项行动,组织"心中的旗帜"等红色讲解员大赛,弘扬英雄精神。五是开展学习先进模范活动。集中宣传发布"3个100杰出人物",开展党和国家功勋荣誉获得者、时代楷模等先进模范学习宣传活动。深入走访慰问老战士、老同志、老支前模范、烈士遗属等,帮助解决实际困难。六是开展红色家风传承活动。发挥文明家庭、五好家庭、最美家庭的示范带动作用,通过巡讲、主题展、快闪、家庭故事汇等方式讲述感人家风故事。七是开展全民国防教育活动。组织开展"迈向强国新征程·军民共筑强军梦"巡讲,组织军营开放活动,抓好高校和高中学生军训,依托国防教育基地进行红色研学,强化全民国防观念。八是组织群众性文化活动。组织美术展、优秀影视剧展播、优秀网络文艺作品展示等活动,开展知识竞赛、演讲比赛等活动。创新实施文化惠民工程,开展"唱支山歌给党听"群众歌咏、广场舞展演、"村晚"等活动。

  各地区各部门要始终把握正确导向,树立正确历史观,准确把握党史、新中国史、改革开放史、社会主义发展史的主题主线、主流本质,旗帜鲜明反对历史虚无主义。要突出青少年群体,把握青少年群体的特点和习惯,组织好青少年学习教育,厚植爱党爱国爱社会主义的情感,让红色基因、革命薪火代代传承。要丰富活动载体,发挥爱国主义教育基地作用,着力打造精品陈列,精心设计活动内容和载体,增强教育感染力。要用好网络平台,发挥融媒体优势,制作播出一批接地气、易传播、群众爱听爱看的网络文化产品和文艺作品。要加强统筹协调,把"四史"宣传教育同党史学习教育、"永远跟党走"群众性主题宣传教育活动等有机结合起来,相互促进、相得益彰。严格执行中央八项规定及其实施细则精神,坚决克服形式主义、官僚主义。加强安全管理,做好新冠肺炎疫情防控工作,确保宣传教育各项工作安全有序。

(二)习近平在党史学习教育动员大会上的讲话

  在全党开展党史学习教育,是党中央立足党的百年历史新起点、统筹中华民族伟大复兴战略全局和世界百年未有之大变局、为动员全党全国满怀信心投身全面建设社会主义现代化国家而作出的重大决策。全党同志要做到学史明理、学史增信、学史崇德、学史力行,学党史、悟思想、办实事、开新局,以昂扬姿态奋力开启全面建设社会主义现代化国家新征程,以优异成绩迎接建党一百周年!

  开展党史学习教育意义重大。我们党历来重视党史学习教育。在庆祝我们党百年华诞的重大时刻,在"两个一百年"奋斗目标历史交汇的关键节点,在全党集中开展党史学习教育,正当其时,十分必要。在全党开展党史学习教育,是牢记初心使命、推进中华民族伟大复兴历史伟业的必然要求,是坚定信仰信念、在新时代坚持和发展中国特色社会主义的必然要求,是推进党的自我革命、永葆党的生机活力的必然要求。

开展党史学习教育要突出重点。第一,进一步感悟思想伟力,增强用党的创新理论武装全党的政治自觉。第二,进一步把握历史发展规律和大势,始终掌握党和国家事业发展的历史主动。第三,进一步深化对党的性质宗旨的认识,始终保持马克思主义政党的鲜明本色。第四,进一步总结党的历史经验,不断提高应对风险挑战的能力水平。第五,进一步发扬革命精神,始终保持艰苦奋斗的昂扬精神。第六,进一步增强党的团结和集中统一,确保全党步调一致向前进。

在全党开展党史学习教育要务求实效。全党要高度重视,提高思想站位,立足实际、守正创新,高标准高质量完成学习教育各项任务。一是要加强组织领导。二是要树立正确党史观。三是要切实为群众办实事解难题。四是要注重方式方法创新。要在全社会广泛开展党史、新中国史、改革开放史、社会主义发展史宣传教育,普及党史知识,推动党史学习教育深入群众、深入基层、深入人心。

(三)习近平在党史学习教育总结会议上的重要指示

在全党开展党史学习教育,是党中央立足百年党史新起点、着眼开创事业发展新局面作出的一项重大战略决策。一年来,各级党组织认真贯彻党中央部署,按照学史明理、学史增信、学史崇德、学史力行的要求,精心组织实施、有力有序推进,整个党史学习教育求实、务实、扎实,广大党员、干部受到了一次全面深刻的政治教育、思想淬炼、精神洗礼,全党历史自觉、历史自信大大增强,党的创造力、凝聚力、战斗力大大提升,达到了学党史、悟思想、办实事、开新局的目的。

要认真总结这次党史学习教育的成功经验,建立常态化、长效化制度机制,不断巩固拓展党史学习教育成果。要聚焦学习贯彻党的十九届六中全会精神,推动全党学深悟透党的创新理论,弘扬伟大建党精神,坚定走好中国道路、实现中华民族伟大复兴的信心和决心,团结带领全国各族人民满怀信心奋进新征程、建功新时代,以实际行动迎接党的二十大胜利召开。

(四)习近平在省部级主要领导干部学习贯彻党的十九届六中全会精神专题研讨班开班式上的讲话

一个民族要走在时代前列,就一刻不能没有理论思维,一刻不能没有正确思想指引。中国共产党为什么能,中国特色社会主义为什么好,归根到底是因为马克思主义行。马克思主义之所以行,就在于党不断推进马克思主义中国化时代化并用以指导实践。这次全会决议对百年奋斗历程中党不断推进马克思主义中国化时代化作了全面总结。注重分析研究和总结党在百年奋斗历程中对马克思主义的中国化时代化,是贯穿全会决议的一个重要内容,我们一定要深入学习、全面领会。马克思主义为人类社会发展进步指明了方向,是我们认识世界、把握规律、追求真理、改造世界的强大思想武器。同时,马克思主义理论不是教条,而是行动指南,必须随着实践的变化而发展。马克思主义能不能在实践中发挥作用,关键在于能否把马克思主义基本原理同中国实际和时代特征结合起来。面对快速变化的世界和中国,如果墨守成规、思想僵化,没有理论创新的勇气,不能科学回答中国之问、世界之问、人民之问、时代之问,不仅党和国家事业无法继续前进,马克思主义也会失去生命力、说服力。当代中国正在经历人类历史上最为宏大而独特的实践创新,改革发展稳定任务之重、矛盾风险挑战之多、治国理政考验之大都前所未有,世界百年未有之大变局深刻变化前所未有,提出了大量亟待回答的理论和实践课题。我们要准确把握时代大势,勇于站在人类发展前沿,聆听人民心声,回应现实需要,坚持解放思想、实事求是、守正创新,更好把坚持马克思主义和发展马克思主义统一起来,坚持用马克思主义之"矢"去射新时代中国之"的",继续推进马克思主义基本原理同中国具体实际相结合、同中华优秀传统文化相结合,续写马克思主义中国化时代化新篇章。

党的百年奋斗历程告诉我们,党和人民事业能不能沿着正确方向前进,取决于我们能否准确认识和把握社会主要矛盾、确定中心任务。什么时候社会主要矛盾和中心任务判断准确,党和人民事业就顺利发展,否则党和人民事业就会遭受挫折。这次全会决议对党善于抓住社会主要矛盾和中心任务带动全局工作作了全面分析。注重分析和总结党在百年奋斗历程中对我国社会主要矛盾和中心任务的研究和把握,是贯穿全会决议的一个重要内容,我们一定要深入学习、全面领会。面对复杂形势、复杂矛盾、繁重任务,没有主次,不加区别,眉毛胡子一把抓,是做不好工作的。我们要有全局观,对各种矛盾做到了然于胸,同时又要紧紧围绕主要矛盾和中心任务,优先解决主要矛盾和矛盾的主要方面,以此带动其他矛盾的解决,在整体推进中实现重点突破,以重点突破带动经济社会发展水平整体跃升,朝着全面建成社会主义现代化强国的奋斗目标不断前进。

战略问题是一个政党、一个国家的根本性问题。战略上判断得准确,战略上谋划得科学,战略上赢得主动,党和人民事业就大有希望。一百年来,党总是能够在重大历史关头从战略上认识、分析、判断面临的重大历史课题,制定正确的政治战略策略,这是党战胜无数风险挑战、不断从胜利走向胜利的有力保证。这次全会决议对百年奋斗历程中党高度重视战略策略问题、不断提出科学的战略策略作了全面总结。注重分析和总结党在百年奋斗历程中对战略策略的研究和把握,是贯穿全会决议的一个重要内容,我们一定要深入学习、全面领会。战略是从全局、长远、大势上作出判断和决策。我们是一个大党,领导的是一个大国,进行的是伟大的事业,要善于进行战略思维,善于从战略上看问题、想问题。正确的战略需要正确的策略来落实。策略是在战略指导下为战略服务的。战略和策略是辩证统一的关系,要把战略的坚定性和策略的灵活性结合起来。各地区各部门确定工作思路、工作部署、政策措施,要自觉同党的理论和路线方针政策对标对表、及时校准偏差,党中央作出的战略决策必须无条件执行,确保不偏向、不变通、不走样。

在百年奋斗历程中,党领导人民取得一个又一个伟大成就、战胜一个又一个艰难险阻,历经千锤百炼仍朝气蓬勃,得到人民群众支持和拥护,原因就在于党敢于直面自身存在的问题,勇于自我革命,始终保持先进性和纯洁性,不断增强创造力、凝聚力、战斗力,永葆马克思主义政党本色。这次全会决议对百年奋斗历程中党高度重视管党治党、不断推进自我革命作了全面总结。注重分析和总结党在百年奋斗历程中对自我革命的研究和把握,是贯穿全会决议的一个重要内容,我们一定要深入学习、全面领会。在新的历史条件下,要永葆党的马克思主义政党本色,关键还得靠我们党自己。在为谁执政、为谁用权、为谁谋利这个根本问题上,我们的头脑要特别清醒、立场要特别坚定。全党同志都要明大德、守公德、严私德,清清白白做人、干干净净做事,做到克己奉公、以俭修身,永葆清正廉洁的政治本色。自我革命关键要有正视问题的自觉和刀刃向内的勇气。现在,反腐败斗争取得了压倒性胜利并全面巩固,但全党同志要永葆自我革命精神,增强全面从严治党永远在路上的政治自觉,决不能滋生已经严到位的厌倦情绪。党风廉政建设和反腐败斗争永远在路上,一刻也不能放松,要以抓铁有痕、踏石留印的坚韧和执着,继续打好党风廉政建设和反腐败斗争这场攻坚战、持久战。不论谁在党纪国法上出问题,党纪国法决不饶恕。

这次全会决议对百年奋斗历程中党注重进行党史学习教育作了全面总结,强调全党要坚持唯物史观和正确党史观,从党的百年奋斗中看清楚过去我们为什么能够成功、弄明白未来我们怎样才能继续成功,从而更加坚定、更加自觉地践行初心使命,在新时代更好坚持和发展中国特色社会主义。这是六中全会提出的一项重要政治任务,我们要继续抓好落实。党的第三个历史决议体现了我们对党的百年奋斗历史的新认识,这方面更要深入学习领会,以利于更好认识和把握党的百年奋斗重大成就和历史经验。要认真总结这次党史学习教育的成功经验,建立常态化长效化制度机制,不断巩固拓展党史学习教育成果。全党要以学习贯彻党的十九届六中全会精神为重点,深入推进党史学习教育,进一步做到学史明理、学史增信、学史崇德、学史力行,教育引导全党同志学党史、悟思想、办实事、开新局,更好用党的创新理论把全党武装起来,把党中央决策部署的各项任务落实下去。要原原本本学习全会决议,学懂弄通党百年奋斗的光辉历程,学懂弄通党坚守初心使命的执着奋斗,学懂弄通党百年奋斗的历史意义和历史经验,学懂弄通以史为鉴、开创未来的重要要求。要用好党委(党组)理论学习中心组制度,推动领导班子、领导干部带头学党史、经常学党史。要用好干部教育培训机制,继续把党史作为党校(行政学院)、干部学院必修课、常修课。要用好学校思政课这个渠道,推动党的历史更好进教材、进课堂、进头脑,发挥好党史立德树人的重要作用。要用好红色资源,加强革命传统教育、爱国主义教育、青少年思想道德教育,引导全社会更好知史爱党、知史爱国。要用好"我为群众办实事"实践活动形成的良好机制,推动各级党组织和广大党员、干部满腔热情为群众办实事、解难事,走好新时代党的群众路线。

思考与讨论

1. 说说你对"大学生的首要任务是学习"这一观点的看法。
2. 试比较你自己在中学和大学里的学习方法,并分析其优势和不足。
3. 当代中国青年运动的主题是什么?应该如何做?
4. 如何正确认识中国特色社会主义?
5. 你认为大学生应该如何践行雷锋精神?
6. 你认为大学生应该如何自觉践行社会主义核心价值观?

第七章 学会做人

做人是人们在人际交往中所表现出来的对人、对事的原则和态度。联合国21世纪教育委员会提出21世纪教育的四大支柱,即学会求知、学会做事、学会共处、学会做人。其中学会做人是四大支柱的关键和核心,也是教育的目的和根本。

教育家陶行知先生说过:"千学万学,学做真人。"作为受教育者的大学生,在大学学习的过程中最重要的是先学会做人。据科学家最新研究发现,在人生事业成功的要素中,智力商数约占20%,而情绪商数占80%左右。有的科学家形象地说:"靠智商上大学,靠情商找工作和获得晋升。"学会做人是大学阶段又一个主要任务。学会做人是逐渐积累的过程,它不仅是大学阶段的主要任务,也是整个职业生涯发展过程中的重要方面。"学问好不如做事好,做事好不如做人好。"这句话充分说明了学会做人在职业生涯发展中的重要性。

学会做人,非一时一事之功,而是一生中时时刻刻、事事处处都要面对的课题和考验。奥斯特洛夫斯基写的《钢铁是怎样炼成的》一书中有一句名言:"回首往事,不会因虚度年华而懊悔,不会因碌碌无为而羞愧。"因此,大学生要根据自己的志向和抱负,高标准、严要求,必须从一点一滴、一言一行做起,逐步养成遵纪守法、文明礼貌、诚实守信、情趣高雅、团结互助、勤俭节约的好品德,努力做一个高尚的人,一个有道德的人,一个有益于人民的人。

第一节 认识自我

一、大学生心理健康标准

大学生的年龄一般在18至25岁之间,从心理学的角度来看,正处于青年中期。大学生的心理具有青年中期的许多特点,但作为一个特殊群体,大学生又不能完全等同于社会上的青年。心理是否健康一般采用量表测量,其标准不是固定不变的。心理健康标准随着时代变迁、文化背景的变化而变化。根据我国大学生的实际情况,评判大学生的心理健康水平应从以下几个标准进行着重考虑。

(一)智力正常

智力是人的观察力、注意力、记忆力、想象力、思维力、创造力及实践活动能力等的综合,包括在经验中学习或理解的能力、获得和保持知识的能力、迅速而成功地对新情况做出反应的能力、运用推理有效地解决问题的能力等。智力正常是人正常生活最基本的心理条件,是心理健康的重要标准,是大学生学习、生活与工作的基本心理条件,也是适应周围环境变化所必需的心理保证。因此,衡量大学生的智力是否正常,关键在于其是否正常地、充分地发挥了自我效能——有强烈的求知欲,乐于学习,能够积极地参与学习活动。一般常用智力测验来诊断智力发展的水平,智商低于70者为智力落后。

(二)情绪健康,心境良好

情绪健康,心境良好的标志是情绪稳定和心情愉悦。对于心理健康的人来说,愉快、乐观、开朗、满意等积极情绪状态总是占优势的,他们对生活充满希望,虽然也会有悲、忧、愁、怒等消极情绪体验,但一般不会长久;能协调与控制情绪,喜不狂、忧不绝,胜不骄、败不馁,廉而不卑,自尊自重,既能克制又能合理宣泄自己的情绪,情绪的表达既符合社会的要求又符合自身的需要,在不同的时间和场合有恰如其分的情绪表达;情绪反应与环境相适应,在困难和挫折面前,能采取合理的反应方式,能在行动中控制情绪并言而有信,而不是行动盲目、畏惧困难、顽固执拗。

(三)热爱生活,乐于工作

心理健康的人珍惜和热爱生活,积极投身于生活,并在生活中尽情享受人生的乐趣。他们还在工作中尽可能地发挥自己的个性和聪明才智,并从工作的成果中获得满足和激励,把工作看作乐趣而不是负担。同时也能把工作中积累的各种有用的信息、知识和技能存储起来,便于随时提取使用,以解决可能遇到的新问题,克服各种各样的困难,使自己的行动更有效率,工作和学习更有成效。

(四)人格完整和谐

人格是个体比较稳定的心理特征的总和。心理健康的人,其人格结构包括气质、能力、性格和理想、信念、动机、兴趣、人生观等各方面能平衡发展;人格作为人的整体精神面貌能够完整、协调、和谐地表现出来;思考问题的方式是适中和合理的,待人接物能采取恰当、灵活的态度,对外界刺激不会有偏颇的情绪和行为反应;能够与社会的步调合拍,也能和集体融为一体。

（五）自我评价正确，了解自我

正确的自我评价是大学生心理健康的重要条件。一个心理健康的大学生在进行自我观察、自我认定、自我判断和自我评价时，能做到恰如其分地认识自己，能摆正自己的位置，即对自己的能力、性格和优缺点都能做出恰当、客观的评价；不会对自己提出苛刻、非分的期望与要求，能制定切合实际的生活目标和理想；同时，努力发展自身的潜能，即使面对自己无法补救的缺陷，也能安然处之，并不因某些方面低于别人而自卑；面对挫折与困境，能够自我取悦，喜欢自己，接受自己，懂得自尊、自强、自制、自爱，正视现实，积极进取。

（六）人际关系和谐

良好而深厚的人际关系，是事业成功与生活幸福的前提。心理健康的人乐于与人交往，不仅能接受自我，也能接受他人、取悦他人，能认可别人存在的重要性和作用。同时自己也能为他人所理解，为他人和集体所接受，能与他人相互沟通和交往，人际关系协调和谐；能与生活的集体融为一体，既能在与挚友同聚之时共享欢乐，也能在独处沉思之时无孤独之感；在与人相处时，积极的态度（如同情、友善、信任、尊敬等）总是多于消极的态度（如猜疑、嫉妒、畏惧、敌视等），因而在社会生活中有较强的适应能力和较充足的安全感。一个心理不健康的人，总是脱离于集体，与周围的人格格不入。

（七）社会适应正常，正视现实、接受现实

心理健康的人能够面对现实、接受现实，并能主动地去适应现实，进一步地改造现实，而不是逃避现实；对现实和周围环境能做出客观的认识和评价，并能与现实环境保持良好的接触；既有高于现实的理想，又不会沉湎于不切实际的幻想与奢望，同时对自己的能力有充分的信心；对生活、学习和工作中的各种困难和挑战都能妥善处理。而心理不健康的人往往以幻想代替现实，不敢面对现实，没有足够的勇气去接受现实的挑战；总是抱怨自己"生不逢时"或责备社会环境对自己不公而怨天尤人，因而无法适应现实环境。

（八）心理行为符合大学生的年龄特征

在人的生命发展的不同年龄阶段，都有相对应的不同的心理行为表现，从而形成不同年龄阶段独特的心理行为模式。心理健康的人应具有与同年龄多数人相符合的心理行为特征。如果一个人的心理行为经常严重偏离自己的年龄特征，一般都是心理不健康的表现。大学生是处于特定年龄阶段的特殊群体，大学生应具有与自己年龄、与自己角色相适应的心理行为特征。

二、大学生心理健康问题的诱因

大学生心理健康问题早已为人们所关注,作为国家未来的栋梁之材,大学生的心理健康教育不容忽视。近年来,大学生心理出问题的报道频频见于各类媒体,比如因学业或情感问题而自杀,因生活矛盾而杀害室友等。人们不禁要问:大学生究竟怎么了?导致这些事情的原因究竟何在?最近几次心理健康调查表明,大学生已成为心理弱势群体,心理处于不健康或亚健康状态的学生占50%左右。就现状来看,大学生的精神问题主要表现为自闭、抑郁、焦虑、偏执、强迫、精神分裂等症状,其原因主要有以下几个方面。

(一)交际困难造成心理压力

"踏着铃声进出课堂,宿舍里面不声不响,互联网上诉说衷肠",这句顺口溜实际上反映了相当一部分当代大学生的交际现状。现代大学生的交际困难主要表现为不会独立生活,不知道如何与人沟通,不懂得交往的技巧与原则等。有的同学有自闭倾向,不愿与人交往;有的同学为交际而交际,不惜牺牲原则而随波逐流。

(二)对网络产生过于强烈的依赖性

不少大学生一方面因交际困难而在网络的虚拟世界里寻找心理满足,另一方面也被网络本身的精彩所深深吸引。所以,有些大学生对网络的依赖性越来越强,有的甚至染上了网瘾,每天花大量时间泡在网上,沉湎于虚拟世界,自我封闭,与现实生活产生隔阂,不愿与人面对面交往。

(三)角色转换与适应障碍

大学新生都有一个角色转换与适应的过程,每年刚入学的大学生往往会出现各种各样的心理问题,心理学上将这一时期称为"大学新生心理失衡期"。导致新生心理失衡的原因,首先是现实中的大学与他们心目中的大学不一致,由此产生心理落差;其次是新生对新的环境、新的人际关系、新的教学模式不适应,由此产生困惑而造成心理失调;最后,新生作为大学中普通的一员,与其以前在中学里作为佼佼者的感觉大不一样,这也是导致心理问题的原因之一。

(四)学习与生活的压力

大学生的学习压力相当一部分来自所学专业非所爱,这使得他们长期处于冲突与痛苦之中;课程负担过重、学习方法有问题、精神长期过度紧张也会带来压力;还有参加各类证书考试及考研所带来的应试压力,等等。精神长期处于高度紧张的状态下,极可能导致大学生出现强迫、焦虑甚至是精神分裂等心理疾病。生活的压力主要在于学生不善于独立生活和为人处世,还有生活贫困等原因所造成的心理压力。

(五)情感困惑和危机

当前,大学生对情感方面的问题能否正确认识与处理,已直接影响到大学生的心理健康。影响因素主要有:大学生的性困惑问题,在性意识与自我道德规范的冲突中产生心理矛盾;大学生因恋爱而造成的情感危机也会诱发大学生心理变异,有的人因此走向极端,甚至酿成悲剧。

(六)对独生子女教育不当造成的后遗症

对独生子女的教育不当造成的后遗症,是导致大学生心理问题频发的一大诱因。独生子女的任性、自私、不善交际已成为家长、老师及教育界人士棘手的问题,而这些问题往往源于独生子女从小就备受家人的溺爱,缺乏集体合作精神。在溺爱环境中长大的孩子,常会养成许多不良习性,而这些习性往往成为诱发心理疾病的因素,容易使人产生暴力倾向。

(七)家庭及外界环境的不利影响

家庭及外界环境的不利影响也会成为诱发大学生心理问题的因素。比如不当的家教方式、单亲家庭环境以及学校环境的负面影响、消费上的浪费攀比、对贫困生的歧视、学习节奏过于紧张等。

(八)就业压力

近几年来,由于社会竞争的加剧和就业市场的不景气,大学生找工作或找到比较理想的工作越来越困难。这对大学里众多高年级学生造成了很大的心理压力,使他们因焦虑、自卑而失去安全感,许多心理问题也随之产生。

三、大学新生心理冲突的主要表现及应对策略

(一)现实落差

现实落差的主要表现为:进入大学,经过短暂的兴奋期之后,发现现实中的大学并非自己想象的那么完美。有的学生感到自己所考上的大学与自己梦想的大学相差甚远;有的学生因为自己高考失利,或是填报志愿时受到老师、家长的左右,所上大学并非自己所愿;有的学生对自己所学的专业不甚了解,或者专业根本就不是自己选择的,因而没兴趣,也学不进去。这些理想与现实的落差,致使一些学生常常怅然若失,忧心忡忡,情绪低落,感到前途渺茫,困惑失望,从而形成失落心理。

应对策略和自我调适方法:一方面需要学校改善办学条件,提高办学水平,增强师

资力量,保障教学质量;另一方面要深入细致地开展新生入学教育,帮助学生认知大学、了解大学,告诉他们大学与中学的不同,帮助他们适应大学学习和生活,同时引导他们正视现实,充分发挥主观能动性,勤于学习,乐于生活。同时,学生要学会自我调适,感受大学的美好,感受成长的快乐,及时调整心理状态,从梦想回归现实。

(二) 目标重建

目标重建的主要表现为:进入大学之后,高考这盏明灯熄灭了,生活中失去了目标和动力,周围全然一片陌生的景观,大学生活反倒显得失落和茫然。

应对策略和自我调适方法:大学生首先必须了解自己,分析自己的长处和短处,摆正自己的位置,思考和回答"我想成为一个什么样的人""生活中什么对我来说最重要"这两个问题,并在此基础上制定自己的人生价值目标,同时要考虑它的可实现性,并将它分解为可以一步步实现的小目标,要多定一些近期目标,少定长远目标。明确了目标,就有了内在驱动力,可促使自己变得积极向上,从而有利于克服各种心理障碍和疾病。

(三) 环境不适应

环境不适应的主要表现为:有的学生缺乏独立生活的能力,一时生活上不能自理;有的学生开支无计划,时常出现"经济危机";有的学生每天循环往复于三点一线(宿舍—教室—食堂),面对丰富多彩、目不暇接的校园文化生活无所适从;有的学生因缺乏集体生活的经历,总希望得到组织与他人的照顾和帮助,不知道也不会关心他人;还有的学生不适应学校水土和饮食方面的差异以及气候、语言环境与作息时间的变化;习惯了农村生活环境的大学生到喧闹的城市后,易产生压抑和自卑感等问题。大学新生在遇到这些问题时,常常束手无策、郁郁寡欢,有的学生会出现烦躁、痛苦、紧张不安等焦虑情绪和疲倦、失眠、注意力不集中等神经衰弱症状。

应对策略和自我调适方法:尽快熟悉校园的"地形",了解教室、图书馆、商店、电话亭在什么地方,食堂什么时候开饭,学校有几个门等,对学校有个大致的了解,这样,在办理各种手续、解决各种问题的时候就会比别人更顺利、更节省时间;要多向老师和其他同学请教,尽快适应校园生活,尽量少走弯路;培养独立生活的能力,合理安排生活、学习作息时间,学会自主理财等;寻求集体的支持,参加各种学生组织,在组织中获得归属感和支持;积极参加各种文体活动,在活动中体验集体的力量和温暖;寻求心理咨询老师的帮助和指导,多与老师和同学接触。

(四) 学习不适应

学习不适应的主要表现为:新生进入校园后,对新的学习内容与学习方式的不适应。习惯了老师在身边的悉心指导,突然面临大学里的自主性学习,很多新生会觉得别扭。

应对策略和自我调适方法:树立正确的学习目标,做好大学四年的学习生涯设计。根据自己的实际情况,认真地给自己定好位置,并制定一份详细的大学四年的学习生涯规划,要善于将大而不具体的目标划分成小而精确、详细的目标。这样,你才能体会到大学生活和学习中的成就感和充实感。

面对学习的不适应,新生除自己调适外,还可积极寻求外部支持。如对老师的上课方法不能适应,应积极向老生请教,还可向老师反映,取得老师的理解与帮助。新生必须学会主动学习,自己确定学习目标、制订学习计划、检查学习效果,主动找老师征询意见、请教老师问题,变"要我学"为"我要学",变被动学习为主动探索,学会独立思考问题,迅速融入大学环境。

（五）人际关系不适应

人际关系不适应的主要表现为:很多大学新生出现由人际关系失调造成的焦虑不安、心慌意乱、孤单失落、寂寞失眠、注意力分散等症状,产生了压抑、孤寂或烦闷的抑郁心理。由此而引发的人际矛盾和心理不适往往给一些大学新生带来许多烦恼。如有的学生与同寝室的同学长期关系冷漠,稍有不和便恶语相向;有的学生不愿与人交往,也很少参加集体活动,缺少朋友,对外界很少关心,经常把自己封闭在狭小的天地中;还有的学生奉行"我行我素"的处世原则,过分关注自我,注重自我在人际交往中的地位,过多考虑自己的需要而忽视他人的感受和存在,对别人缺乏关心和谅解,造成人际交往中的自命不凡和过于敏感挑剔。

应对策略和自我调适方法:

(1)学会与人沟通。良好的人际沟通是人与人之间心灵的桥梁,是消除人与人之间摩擦的润滑剂,是增进人与人之间感情的催化剂。

(2)学会相互尊重。你尊重别人,同样也会得到别人的尊重,尊重、理解和信任他人是建立良好人际关系的基石,只有建立在理解和信任基础上的人际关系才健康、长久、充满活力。

(3)大学生在交往中应坚持真诚待人、宽容待人、平等待人等原则。以自己的诚心换取他人的诚心,了解自己和他人的优缺点及性格特性,找到相同点。在与同学交往时,要不卑不亢、宽容大度、求同存异,同时应讲信用,学会谦让,积极关心别人。对一些不拘小节的人,要学会容忍,不要过于敏感。既要自尊自爱,不要为了交往而有意委屈自己,同时也要尊重别人。与同学发生摩擦和矛盾时,应通过换位思考冷静处理。总之,要以一种平等的姿态与人沟通和相处。

(4)学习并掌握交往的技巧。心理学研究表明,人都希望得到别人的赞扬,同时害怕别人的指责。所以,交往中不要总是批评、指责别人,而应真诚地赞扬和欣赏别人。与人交谈时,要善于倾听别人的讲话,因为倾听本身就在告诉对方——你是一个值得尊敬的人,是一个值得我听你谈话的人。这种对他人的尊重,无形中就会满足对方自尊心的需求,赢得对方的好感,加深彼此的感情。大学生还应把握交往的度。俗话说:"近朱者赤,近墨者黑。"大学生交友一定要有原则,谁该深交,谁该浅交,谁该拒交,要做到心中有数。

（六）恋爱心理

许多大学生在恋爱问题上有心理困惑:一是总感到自己缺乏被爱的吸引力;二是觉得要建立一份永久的爱情是不可能的;三是不知如何面对婚前性行为。

应对策略和自我调适方法:首先,要增强自信,悦纳自己。学会辩证地思考问题,大学期间不谈恋爱不等于你没有魅力,大学期间的恋爱不一定就是真爱。大学生应多从各方面寻找自己的长处,挖掘并列举自己能吸引他人的特征及闪光点。大胆地与异性同学交往,多参加有异性同学的集体活动和娱乐活动,了解和观察自己所欣赏的异性同学,了解自己的恋爱心理特征,缩短真实自我与理想自我的心理差距,调节好恋爱心理的内部期待与外部期待之间的矛盾,矫正恋爱动机和恋爱价值取向。其次,要培养爱的能力与责任。敢于、善于表达自己的爱,面对别人的施爱,能及时、准确地做出接受、谢绝或再观察的选择,这就是爱的能力。培养无私的品格和奉献精神,善于处理矛盾,有效化解恋爱矛盾纠纷,为恋人负责,为自己负责。最后,要提高恋爱挫折承受能力。当爱情受挫后,用理智来驾驭感情,总结经验教训,寻找解决问题的方法和途径,在新的追求中确认并实现自己的价值,从而提高自己的心理承受能力和思想水平。通过适当的情绪调节、宣泄和转移,来减轻痛苦。

（七）自我评价

经过高考拼杀的大学新生,带着良好的自我感觉进入大学校园,在强手如林的大学中,昔日的优越感已荡然无存,一些大学新生在心理上产生一种失落感。有些学生原有的优势被削弱甚至丧失,自尊心受到严重挫伤,导致自我评价失调,由强烈的自尊心转变为自卑心理。特别是来自农村、山区和贫困地区的学生,或因为家庭经济困难,或因为服饰落伍,或因为浓重的乡音,或因为孤陋寡闻,方方面面难免使自己产生相形见绌的感觉,总感到"见人矮三分",于是变得沉默寡言、内向孤僻。

应对策略和自我调适方法:新生一进入校园,必须首先放弃原有的心理优越感,要逐步接受自己已成为普通一员的事实,能够接纳自我。其次是心里要有明确的目标,经常问自己"我来大学干什么""我在今后应该成为一个什么样的人"。这样有利于角色定位,适应新环境。新生在认识自我的过程中,应积极与他人做比较,通过比较发现自己的优点、缺点,恰当地评价自我,发挥自身的长处,克服弱点,这样会获得自信,减轻心理压力。同时,新生在认识、评价自我时,也应对心目中的大学进行调整,使其回归到现实中,以减少由理想大学与现实大学间的冲突而导致的心理落差和失衡。新角色的定位只有建立在现实大学的基础上才可能正确。

(八)恋旧情结

大学新生远离家乡,来到外地上大学,获得了很好的学习环境,同时也离开了原来熟悉的环境,离开了那些与自己有着深厚感情的老师和同学,初入大学,感到孤独、失落。一些外地大学生,对旧的人际关系"恋恋不舍",希望通过电话、网络与亲属和朋友继续"亲密接触",不愿建立新的亲密的人际关系。心理丧失和恋旧情结所带来的挫折感往往困扰着大学新生。

应对策略和自我调适方法:大学新生要统一思想认识,人的一辈子其实就是一个不断"丧失"的过程——胎儿"丧失"了襁褓,才能学会站立和走路;青少年"丧失"了父母的呵护,才能成为具有独立人格的人……如果我们一辈子都惧怕"丧失",都不愿意付出任何代价,那么我们也终将"丧失"发展的机会。你今天由"丧失"所产生的暂时的痛苦和不适应,换来的正是明天的飞跃。与其消极被动地面对新的环境,不如积极主动地去适应新的环境。如果你想赢得别人的喜爱,赢得朋友,就必须开放自己、关心别人。其实,时间长了,你就会发现,大学里的新同学一样可爱,一样能成为你的好友。当你有了新朋友后,就会有人分享你的快乐和烦恼,你也就有了更多的进步的动力。不管你愿不愿意,人都是要长大的,都要面对更多的变化,都要不断地去适应新的、更加复杂的环境。

第二节 完 善 自 我

一、做一个遵纪守法的好公民

大学课堂有一个普遍现象,就是教室从来坐不满,上课迟到、早退甚至逃课的大有人在;考试舞弊更是屡见不鲜,大学英语四、六级考试的"枪手"到处可见;学生偷盗现象也愈来愈常见,宿舍中的手机、电脑等贵重物品被盗,门窗却完好无损,不排除内部人员作案的可能;大学生守则没有几个人认真去学习。

虽然说当代大学生的素质高,但受不良社会风气影响的原因,其纪律意识在下降。近年来,具有高智商、高素质、高层次的大学生触犯法律、违法犯罪的现象有明显增加的趋势。

随着我国社会主义市场经济体制的构建和加入WTO,所有市场主体都应遵循统一的规则或制度,在这种高度规则化的社会里,法制手段将越来越广泛地运用于我们的现实社会关系中。这意味着,具备必要的法律素养已成为现代市民特别是青年学生们立足社会不可或缺的基本要件。

为维护正常的教育、教学秩序,创造优良的学习、生活环境,对于课程考试中携带或使用手机等违反考试规定、扰乱公共秩序和不遵守学校教育、教学纪律等违纪行为,学校将根据《武汉工程大学学生违纪处分办法》,视情节给予批评警告或纪律处分。学生在受处分期间将被取消评优评先及奖助金评定资格,不予发展为中共预备党员。若受处分的学生是中共预备党员的,按照组织程序审核,将取消其预备党员资格;若受处分的学生为中共正式党员,按照组织程序,还将依据《中国共产党纪律处分条例》相关规定,给予相应党内纪律处分。

因此,大学生一定要牢固树立法制观念,严格遵守国家的法律法规和校纪校规,不断增强自律能力,预防违纪、违法,力争做一个遵纪守法的社会公民。大学生要做到遵纪守法,应注意以下几个方面:

①不登录黄色、反动的网站,不轻信和接受反动网站的反动宣传,更不得参加非法的反动组织。

②不结交社会上的不良青年,更不要把其带入校园。

③不酗酒滋事,少量饮酒,切勿过量。

④远离黄、赌、毒。

⑤保持清醒的头脑,培养良好的道德情操,抵御物质的诱惑,不要因一念之差,抱侥幸心理,去非法占有他人财物而酿成大错。

⑥正确认识和看待学校在教学、管理中存在的问题。某高校宿舍区内,因有线电视信号晚上八点按规定关闭,影响到部分同学收看世界杯足球赛。有的同学不能冷静地面对,打砸公共设备并向楼下乱扔物品,其他同学随之起哄,严重扰乱了校园秩序并影响了他人的正常休息。此外,因临时停水、停电,部分同学因生活困难未及时解决等,对学校不满而制造事端,通过损坏国家、学校的财产,制造混乱局面等不正当的手段来进行处理是极为错误的。所以,同学们遇事应冷静思考,用文明的方式、正当的渠道反映和诉求,以理智的态度对待,用合法的方式解决,不要盲目起哄,损害大学生的良好形象。

二、做一个道德高尚的文明人

大学从诞生之日起就确定要以引领社会道德为己任。《礼记·大学》一书中总结了人一生实现远大理想抱负的模式,即"修身、齐家、治国、平天下",把"修身"放在第一位,以修身为本。身不正,无以"齐家、治国、平天下",所以,正人必先正己。"先学做人,再学做事",一个人只有具备了高尚的品德,才能发挥自己的特长,才能顶天立地,用一生写好一个大大的"人"字!进了大学,就要自我要求、自我肯定,培养自己的高尚品格,树立大形象,立下大志愿,才会从内心产生大能量,体现自己生命的价值和意义。

"修身为本"体现于日常生活,就是人们常说的"先做人,后做事"。无论做什么,首先都要提升自己的修养,学会做人。或许有人会说,专业技术工作研究自然、改造自然,需要的是科学知识,为何也要以修身为本呢?在商海中,不也有不少恶人、坏人取得了成功吗?从现象上看,这样讲似乎有一定的道理,一个人在事业上的成功与否,并不直接取决于他的为人。从根本上讲,人不是专业的,而是社会的。人不只是从事某一种工作或某一种职业的工具,不只是一个科学家、文学家、医生、护士、教师、工程师或其他,也不是一个经济动物,他首先和根本上是一个社会的人,他是社会的一分子,担负着一定的社会义务。从这个意义上讲,无论他从事什么职业,学会做人都是根本。一些人在专业上取得了成就,却用他专业上的成果去做危害社会的事。例如,有的化学专家用他的知识技能制造毒品,牟取暴利;有的人唯利是图,不择手段聚敛大量财富,等等。在专业上和个人生活上,他或许可以获得一时的成功,在做人上他却是个失败者。这样的人是社会和人类的罪人,是为人所不齿的。

现代社会确实存在一些不良风气,道德、良知在一些人身上缺失,急功近利者日渐增多,但最终成大器者少之又少。而作为当代大学生,大力弘扬爱国主义、集体主义、社会主义思想,自觉践行社会主义荣辱观和"爱国守法、明礼诚信、团结友爱、勤俭自强、敬业奉献"的基本道德规范,倡导健康、文明、和谐的生活理念,是义不容辞的责任,首先要从我做起。

三、做一个诚实守信的大学生

诚实守信是中华民族的优良传统和当今社会需要大力弘扬的道德规范。诚信是修身养性、立业交友的根本。中国文化对"仁、义、礼、智、信"倍加推崇,恪守信用早已成为中华民族的优秀文化传统。《周易》中有"君子进德修业,忠信,所以进德也;修辞立其诚,所以居业也";孔子曾说"自古皆有死,民无信不立"(出自《论语·颜渊》);孟子把"朋友有信"作为五伦之一;荀子视"言无常信"为"小人";民间也有"人无信不可交"的说法。一个企业,一个学校,一个社会,一个国家,都应把信誉放在首位。信誉标志着经济的发展,标志着精神文明的发展,也标志着民族文化的发展。一个不守信用的人将得不到他人的信任,一个不守信用的企业将得不到市场的认可,一个不守信用的政府将得不到人民的拥护,从任何角度来讲,我们的社会都离不开信誉和诚信。因此,信用是人类合作的基础,是人类文明赖以生存的重要基石,是现在经济社会生活中应该遵循的准则。只有以诚待人,以信立业,才能赢得他人的尊重和信赖,才能使人与人之间的关系更加和谐,才能使社会处于良性的发展之中。

那么,当前大学生的诚信状况如何呢?用一句"诚信危机"来概括并不为过。2004年,中国人民银行总行行长痛心疾首地说:"从1999年起至今,我们一共为我国的大学生提供了695万的国家助学贷款,然而截至今年,拖欠贷款的比例还一直徘徊在20%到40%之间。我们是怀着一颗火热的心送出我们的帮助的,收获的结果却令人心寒。"在开展国家助学贷款的许多高校,一些贷款学生不仅不按时归还贷款,甚至连在校期间由国家贴付的50%的贷款利息也久拖不还。这些学生丧失了基本的诚信道德,严重地损害了大学生的信誉,为后续的国家助学贷款造成了障碍。与此同时,目前社会上假文凭、假证书、假学术之风也刮进了本应纯净的校园,难怪莘莘学子为之躁动不安,急功近利,一些学生不守诺言、作风虚浮,毕业违约等不良现象时有发生。例如,一份资料表明,在某所高校为毕业生就业所召开的双向选择会上,一个用人单位在招聘中收到了84份学生自荐表,发现部分毕业生为了能在众多应聘者中引起用人单位的注意和重视,虚报材料,竟然有5人同时为本校的学生会主席,6人同时为某一个班的班长,还有的伪造课程成绩以及英语、计算机、普通话等级考试证书,虚构在学校期间的任职情况,编造社会实践经历,采取"偷梁换柱"的方法摇身一变,变成"三好学生""优秀学生干部"等,这些弄虚作假的现象使用人单位极为吃惊和震撼。再如,一些毕业生在接到面试通知时害怕自己不能通过而叫其他人代替面试,部分大学生随意毁约,在一定程度上给用人单位造成了损失。"诚实守信"这一中华民族传统美德被大学生们抛于九霄云外,这样培养出来的"建设者""接班人"怎么谈得上合格?怎么谈得上可靠?

大学生是社会中的高素质人才,是国家未来各个领域的骨干,将担当社会重任。提高大学生的诚信素质,对整个社会的道德建设将起到积极的推动作用。学校将建立大学生诚信档案,客观记载大学生在校期间参加的社会实践活动、大学生助学贷款等的信用记录,从而引导大学生完善自身素质,建立对大学生素质拓展的评价和社会认同机制,为大学生信用形象提供一个社会化的展示平台,并与整个社会的"个人资信制度"相衔接。

大学生要善于培养自己的事业心、责任感、平等竞争的意识、独立自主的人格,对规则要有敬畏之心,在日常与同学交往中、在学习和考试过程中做到言行一致、拒绝作弊、诚实守信,并逐渐树立正确的道德观和价值观。一个人只有诚信做人,才会懂得如何与人相处,不妒忌、不猜疑、不占人便宜;才能做到不恶意攻击别人,不嘲讽和讥笑别人;才能正视自己的错误,勇于公开承担责任、承认并改正错误;才能始终做到老实做人、踏实做事、扎实工作;才可能建立和完善职业道德、家庭美德和社会公德,中华民族传统文化中的精华才能得到继承,道德社会才能真正建立。

四、做一个情趣高雅的知性者

一个人的综合素质越高,就越容易获得成功。青春期的大学生,正处于各种心理矛盾最普遍、最突出、最激烈、最难把握的时期,是一个人一生中心态情绪最不稳定、最容易冲动的时期。引导他们脱离低级趣味,追求高雅情趣,提高自身综合素质和艺术素养,对大学生的成长具有重要的作用和意义。大学生要从以下几个方面着手提高自身综合素质和艺术素养。

(一)加强文化学习,拓宽知识面

这是对当代人的最基本要求,更是当代人的一项最基本的任务。只有具备了较高的文化层次,才可称得上"真材实料"。大学生要充分利用大学时代这一大好时光,扎扎实实地学好基础知识,力求掌握精深的专业知识。同时,我们也应当清楚,现在的社会需要复合型人才。大学生要跟上时代的步伐,就必须拓宽自己的知识面,对本专业以外的知识领域也要广泛涉猎,要了解外国的政治、经济、文化、风俗、思维方式等。

(二)培养创新能力

"创新是民族进步的灵魂,是国家兴旺发达的不竭动力。"创新已成为21世纪时代精神最主要的特征之一,可以说21世纪是一个创新的世纪。创新要求人才不仅具有一般继承性的知识和能力,更要求人才拥有能适应社会高速发展的创新知识和能力。首先,大学生要牢牢确立创新意识,在学习过程中坚持多问几个为什么,坚持运用逆向思维,坚持寻找多种途径解决问题,不能人云亦云,凡事步人后尘。其次,培养自己的创新能力,更重要的是在实践中进行,即实践创新。要把理论学习与实践活动结合起来,并在实践中有新的发现。最后,要思维创新。思维即思考,思考需要时间。每天在学习和活动之外,多安排一些时间来思考,思考已发生的、正发生的以及可能发生的一切,那么,就有可能在不经意间产生灵感的火花,就能在很大程度上激发自己的创造力。

(三)培养初步的实际工作能力

作为大学生,不可能把所有的精力都放在实践中,但是这并不等于我们不需要具备实际工作能力,所以要培养自己初步的实际工作能力,它会为我们将来走上工作岗位奠定坚实的基础。

(四)提高自身的修养

大学生在日常生活中要严格要求自己,要注意自己的一言一行,参加提高修养的活动;要积极上选修课,如学会艺术、文学鉴赏,学习历史、地理知识,领会哲学思想等,培养和提高对艺术的感受力、鉴赏力和创造力。老师要引导学生掌握社会美、自然美、科学美和艺术美,学会欣赏美、评价美、创造美,"以美益德、以美启智、以美怡情",逐步发展成为具有美的心灵和美的能力的人,在愉悦的情感、自由的创造中实现主动发展,成为一个自主发展的美者。

第三节 超越自我

一、承担责任

(一)承担对自己的责任

德国著名哲学家雅斯贝尔斯早就提出,大学生要有自我负责的观念。作为一个大学生,勇于承担对自己的责任基于以下两点:第一,期望自己能成为一个有所作为的人。因为你已经用自己曾经的努力证明了你是同龄人中的优秀分子,所以,人们都期望你带给大家利益。而大学可以提供"高等教育"标准的教养,从而使你变得高尚,使你更容易成为"合格的社会主义建设者和可靠的接班人"。大学一方面在系统的科学方法的保证下使你成长为理性的社会精英,另一方面会吸收你们中间最优秀的分子继续巩固大学这个科学的大本营。第二,期望自己成为一个有竞争实力的人。你在知识最集中的大学,可以用最连贯的时间,在教师的指导、同学的鼓励下,在图书馆、实验室、实习环节中掌握正确学习方法,拓展思路,熟悉各种研究手段,对自己所学专业形成系统的了解,从而提高自己的竞争力,使自己立于不败之地。内心有了这两个期望,你才会自觉地承担对自己的责任。

1.建立自信的人生观

唐代大诗人李白说过:"天生我材必有用。"不论命运把你带向何方,不论你以后从事哪种职业,不论你以后生活于哪个层次,总会有你施展才华的舞台。自信的人生观会表现在大学学习和生活上:①对自己的智商和情商不要抱怀疑态度。高考分数的高低不代表一个人的人格、气质、道德品质的优劣,凭借自己的智商水平,勤奋刻苦,你一定能出色地完成大学学业;只要假以时日,依靠自己的情商,你一定能与他人、与社会、与自然和谐相处。②你一定能掌握大学所开设的课程。大学学习是一个较长的脑力劳动过程,其中有诸多的环节和因素影响或左右着你的学习,不要因为一两门课程不及格、没考好或某一方面出了点小问题就很快陷入苦恼、焦虑、自责,一定要努力克服这些困难,经受挫折的考验。

2.建立大学四年的进程规划表

对自己的学习,在内心建立持之以恒的态度,绝不轻言放弃,随波逐流,要把跨入大学时的万丈豪情化为内在动力。在战略上制定一个大学四年的宏观目标,比如说读研或到国外深造,由此来安排你在大学的时间,决定你大学里每一年重点该干什么。在战术上还要制订一个短期计划,例如,"我应该在每门课及格的情况下,重点学习英语、数学,以备考研攻博之需",或是"我力争学好每一门课,争取拿到奖学金",或是"我在学好本专业课程之外,广选各层次和各方面的课程,为今后的大任筹划、准备",等等。这样,你大学四年的轨迹就相当清晰,能拥有充实的大学生活,而不是糊里糊涂地混日子。

3.尽快地、负责地确立正确的政治立场和价值取向

大学新生热爱祖国,并深深地为自己的民族而骄傲,这是青年学生普遍具有的爱国热情。大学是个亚社会,有些东西大学是不教的,只能靠现有的经验和敏锐的洞察力去体会。在知识经济和网络时代里,有知识的人将成为未来社会生产、生活的组织者和管理者,只是所处的管理层次高低不一样。在我们所生活的国家,中国共产党是执政党,大多数优秀党员就是从大学走上领导岗位的,并以构建和谐社会的理念和执政为民的党性治理着这个国家。如果你将要成为社会大生产的领导乃至领袖,就必须确定坚定的共产主义理想,除了用知识改变自己之外,还要用更多的精力、更大的智慧去改变这个国家,使之更加繁荣昌盛,国泰民安。由此一来,你的大学生活学习模式与高中大不一样,在你"一心只读圣贤书"的同时,两耳还要"多闻窗外事",要参与大学里的管理、组织活动,要更多地为集体尽义务,要牺牲更多的时间为同学服务,也要更广泛地、比较超前地接触和关心社会生活的各个层面,对社会的阴暗面要有正常的心态和正确的认识。

(二)承担对父母的责任

承担对父母的责任是一个十分古老而又不容回避的话题。人都是父母所生、父母所养,在你拿到第一份自己劳动所挣的钱之前,都是父母含辛茹苦地培养着你,并且"乐此不疲"。现在你考上了大学,第一次报答了父母对你的深情与关怀,而这只是一个好的开始。承担起对父母的责任就是"孝心"的代名词。中国的儒家思想引领的以孝治国的理念,清晰地描述了只有爱父母才能爱天下的逻辑思路。"求忠臣必于孝子

之门"早已成为古代的用人标准。

离开父母到他乡求学,你尽"孝心"的第一点就是向父母报平安。平平安安地在大学里学习、生活,而且经常给父母打电话,告知你的状况,即使他们说"不想你"也要这么做。儿女一句亲切的问候比任何物质形式的表达都更珍贵,古人即有"家书抵万金"之说。第二点就是报喜讯。你学习上取得了哪怕是小小的进步,你参加比赛获了奖,你交了新朋友,你参加了学生党校,你成功竞聘为学生干部,你加入了中国共产党等,都应及时向父母汇报,让他们那颗充满期望的拳拳之心分享你成功的喜悦。第三点是报健康。最近是胖了还是瘦了,饮食是否习惯,气候是否适应,个头是不是长高了等,这些看似不起眼的细节,其实是父母最关心的。第四点是珍惜父母给你的血汗钱。到大学求学的学子,当然包括你,不论你的父母从事何种职业,你的绝大部分学费和生活费都是父母辛苦劳动所得,此外,举债上学的事屡见不鲜,其实许多学生是"贫困生",因此根本没有理由乱花父母的钱。第五点就是要认真学习、刻苦求学,争取做一个有出息、有作为的大学生。在大学里成人、成事,这是你对父母负责的根本所在。把对父母的"孝心"揣在心中,时常有报答的欲望,会使你成为一个人格高尚、心理健康、全面发展的人。

(三) 承担对社会的责任

大学生经常和"天之骄子""精英""有出息""有知识""懂道理"这些良辞美誉联系在一起,这其实是整个社会对大学生群体美好期待的表达。大学生们不能辜负人们善良而殷切的期望。从大义上说,你要承担"天下兴亡,匹夫有责"的历史责任,历史选择了你,你就要为历史的继往开来付出你的努力,为社会的繁荣昌盛勤奋、刻苦地求学。要做一个道德高尚、举止文明的公民。大学里的举止行为应该按儒雅的标准来要求,任何公共场所都要提倡语言文明、行为举止得体,要从内心尊重包括教师在内的学校里的一切员工,让他们觉得为这样懂事的学生付出辛勤劳动有价值。不要认为你交了学费他们就应该为你提供服务,金钱买不到情义和爱心。要从内心尊重每一位同学,他们是你生活中的朋友、学习上的知音、情感上的依靠和未来职场中的重要资源。

在走出大学"象牙塔"融入社会生活中后,更应该用文明的言谈举止净化社会环境,用构建和谐社会的理论引领社会潮流。要关心国家大事,关注时事政治,关心经济政策的变化和走向,关注环境问题,从而关注百姓的生活状况,了解民间疾苦。清代郑板桥的"衙斋卧听萧萧竹,疑是民间疾苦声。些小吾曹州县吏,一枝一叶总关情"是中国古代进入仕途的知识分子关心、体恤百姓内心情感的真实写照;唐代诗人杜甫的"安得广厦千万间,大庇天下寒士俱欢颜"是由此及彼地对创造美好社会的强烈呼唤。大学生的命运只有和国家的命运、社会的进步、民族的强大联系在一起,才能真正体现自己的人生价值。

（四）承担对国家的责任

在充满希望和挑战的21世纪,当代大学生将用青春年华连接祖国和民族的今天、明天及未来。"青年兴则国家兴,青年强则国家强",国家兴亡也是大学生的责任。这就要求大学生不但要德才兼备,智勇双全,还要多一份责任心,多一份信心,"先天下之忧而忧,后天下之乐而乐",肩负起新时代的历史使命,为祖国的繁荣昌盛、长治久安贡献自己的一生。

当代大学生是一个朝气蓬勃、富有创新精神的社会群体。这个群体具有的年龄、知识、求新等优势,以及这个群体对自身的弱点的认识和克服,使得这个群体能够成为顺应历史发展的、最有潜力和活力的、推动社会前进的新生力量。当代大学生要成为坚定地走社会主义道路的爱国者,自觉抵制西方对我国"分化"和"西化"的图谋,高举爱国主义的旗帜,继往开来,使中国沿着社会主义方向前进。在学校要努力学习,全面发展,积极迎接科技和知识经济的挑战,为祖国更好地服务。

（五）承担文化传承的责任

传承文化是大学的整体行为,当然包括整个学校的大师、学者、教授、职员和学生。作为大学生,要把大学的理念、大学的精神、大学的核心价值观,连同科学的方法、缜密的逻辑思维,以及不怕失败、勇于探索和创新的精神融入自己的学习生活之中。不论你今后是一名律师、政治家、医生、高级工程师,还是一名普普通通的工人,你都应该在你的领域里释放这些精神元素来惠泽一方,以提高社会的思想格调,提高百姓的道德修养,提高百姓的审美情趣。大学犹如一面高扬的文化旗帜,而你就是传递这面旗帜的旗手。可能你今后还会成为大学教师的一员,那你更要继承老师和母校的衣钵,为大学这个科学的大本营奉献你全部的青春和热情,为让今天的桃李芬芳化作明日的社会栋梁而呕心沥血。

二、和谐共处

（一）学会处理人际关系

对大学新生来说,在未来的四年里,如何和来自五湖四海的同学相处是一个很重要的问题。其实,四年的大学生活除了为学生提供学习知识的机会外,更重要的是让学生学会做人,学会处理人际关系。

大一入学时,操着不同口音、成长于不同环境、来自全国各地的同学走到一起,大家首先应相互认识,了解彼此的性格,熟悉相互的生活习惯,为以后的相处打下基础。

四年的大学生活和几十年的漫长人生相比不算长,但同学之间相处难免会产生摩擦或矛盾,这就要求大学生在人际交往中应该注意对各种人际关系问题的妥善处理。

(二)学会友好相处

1.学会宽容

以每个寝室四个同学为例,这四个同学可能来自不同的省份或地区,语言、习惯、个性会有很大的不同。宽容就是承认差异,求同存异。在语言方面,大家都以普通话交流,所以必须学习普通话。这不仅是交往的需要,也是大学学习所必需的。同时,学习地方方言也可以成为平时生活中的乐趣,各种方言都有其独特的魅力,正所谓一方水土养一方人,方言之间无优劣之分。在生活习惯、饮食习惯等方面亦应取长补短,相互借鉴。

2.学会沟通

古语有"十年修得同船渡",能有幸成为同学,并将一起共度四年美好时光,那不得千年万年才能修得么?同窗之间应敞开心扉,主动沟通,这样才能有成绩与人分享,有困难同舟共济,有好的学习方法和各种有益信息相互传播,为建立深厚的友谊打下坚实的基础。社会学研究表明,人际关系中最为普遍、维持得最长久、往来最频繁、最能相得益彰的友情存在于大学同学之间。沟通首先从自我介绍开始,家庭状况、个人爱好、家乡景色、风土人情等都可以是自我介绍的内容;其次是自我形象的展示,尽量把自然、真实的自我展示给同学,同时又要修正自己不良的一面,尽量达到一个大学本科生应有的形象,即青春、大方、开朗、幽默、整洁、朴实。

3.学会豁达

豁达的年轻人都有健康向上的思想和心理状态,其特征是潇洒、坦荡、热情、开朗,听到逆耳忠言会心生感激之情,听到同学的讥讽也会一笑置之,勇于承认其他同学的长处,善于发现和调整自己的短处。他们还奉行"吃亏是福"的古训,从不与同学斤斤计较,豁达不仅能给自己带来愉悦感,也能在自己周围营造和睦的氛围,从而很自然地与同学友好相处。

4.学会正视自卑心态,逐步树立自信心

自卑心态的形成原因主要有经济上的贫穷、学业上的落后、存在生理缺陷、情感上的失落等。这其实是一种正常的心理现象,不值得大惊小怪,可以通过自己不断学习、成长逐一加以克服。克服自卑就要勇敢面对现实,善于接受自己的处境,时时记着"金无足赤、人无完人"这句话。某大学有一个同学失去了双腿,只能凭借小板凳行走,但他没有因此而自卑,不仅正常完成了本科学习,还考上了研究生。另外,对自卑心态不能回避,要广交朋友,开阔视野,将自己暴露于公众之中,通过与同学之间的交往,得到

别人的帮助和理解,使社会至少是小集体认识到你存在的价值,这对克服自卑、建立自信心会有极大的帮助,绝不能自己封闭自己。同时,要正确认识和评价自我,你自己以为是缺点的东西,在其他人看来可能是优点或长处,或者有许多人与你一样也存在着类似的不足,认识这些,你就不会觉得自己比别人差很多了。

人类社会发展至今,人与人之间相互依赖的程度日益提高,"团队精神""集体主义""和谐共赢"几乎成了日常用语。大学生活要接触包括小商小贩在内的各色人等。《论语》中有句话叫作"工欲善其事,必先利其器。居是邦也,事其大夫之贤者,友其士之仁者",是子贡准备去魏国做官的时候孔子对他的告诫。新生朋友也要主动锻炼自己的交际能力,因为要完成一件事,诸如建设班集体、组织一支球队、完成一个实验等,必定要与他人合作。人有满足基本需求的愿望,需求的表达要有对象。人要获得社会尊重,只有通过交往才能实现,独立的个体只存在自尊。在大学里,有许多途径可以提高你的交际能力,如参加一个社团、参加学生会的工作、加入一支球队、参加文艺演出或比赛等。敞开你的心扉,把自己融入大学生活之中吧!

思考与讨论

1. 谈谈"00 后"大学生的特点。
2. 请你分析自己的优缺点,并与你信任的 2~3 人进行交流。

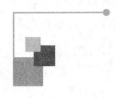

第八章 学会做事

随着当代中国经济飞速发展,中国已成为世界第二大经济体,随着"一带一路"倡议的深入推进,中国的国际地位也在不断提高,国家发展的辉煌成就是一代一代前辈的积淀,新时代中国青年要担当起建设祖国的时代责任。青年是国家的未来和希望,大学生又是青年中接受现代教育的优秀分子,是最有潜力成大事、立大业的人。而要成就一番事业,大学生必须拥有坚强的意志,必须学会创新,也必须学会合作。

第一节 增强个人意志力

一、意志

宋代大文学家苏轼曾说:"古人立大事者,不惟有超世之才,亦必有坚韧不拔之志。"他讲的"志"即意志。普通心理学对意志的定义是,意志是人自觉地确定目的,并根据目的支配、调节行动,克服困难,实现目的的心理过程。

如果一个人能克服各种困难,抵制各种妨碍愿望实现的诱惑,达到预定目的,即使是枯燥无味的事情也能坚持到底,我们就说他是一个有意志的人。反之,如果一个人朝三暮四,做事马马虎虎、虎头蛇尾,我们就说他是一个没有耐性、意志薄弱的人。

意志的产生是以认识过程为前提的,离开了认识过程,意志便不可能产生。自觉的目的性是意志的特征之一。人的任何目的都不是凭空产生的,都是在认识的基础上产生的。意志依赖于认识,并以认识为前提。意志行动中目的的选择和确定、行动方法的采取、对困难的分析及克服,都必须通过认识活动来运作,方能得到解决。

意志实质是行动过程。辩证唯物主义认为,认识客观是手段,改造世界才是目的。在心理学中,认识产生动机,情感提供动力,只有意志才是个体主观见之于客观的行动过程。意志理论担负着指导人们改造世界的使命。

二、意志力

意志理论关注的是个体在行动过程中的活动,其中最有价值的问题是战胜自我。意志力是控制自我的力量,也有在艰苦环境中努力奋斗、不屈不挠的意思,即我们通常所说的毅力。锻炼毅力是战胜自我的关键,因此,如何科学地培养毅力,是意志理论最具有生命力的核心内容。具体来说,意志力体现在人有勇气、有自制力、有恒心等方面。

(一)勇气

中国有一句俗语,叫作"狭路相逢勇者胜"。之所以说是"狭路",说明人生道路不是宽广平坦的,而是曲折动荡的。因此,每个人都要有勇气面对这曲折动荡的人生。著名军事理论家克劳塞维茨说过一句很深刻的话:"在战争中,当指挥官的认识相同时,因小心怕事而坏事比因大胆而坏事要多千百次。"勇气能将人的潜能充分地调动起来。首先要有战胜困难的决心,任何事情都有着人为的因素,只要充分发挥了主观能动性,成功的机会就会愈来愈大。其次要对自己的能力有充分的信心,只有充分相信自己,才能信心倍增。在很多情况下,胆怯、懦弱确实是造成自卑的主要原因,有了这种心理,任何潜能都是调动不起来的。对于一部分大学生来说,英语四级考试就是蹲在他们面前的一头拦路虎,此时少数学生有畏难情绪,不是想办法改进学习方法,把工夫用在平时的刻苦学习上,而是幻想投机取巧,甘愿冒着被学校开除学籍的危险,在考场上挖空心思舞弊,花样翻新,方法层出不穷。有这种想法的大学生一定要牢记——天上是不会掉馅饼的,一切成功都要靠自己的劳动和汗水去获得。

(二)自制

自制是一个人道德素养和人格素养的重要表现。歌德认为,一个有造就的人,最大的艺术本领在于懂得限制自己。所谓限制自己,就是限制自己分散目标、分散时间、分散精力、分散兴趣等行为。成功之路的曲折性、不确定性决定了人仅有勇气是不够的,还应有顽强的自制力。同时,任何人都会存在这样或那样的缺点,自制就是对这样或那样的缺点的否定或抑制。在人生征途中,有成功也有失败,有荣誉也有困顿,在某种程度上,抗拒成功与荣誉的诱惑,不比抗拒失败和走出困顿容易。所以对骄傲自得,同样需要强大的自制力来加以限制和防范,才能始终使自己保持在不断进取的状态中。伴随我国经济、文化、科技等各方面的快速发展,出现在大学生身边的诱惑也越来越多,特别是网络,使部分大学生沉迷于其中无法自拔。E时代的网络以其巨大的模拟功能缔造出了另一个时空——一个虚拟的世界。网络的虚拟世界既为人的存在提供了新的空间,也给人的真实存在制造了"陷阱"。因沉迷网络而导致退学者大有人在,因沉迷网络而迷失自我,甚至失去生命者也屡见不鲜。唯有自制才是让我们避免掉进陷阱的路灯。

（三）恒心

古有民谚："不怕立长志，就怕常立志。"这话说出了有无恒心对学问、事业、成才影响的深刻性。对于一个人来说，一时的有勇气、有自制力，可能不是一件难事，但持之以恒，十年如一日，一辈子如一日，就不是一件易事。2007感动中国年度人物胡鸿烈及钟期荣夫妇青年时代已经是民国司法外交界的青年才俊，1953年两人学成回香港后，一直是职业律师。因感于许多年轻人没钱上大学，1971年他们自己出资创办树仁学院，牺牲了自己的青春和健康，为社会培养了数以万计的人才。35年来，胡氏夫妇为学校拼尽心力，生活非常节俭。胡鸿烈更不惜以迟暮之年回律师楼工作，出入法庭打官司，为学校大楼挣工程费。据估算，两人创立树仁学院，至少花费了4至5亿元，献出了他们毕生的积蓄。一位评委说："做好事并不难，难的是一辈子做好事，矢志不渝地做好事，把一件好事做到终生！"从生理学意义上说，人的潜能大致水平是相差不多的，之所以会出现成败优劣之分，很大一部分取决于是否有恒心、有毅力。"积沙成丘""集腋成裘"，任何事物的发展与成长都有一个积累的过程，当量达到一定程度时，就会发生质变。因此，"三天打鱼，两天晒网"是成功的大敌。

三、意志与实践

列宁指出："人的实践面对这个客观世界，在'实现'目的时会遇到'困难'，甚至会碰到'无法解决的问题'。"人类的实践活动，是一个纵横交错、世代相继的发展过程。而个人的实践活动，总是在主观上受到经验、水平、精力以及阶级的局限，客观上受到事物暴露的程度、社会实践水平、科学水平、社会政治制度以及其他条件的局限。人们在实践活动过程中，必然会遇到各种各样的困难。

在艰难困苦的情况下，个人使实践活动坚持下去而不动摇，需要有坚韧不拔的意志。贝弗里奇指出："几乎所有有成就的科学家都具有一种百折不挠的精神，因为大凡有价值的成就，在面临反复挫折的时候，都需要毅力和勇气。"人们事业的成就大小，是与人们克服困难的多少和大小成正比的。只有顽强地克服困难，才能取得超人的成就。

（一）意志是保证实践活动顺利进行的重要保证

任何实践活动要顺利地进行下去，都需要意志的调节。离开意志力的作用，再美好的实践活动也不可能实现。意志坚强，才能使实践活动顺利地进行下去；意志动摇，任何实践活动都无法顺利地进行下去。主体的实践活动总要受到主、客观条件的局限，各种主、客观因素都会给主体的实践活动带来困难。主体的实践活动要顺利地进行下去,必须及时地克服各种各样的困难,否则,主体的实践活动就不可能顺利地进行下去。主体要克服实践活动过程中各种各样的困难,必须具有坚强的意志。在实践活动过程中,意志往往能够有效地调动各种各样的主、客观因素,使它们科学而迅速地整合,付诸实施,并且努力扫除前进中的障碍,进而使实践活动顺利进行,达到预期目标。

在人类的历史上,大凡在事业上有所成就的人,在他们各自的实践活动过程中都遇到了各种各样的困难,是顽强的意志帮助他们克服了各种各样的困难,使他们各自的实践活动顺利地进行下去,并最后取得成功。人们只有意志顽强,才能清除前进道路上的绊脚石,使实践活动顺利地进行下去,最终迎来成功的曙光。"宝剑锋从磨砺出,梅花香自苦寒来",不畏艰难险阻,自强不息是中华民族的传统美德。唐僧西天取经的故事家喻户晓,他从公元629年到公元645年历时16年,历经千难万险,多次面临生命危险,百折不挠,永不言弃,终于取回600多部佛经,并将他亲自到过的110个国家和听到过的28个国家的地理情况、风俗习惯编写成一本《大唐西域记》,成为一代宗师。历史上还有很多艰苦奋斗的故事,如苏秦的"头悬梁,锥刺股",匡衡的"凿壁偷光"等。他们的故事告诉我们:人生就是一条"取经"的道路,要实现取得真经的目标,最重要的是要有坚强的意志,不畏艰难险阻,持之以恒,坚持到底。

(二)意志是保证实践活动不断进行的重要保证

人类的实践活动是一个客观的社会历史过程。在这个过程中,人们不断地确立一个又一个实践活动的目标,并且在意志的调节下不断地将目标变成现实,由此推动人类社会不断地进步。任何实践活动要不断地进行下去,都需要意志的调节。意志总是千方百计地否定实践过程中的困难,总是设法扫除实践道路中的障碍,因而,意志是一种超越的力量、一种进取的力量。这种超越的力量、进取的力量,看起来像是一种否定的力量。罗洛·梅指出:"一切意志皆起源于我们能够说'不'。这个'不'是对一个我们从未参与创造的世界的抗议,但它同时也是对我们竭力要重新创造和重新改变世界的一种肯定。在这个意义上,意志总是以反对某种东西开始的。"正因为意志是实践活动的一种否定的力量、一种超越的力量、一种进取的力量,才使人类的实践活动能够生生不息地进行下去,并不断地创造出新的奇迹。

综观历史上为人类社会进步做出突出贡献的伟人,无不是克服重重挫折和困难而取得成就的,逆境几乎是所有伟人成功的基石。司马迁是中国历史上伟大的史学家,他因直言进谏而遭宫刑,身体遭到摧残,人格受到侮辱,也曾想到过自杀,但最终选择了发愤图强。他在给朋友的信中写道:从前周文王被关在羑里,写了一部《周易》;孔子被困在陈蔡,后来编了《春秋》;屈原遭到放逐,写了《离骚》;左丘明眼睛瞎了,写了《左传》;孙膑被剜掉膝盖骨,写了《孙子兵法》;还有《诗经》三百篇,大都是古人在心情忧愤的情况下写的。我为什么不能向他们学习呢？司马迁秉着"究天人之际,通古今之变,成一家之言"的目的,将自己心中的忧愤全部倾注到《史记》的创作中去。他独创了中国历史著作的纪传体体裁,开创了史学方法上全新的体例。他以社会为中心记载历史,为后人展示了一部规模宏大的历史画卷。无论是在历史上还是在文学上,司马迁都取得了光辉的成就。而他奋发向上、发愤著书的伟大精神和崇高人格更值得我们去学习和弘扬。

在当代大学生中,有少数学生因为经济拮据、学习困难、交往障碍或者就业压力等因素而心中充满烦恼。有的怨天尤人,有的自暴自弃,有的报复社会,有的伤害自身。和古人相比,我们的生活学习条件要优越很多倍,这些困难和挫折又算得了什么呢？世界上没有不摔跤就学会走路的人。只有每摔一次就坚持站起来一次,才会走得更快、更好。筋骨因锻炼而健壮,意志因磨砺而坚强。孟子曰:"天将降大任于斯人也,必先苦其心志,劳其筋骨,饿其体肤。"当遇到逆境的时候,我们要把它当作考验自己意志品质的试金石,勇敢地面对它,下决心战胜它,坚持不懈,成功终将属于我们。

第二节 激发创新创造活力

创新是一个民族进步的灵魂,是一个国家兴旺发达的不竭动力,也是中华民族最深沉的民族禀赋。大学四年是人生重要的成长阶段,宝贵而美好。在这四年里,同学们要学会如何提升自我,培养各方面的综合能力,以便在今后的事业和生活中有更强的竞争力。创新是大学生应该具备和需要重点培养的一种素质,要学会创新。当我们以全面、发展的眼光关注世界范围内的科技进步和社会发展的时候,就能领会到"创新是一个民族进步的灵魂,是一个国家兴旺发达的不竭动力"这句话的深切含义。

一、创新对于当代大学生意味着什么

当你踏进大学的门槛,会发现"创新"这一看似深奥的名词越来越火热,越来越贴近生活。曾几何时,中国留学生到了国外,学习成绩是一流的,唯独缺乏创新精神,因为我们在读死书,该背的都背下了,考试时不惧怕,但就是缺乏独立思考能力,出成果不如国外的一些学生。如今,我们已经进入知识经济时代,知识经济时代需要什么样的人才？知识经济时代需要创新型人才,要抛去"一心只读圣贤书"的呆板方式,呼唤素质教育、创新性学习、个性发展。

大学生正是我国建设创新型国家的实践者。增强大学生的创新意识,不断培养年青一代的知识水平和创造能力,是继承中国先进知识成果的首要条件,也是不断创造

新事物并赶超世界先进生产力的不竭动力。中国的知识成果转化需要有一大批年轻骨干做支撑,中国科技事业和经济建设事业更需要年轻的大学生通过自身研究和实践来维持和发扬光大,这是科教兴国战略的初衷,更是时代赋予大学生的历史使命,而唯有不断发扬创新精神才能保持民族事业的顺利。因此,大学生积极思考并主动参与创新活动,具有重要的历史意义。

现在的大学生是中国今后出原创性成果的中坚力量和希望所在,当今时代的发展又对大学生的创新能力提出了更高的要求,对大学生来说,这是挑战,也是实现自我全面发展的机遇。在迎接挑战的过程中把握机遇,实现人生价值是大学生的责任。所以必须从现在开始尝试进行创新实践,在竞争中脱颖而出,将自身价值的实现和祖国的建设紧密结合起来,成为时代的弄潮儿。

二、创新的丰富内涵是什么

创新的实现取决于人的创新意识、创新思维和创新能力。成为具有创新意识、创新思维和创新能力的创造型人才是时代的要求。在19世纪20年代前的长达两千多年的时间里,为了证明欧几里得几何学的第五公设,无数数学家不知耗尽了多少心血。数学家F.鲍耶写信给儿子J.鲍耶说:"希望你不要再做克服平行线理论的尝试了,我经历了彻夜的无希望的黑暗,我在这里面埋没了人生的一切亮光、一切快乐。老天啊!希望你放弃这个问题。"但是J.鲍耶仍然坚持研究,他逐渐意识到,既然无法证明欧几里得几何学的第五公设,那么可提出相反假设,即欧几里得几何学的第五公设不可证。这位创新意识极强的年轻人通过创造性的逆向思维,利用反证法证明了这一命题,在23岁时就创立了一门新的学科——非欧几何学。事实就是这样无情,在同一问题上,缺乏创新的父亲耗尽毕生精力毫无结果,而勇于创新的儿子却建立了不朽功勋。实际上,在对该问题费尽心血的数学家中,不少人已经触及了非欧几何学的大门,但由于缺乏创新意识、创新思维和创新能力,最终无功而返。

创新意识是创新的基础和前提,是一种不安于现状、精益求精的意识,是不断探索创新的兴趣和欲望。面对任何未知的问题、未知的领域有勇于尝试的冲动,勤于思考,善于发现问题、提出问题,突破思维定式,求新、求异。只有具有强烈的创新意识,才可能产生强烈的创新动机,才能树立创新目标,充分发挥创造的潜能。

创新思维则是实现创新过程的方法和手段,简而言之,创新思维是发明或发现一种新方式用以处理某种事情或事物的思维过程。每一个人在生活中,做任何一件事或任何一种行为,都存在着"思"与"做"两个环节,所谓思路决定出路,思维方式决定着做事方式。

创新能力更具有丰富的内涵，涉及一个人的综合能力，如认识能力、观察能力、记忆能力、判断能力、分析能力、想象能力、试验能力、自学能力、吸收知识能力等。这些能力并不是与生俱来的，大学生要利用大学时光，在创新的过程中培养出这些能力，以增强自身的竞争力，成为全面发展的高素质人才，顺应时代的发展，符合社会的要求。

三、创新能力应如何培养

（一）突破思维定式，增强创新意识

刚进入大学，大学生在思想上还未从应试教育的桎梏中走出来，盲从于老师和书本，而事实上大学的学习是一个自我探究、积极思考的过程，老师只是在大的方向上进行引导。在学习的过程中，大学生要敢于思考、善于思考，要形成自己的观点和看法，要抛弃在应试教育中形成的思维定式。在研究科学、探索科学的路途中，答案并不是唯一的，也绝没有统一的标准。

敢想才敢做。大学生正处于思想敏锐、活跃，易于接受新思想、新事物的年龄，放宽自己的视野，突破已有的思维习惯，多观察、勤思考，就会有源源不断的新发现、新创意。

（二）完善知识体系，丰富知识结构

创新能力来源于宽厚的基础知识和良好的素质，仅仅掌握单一的专业知识是不够的。因此，大学生要注意拓展自己的知识面，在学好专业知识的同时，广泛涉猎与专业有关的知识，进行外延的拓展，特别是注重加强交叉学科知识的学习。对于必修课，要精学才能具备较为扎实的基础知识；对于选修课，可以根据自己的兴趣爱好、研究方向进行广泛的了解。

现在是网络的时代、信息的时代，获取信息的手段多种多样，大学生要关注学科发展前沿，了解科技发展的趋势，掌握未来变化的规律。学校的电子阅览室、图书室、资料室为大学生提供了丰富的资源，大家要充分利用，这些资源是大学得天独厚的优势。

（三）加强社会实践，培养综合能力

社会实践活动一般是在一个比较开放的环境下，面对不断变换的对象进行的，老师的指导作用相对弱化。在社会实践活动中，大学生不再是一个被动的接受者，而是活动的主体。在这种情形下，积极性容易被调动起来，对现实的感觉和认识的深度、广度也不是在封闭的环境下所能比拟的，大学生所具备的各种基本素质和潜能会得到充分发挥，合作意识和组织能力得以加强。

学校每年都会举行多种社会实践活动,大学生应积极参加。此外,社会也为大学生提供了许多机会,大学生可以利用课余时间,特别是寒假、暑假,做一些有意义的社会实践,尽早地接触社会,这对大学生的自身发展有良好的促进作用。在实践过程中的收获会让你受益匪浅,对知识会有更进一步的把握,各种能力也会得到提高。

(四)充实第二课堂,参加科技活动

第二课堂是对第一课堂的有益补充,是培养和提高大学生创新素质的重要途径。大学里的课外活动丰富多彩,而且大多是学生自己组织的。大学生在认真学习之余,可以根据自身的实际情况加入一些社团、学生组织,以主动的姿态投入到第二课堂中去,加强参与意识。我校的课外活动给学生们提供了广阔的舞台,有大学生科技活动,各种学术讲座,科技报告会,知识竞赛,数学建模竞赛,有关艺术、实践、体育的各类社团活动,还有颇具特色的机器人足球比赛等。这些活动,可以丰富大学生的生活,更重要的是培养了大家肯动脑筋、勤动手的习惯,还能培养和提高大学生的组织能力、交际能力和动手操作能力,这一系列能力的培养都有助于大学生创新能力的提高。

大学期间,大学生应多参加科技活动。我校对科技创新活动给予了较大的支持,如设立了校长基金项目,有兴趣的学生都可以申请,然后在指导老师的帮助下开展科研项目研究。同时,学校每年都举办课外科技作品大赛。由于我校较浓厚的科技创新氛围和同学们的积极参与,我校学生在湖北省历届"挑战杯"大学生课外学术科技作品大赛中多次获得一等奖。大学新生应多和老师、高年级的同学们交流、积累经验,争取更快地融入大学的学习生活中,培养创新能力。

大学生经过四年有目标的学习、锻炼,一定会站在更高的起点面对时代的检验,在挑战中抓住机遇,用创新的精神实现自身价值,为我们的祖国创造更多的财富。

第三节　合作是成功的基石

当今国际局势复杂,大国之间竞争激烈,在这个充满竞争的社会,要想立足还得学会合作,如果没有合作而各自为政,就很难获得成功。当代大学生既要完成学业实现自己的人生理想,又要为实现中国梦而奋斗,任重道远,依靠自己一个人的力量将步履维艰。邵瑞珍教授认为:"合作有助于学生发展良好的个性,增强群体的凝聚力,形成和谐的教育气氛;在解决新的复杂问题时,学生间的合作显然要胜于个人的努力。"学会合作是时代对人的基本要求,现实生活中的任何一件事情、任何一项任务,大都需要通过人与人之间的交往、合作才得以完成。

一、什么是合作

合作是个人与个人、群体与群体之间为达到共同目的,彼此相互配合的一种联合行动。

单丝不成线,独木不成林。一个人像一块砖砌在大礼堂的墙里,是谁也动不得的;但是丢在路上,挡人走路是要被人一脚踢开的。合作的重要性体现在工作、学习、生活的方方面面,在社会生活中,谁都不可能脱离群体而单独存在,因为个人的力量是有限的。我们与他人合作,才能有面对困难的勇气和战胜困难的力量。合作是事业成功的土壤,任何事业的成功都需要良好的合作。合作能聚集力量,启发思维,开阔视野,激发创造性并培养同情心和奉献精神。因此我们必须培养合作精神。

团队合作的力量是无限的,一旦被运用,那么团队将创造出不可思议的傲人奇迹。当今社会,随着信息化经济时代的到来,各种知识、技术不断推陈出新,竞争日趋紧张激烈,社会需求越来越多样化,人们在工作学习中所面临的情形和环境极其复杂。在大多数情况下,单靠个人能力已很难完全处理各种错综复杂的问题并采取切实高效的措施。这就要求大家要进一步相互依赖、相互关联、共同合作,建立合作团队来处理错综复杂的问题,并进行必要的行动协调,开发团队应变能力和持续创新能力,依靠团队合作的力量创造奇迹。小溪只能扬起星星点点的水花,百川纳海才能激发惊涛骇浪,个人与团队的关系就如小溪与大海。每一个人都要将自己融入集体,才可以充分发挥个人的作用,这就是团队精神重要性力量的直观表现。

二、大学生的合作精神

大学生的合作精神是指大学生在合作认知的基础上,通过人际交往活动所表现出来的合作意识、合作能力与合作品行这三个基本内涵的统一。它实际包含两层含义:一是指大学生对合作问题的认知水平和程度;二是指在行为上有一定的积极性和自觉性,即大学生能积极地调整自己的行为,以达到与他人协调活动的自觉性。

(一)合作意识

大学生合作意识的产生,首先基于对合作意义的认识。在现代社会,人们合作的目的不再仅仅是满足基本的物质需要或者精神需要,而是要满足自我完善、自我发展的需要。这种建立在一定的社会物质基础之上、以自我发展为目的的合作就是现代的发展合作。发展合作可以克服自我缺陷,促进人的自我完善、自我发展,可以降低合作成本,减少不必要的损失,可以促使竞争双方以共赢为目的而进行互利合作。

（二）合作能力

合作能力是指合作者与团体内所有成员或团体外的个人、集体进行合作活动时所体现出来的主观条件,它包括交流沟通能力、创造合作机会并把握合作机会的能力等方面。有效的交流沟通则是集思广益,彼此相互信任并能悦纳对方,真诚地为对方着想,并能提出合理化的建议。大学生应该学会沟通,善解人意,在相互理解和尊重中构建新型的师生关系和同学关系,并且优化与他人的合作,相互促进,相互补充,共同发展,以产生积极互动的共进效应。

（三）合作品行

合作品行是指合作者在合作活动中所体现出来的合作品质和行为方式的总和,是健全人格的重要组成部分。合作品行是一种受人的知识、品德、修养、能力等多种因素所规定和制约的稳定的意识倾向,良好的合作品行是一种优秀的思想品德。

大学生是未来社会的建设者和生力军,要参与社会的竞争并在竞争中生存、发展,需要有竞争意识。那么,为何还要强调合作精神的培养呢？大学生合作精神的培养是构建和谐社会的本质要求,是高校素质教育的必然要求,也是大学生全面发展的现实需要。

三、营造校园合作氛围是培养合作精神的前提条件

校园合作氛围是大学生学习、工作和生活和谐相融的重要组成部分,同时也是促进大学生合作精神发展的一个重要载体。它在维系一个学校的凝聚力、向心力方面起着重要作用,并蕴藏着潜移默化、点滴渗透的重要育人功能。近年来,积极、健康、向上的校园氛围已经成为高校一道绚丽的校园风景线。

（一）强化合作思维培养,确立合作理念

培养合作思维,确立合作理念,树立合作价值观。我们应强化"一切都是合作"的生活理念,倡导"一切为了合作"的人生信仰。合作不仅是一种自然的存在方式,而且是一种更高文明的人生追求；合作不仅是达成某种功利目的的手段,还体现为人对自身存在目的的终极关怀。

（二）营造适合大学生合作精神发展的和谐校园文化氛围

和谐校园文化能提高人的境界、情趣,培育乐观、宽容、合作的精神,有利于养成自尊自信、积极向上的心态,有利于塑造健康的人格和良好的品质。营造和谐校园文化,强调和而不同,以和为贵,主张人与人之间相互尊重、相互信任、相互帮助,还可以引导师生用和谐的思想认识事物,用和谐的态度对待问题,在处理各种利益关系时能够互

谅互让，友好协商，从而促进合作精神的形成。

(1)坚持以马克思主义和谐观营造和谐校园文化氛围。大学生要自觉树立马克思主义和谐观，倡导马克思主义和谐哲学，以马克思主义和谐观营造和谐校园文化氛围。

(2)营造和谐学术氛围。在大学阶段，开展丰富多样的学术活动、学术交流，对大学生的相互沟通和合作具有重要意义。在学术活动中，知识的交流是互惠的，即像英国作家萧伯纳所说的，若你有一种思想，我也有一种思想，而我们彼此交流这些思想，那我们每个人将各有两种思想。开展学术活动，举办学术沙龙、学术交流，将为老师和大学生搭建起一个有效的沟通平台。在这个平台上，老师或学生可以就自己的研究心得或灵感进行讨论、交流，相互之间激烈的讨论、争辩、切磋将激发出创新的火花，极大地促进相互之间的了解，同时也能够使对相近课题感兴趣的大学生和老师之间进行广泛的合作。

(3)营造和谐师生关系。师生之间应确立新型的师生合作关系。合作式教学、探究式教学、启发式教学是主要的影响师生的形式或方式。在合作型教育、民主型领导方式下，师生之间感情较融洽，并表现出团结合作、自主自发的精神。

(4)营造和谐公寓文化。宿舍是校园文化的基本载体，在宿舍里，学生相互熟悉，交流广泛，思想和行动相对自由。充分利用宿舍文化的优势，对增进大学生的合作精神，培养良好的合作行为习惯具有重要作用。一是正确处理个人与集体之间的关系。要正确处理个人爱好和组织纪律、个性和共性之间的关系，尊重来自不同地区、不同学校同学的生活习惯和生活方式。要善解人意，学会尊重人、理解人、关心人、爱护人、帮助人；要自觉遵守宿舍公约，树立个人利益服从集体利益、眼前利益服从长远利益的观念。通过创建文明宿舍、文明楼栋等活动，增强合作观念，关心宿舍集体，主动为集体服务，从而为牢固树立集体主义观念打好基础。二是大学生宿舍的群体效应不容忽视。引导良性群体效应健康地发展，对更多的同学产生辐射和影响，同时打破一些群体怪圈，从而以友善的行为去建立和谐的室友关系，营造温馨的宿舍环境。

（三）构筑全方位畅通的沟通空间，营造宽松的心理氛围

沟通是人与人之间的信息交流过程，是促进合作行为产生的主要因素。只有构筑一个通畅的沟通网络，营造宽松的心理氛围，才能够在大学生之间和师生之间建立稳定的情感联系，促进了解，增进相互信任，促进相互合作。要用和谐的思想指导人际交往，培养沟通能力。用和谐的理念认识事物，用和谐的方式处理矛盾，用和谐的价值规范行为，最大限度地增加和睦因素，最大限度地减少不和睦因素，努力形成文明和谐的人际关系，构筑全方位畅通的沟通空间。宽松的心理氛围应是和谐、宽松、融洽的，这种健康、乐观、轻松的氛围，会让大学生产生愉快、轻松的感受并对未来充满信心。宽

松的心理氛围，能够通过无形之中的感染、渗透，使大学生相互之间达到一种思想一致、相互信任的精神境界，从而促进彼此之间的默契合作，进而潜移默化地形成乐于合作的良好习惯。

四、加强合作精神内涵的培养，为合作精神的培养奠定坚实基础

（一）培养辩证思维，提升合作意识

大学生应正确处理合作精神与独立观念、合作精神与竞争意识、合作精神与创新精神的关系，培养辩证思维素质，增强合作意识。

（二）培养和谐的人际关系，提高合作能力

大学生培养和谐的人际关系，提高合作能力，首先要学会用欣赏的眼光看待和接纳他人。法国雕塑家罗丹说过："生活中并不缺少美，而是缺少发现美的眼睛。"在人际交往中，只有做到充分肯定对方的长处，尊重对方的人格、兴趣和爱好，虚怀若谷，大度包容，才能获得对方的尊重和真诚的回报。其次要在人际交往中克服一些如自卑、羞怯、嫉妒、不合群等不良心理，有意识地寻找更多与他人交流的机会，并在交往的过程中不断自我反思和总结经验，逐步提高自己与人交往的能力。大学生还要掌握一定的社交技巧。在人际交往过程中要掌握的技巧主要是正确运用语言艺术，语言艺术的运用包括准确表达、有效倾听、文明礼貌等，这些都有助于大学生取得较好的交往效果。总之，大学生在培养合作精神的过程中要树立自信，建立良好的人际关系，提高职业素养和自身修养，培养多方面的爱好，寻找与他人的结合点，提高与人合作的能力。

（三）加强道德修养，强化合作品行

加强道德修养，要做到诚实守信、宽容他人并具有奉献精神。诚实守信是中华民族的优良传统美德，是指不虚假，言行跟内心思想一致，守诺言讲信用。大学生要加强自身的道德修养，强化合作品行，就要讲诚信，言必信，行必果，知行合一，做同学、老师和用人单位信任的人。只有在诚实守信的基础上才能促进人与人之间的交流与合作，才能求得共同进步。我们应牢记教育家陶行知先生的教诲，即千教万教教人求真，千学万学学做真人。

宽容是指在承认人与人之间差异的基础上，尊重他人的存在方式。每个人都有自尊心，都有被尊重的心理需要。当代大学生最希望得到老师、父母、同学以及社会对自己的理解、信任、尊重和肯定。人各有长处，也有缺点和不足，人与人之间要和睦共处，就得有宽容的胸襟，学会尊重差异。要提倡宽容意识，能够在平常之中发现对方的美，而不是挑他人的毛病，培养自己求同存异的素质和宽宏豁达的心理品质。我们在生活

中只要从尊重关心他人、体谅他人的角度出发,学会设身处地为他人着想,学会反省自己,善于控制、调节自己的情绪,做到微笑多一点、脾气小一点、说话轻一点、行动快一点、嘴巴甜一点、肚量大一点、做事多一点、效率高一点,必能与他人建立牢固的合作关系,从而取得合作的成功。

乐于奉献的人生观是促进人与人之间良好交流的催化剂,是处理人与人之间利害冲突的最高准绳。在与人共事时,不应只看到自己,而应从大局出发,在为他人、为社会、为集体的贡献中,在与他人的合作中实现自我价值。合作精神的境界就是一种奉献精神,因为它要求团队中的每个人都在自己的岗位上尽心尽力,主动地为了整体的和谐而甘当配角、与他人合作。自愿以整体利益为重,甚至为了整体的利益而放弃自己的利益。

五、参加实践活动是培养合作精神的根本途径

合作精神的培养离不开实践活动。大学生积极参加校内合作学习、社团活动、技能拓展训练和毕业实习合作训练等各种类型的合作实践活动,能进一步明确自己的社会角色,培养自己的合作意识及合作能力,为以后进入社会更好地融入新的团队中创造更大的价值奠定基础。

(一)运用合作学习模式

合作学习是团队为了完成共同的任务,有明确的责任分工的互助性学习。合作学习是培养大学生合作精神的有效方法和手段。在合作学习过程中,不仅是学习信息的交流和研讨,更重要的是思想的沟通、心灵的碰撞、性格的磨合。多媒体、网络环境下的合作学习,还可以跨越时空,极大地扩展了交流与合作的范围、深度和广度。在实践中创新合作学习方式,创设有利于合作学习的环境,可培养大学生的合作精神。

(二)积极参加校内社团活动

如今的大学校园,学生社团的影响力在逐渐增大。由于社团在学生和社会之间搭建了一个很好的平台,学生进入社会后需要具备的许多能力在社团活动中得到了培养。除了联谊性社团外,学校还应发展学习、研究性社团,也就是说,大量的学生社团应是基于共同的专业爱好而结合起来共同探讨、研究、交流学习经验的组织。

(三)参加团队技能训练

美国麻省理工学院斯隆管理学院的团队精神与技能培养训练模式在培养大学生合作精神方面值得借鉴。它不仅强调合作观念的灌输,更强调在实际的和模拟实战的团队活动中培养合作精神,从而有效地培养学生作为团队成员和团队领导的组织和协

调工作能力。"实战性"和"强调实际团队工作能力培养"是美国麻省理工学院的团队技能训练的核心。团队技能的训练一般由若干个模块组成,比较有代表性的模块有生存游戏、头脑风暴、团队决策、急流中的小岛等。目前在许多高校中,这些团队技能训练已成为培养学生团结合作精神的重要科目。

（四）强化毕业实习的合作训练

教学实习,特别是毕业实习中合作精神的培养十分重要。大学生到和自己所学专业相一致的部门和单位进行专门性、持续性的工作,要求大学生必须与所在单位的员工进行更为实际、更有成效的团队合作。这种合作的严肃性,会使大学生产生强烈的责任感。而这种责任感自然会强化大学生的社会角色意识,从而为走向社会后与他人进行良好合作奠定坚实基础。

思考与讨论

1. 试分析做事和做人的辩证关系。
2. 请给你的同学讲述一个关于团队合作的故事。

第九章　学会规划

进入大学可以说是一个人人生的重要里程碑。所有荣耀或失落都属于过去,在大学校园,青年学生将会迎来人生的转折点,所以,在大学怎么走下一步更为重要。有的同学进入大学时并不是很优秀,但是进入大学后能及时找准自己的方向,为自己今后的职业生涯提前做好打算,毕业时以非常高的综合素质走向社会。而有的同学进入大学时本来很优秀,但是进入大学后沉浸于过去,缺乏对四年学习生涯及未来职业生涯的准备和规划,等到学业期满时却不能毕业,或即使勉强毕业也始终难以找到一份适合自身发展的工作。如何才能使自己的事业获得成功呢? 新的起点意味着新的机遇和新的挑战,谁能未雨绸缪,提前为自己今后的职业生涯做好准备,谁就能在今后的职场中拥有就业竞争力和职业发展潜力,实现自己的理想。

第一节　如何做一个有政治素养的追梦人

大学生正处于世界观、人生观和价值观形成和发展的重要时期。古往今来,大凡成功者,都是追求意识强烈的人,缺乏追求意识的人难成大事。作为新时代的大学生,要让自己的人生价值在实践磨炼中得以体现,让自己青春无悔,为祖国的强大、人民的幸福贡献自己的青春和力量,这就需要大学生在政治上追求忠诚至上的信念,在思想上追求奉献至上的境界,在道德上追求正义至上的境界,在做人上追求诚信至上的境界。因此,加强政治理论知识的学习,并学会用科学理论指导实践,坚持做到理论与实践相结合,对培养自身良好的政治素质具有重要的意义。

一、大学生政治素质的要求

大学生素质,是指大学生在高等教育阶段的学习和实践中发展起来的或形成的主体特性和品质,是一种内在的、相对稳定的、对大学生持续发展具有积极意义的特质。具体表现为通过先天禀赋和后天学习实践而表现出来的能力。政治素质则是指政治方向、政治立场、政治品德和思想作风等的总和。大学生政治素质主要体现在以下四个方面：

（一）坚持四项基本原则，矢志不渝

四项基本原则教育是确保大学生具备坚定正确政治方向的最基本保证。当代大学生必须始终坚持四项基本原则，这也是在政治上同党中央保持一致的要求，更是执行党的路线、方针、政策、原则的前提。坚持四项基本原则是大学生政治素质最根本的要求，是政治素质培养的逻辑起点。

（二）熟悉思想政治理论，意识领先

大学生要学会运用马克思主义的立场、观点和方法观察和分析社会，正确认识和领会中国特色社会主义建设中的一系列重大理论问题，深刻理解党的路线、方针和政策，这对于提高我们认识世界和改造世界的能力、提高我们的思想政治觉悟和道德水平都有着很重要的作用。

（三）讲求科学思维方法，实事求是

辩证唯物主义和历史唯物主义方法是我们认识世界的根本方法，要求我们既把握规律和趋势，又从实际出发。我们要坚持科学的思维方法，实事求是，做到把为国效力与投身实践结合起来，把各类利益冲突与国家、集体观念统一起来。在大是大非面前，要敢于坚持真理，不随波逐流，做到立场坚定。

（四）关注国家社会，道德高尚

热爱社会主义祖国，热爱中国共产党，自觉在政治上、思想上同党中央保持一致，是大学生政治思想进步的体现。唯有如此，才能深刻理解、领会和宣传党的路线、方针、政策，树立起一切从人民利益出发，全心全意为人民服务的人生观、价值观、世界观，甘当人民的公仆，为群众谋利益、办实事。当代大学生应刻苦学习、积极进取，坚持高尚道德操守，自觉提升政治觉悟，为建设中国特色社会主义事业做好充分的准备。

二、大学生政治素质的培养

大学生政治素质作为大学生素质的重要方面，是大学生运用自身知识和能力的方向性保证，对大学生的学习和实践起到关键性作用。我们必须明确目标，看到自身的差距，通过多种途径和方法，努力提升自己的政治素质。

（一）党的基础知识和基本理论的学习

1. 党章的学习

当代大学生在政治上要求加入中国共产党是时代的召唤和自身成长的需要。

2017年，党的十九大根据新形势和新任务对党章进行了修改，与时俱进的党章是当代大学生党员行为示范的标杆。为了满足广大学子的需求，所有的高校党委都成立了党校，开设了入党积极分子培训班或"党的基本知识"选修课，同学们可以通过这些途径，了解和掌握党的基础知识和基本理论，不断提高自身的思想政治觉悟和水平，为早日入党做好思想准备。党章的学习则是必不可少的内容，这是因为，一方面，加强党章学习，可以进一步加深对党的认识，全面领悟党的先进性；另一方面，通过党章的学习，能对入党的条件、党员的基本权利和义务等内容有更加全面和准确的理解，结合现实的表现，可以找到自身存在的差距并明确自己进一步努力的方向。

党章的学习主要应该把握如下几点。第一，应原原本本和逐段逐句地学习，做到认识求"深"。党章是中国共产党最基本理论的经典科学文献，因此不能将党章当作一般的文件来学习，要逐段逐句学，深入钻研，掌握精神实质，指导我们的实践。第二，既要全面系统地学，也要有重点地学，做到学习求"真"。通过系统而又有重点的学习，领会和掌握党的性质、党的指导思想、党的建设的基本要求、党员的标准和入党条件、党的组织制度、党风党纪等内容。第三，应在学习中实践，在实践中学习，做到过程求"新"。理论与实践、知与行密切结合，是我们学习党章必须坚持的一个原则。学习的目的在于应用，学习的过程也是实践的过程。只有在学习中不断实践，在实践中不断学习，不断加深认识，才能不断提高贯彻执行党章的自觉性和坚定性，才能更好地遵守党章、贯彻党章、维护党章。

2.党的路线、方针、政策的学习

党的路线、方针、政策是指党在一定的历史时期内，为达到一定目标，为实现一定任务而制定的基本指导原则以及行动依据和准则。党的路线按照不同的内容和范围，既有思想路线、政治路线和组织路线之分，又有总路线和具体工作路线之别。党的思想路线、政治路线、组织路线，从不同角度反映着党在一定历史时期的根本方针、根本任务、根本准则，它们是密切相连的有机整体，不能机械地分割开来。党的路线、方针、政策，是党的一切实际行动的出发点，并表现于党的行动过程和归宿。正确的路线、方针、政策，是马克思主义普遍原理和中国具体实践相结合的产物，是从实际出发，总结实践经验，集中群众智慧而制定出来的。我党在新世纪所确立的基本路线就是"一个中心、两个基本点"，即以经济建设为中心，坚持四项基本原则、坚持改革开放。党的路线、方针、政策制定之后，还必须在实践中检验其正确与否，并且随着实践的发展及时修正、补充和完善。

3.中国特色社会主义理论体系的学习

中国特色社会主义理论体系包括邓小平理论、"三个代表"重要思想、科学发展观、习近平新时代中国特色社会主义思想等，是对马克思列宁主义、毛泽东思想的坚持和发展。这个理论体系凝结了几代中国共产党人带领中国人民不懈探索实践的智慧和心血,是马克思主义中国化的最新成果,是党最宝贵的政治和精神财富,是全国各族人民团结奋斗的共同思想基础。中国特色社会主义理论体系是不断发展的开放的理论体系。在当代中国,坚持中国特色社会主义理论体系,就是真正坚持马克思主义。

中国特色社会主义理论体系,在新的时代条件下系统回答了什么是社会主义、怎样建设社会主义,建设什么样的党、怎样建设党,实现什么样的发展、怎样发展等重大理论和实际问题,在建设中国特色社会主义的思想路线、发展道路、发展阶段和发展战略、根本任务、发展动力、依靠力量、国际战略、领导力量和根本目的等重大问题上取得了丰硕成果,是贯通哲学、政治经济学、科学社会主义等领域,覆盖经济、政治、科技、教育、文化、民族、军事、外交、统一战线、祖国统一、党的建设等方面的系统的科学理论体系。这个理论体系,独创性地提出了一系列新的重大理论观点、重大战略思想,丰富和发展了马克思主义。对中国特色社会主义理论体系的学习,主要可以通过党课、政治理论课等进行。

(二)积极参加党、团组织的学习

1.参加党课、团课学习

凡是在政治上积极要求进步的同学,进校后都会及时地报名参加党校、团校的学习。党课或团课学习一般主要分为三大部分:第一部分,系统地讲解党、团组织的基本知识,马列主义、毛泽东思想、邓小平理论、"三个代表"重要思想、科学发展观、习近平新时代中国特色社会主义思想;第二部分,了解党、团组织的光荣历史和传统,提高党员、团员的共产主义思想觉悟;第三部分,围绕不同时期的中心工作,统一党员或团员的思想,提出明确要求,为完成中心工作做好思想上的准备。

学校和各学院党、团组织还建立了相应的网页,除了全面、系统地介绍党、团的基础知识和党的路线、方针和政策外,还就大家关心的问题进行网上答疑,并与同学们进行讨论和交流。通过网上学习和交流,同学们可以更快地进步和提高。

2.参与党团主题活动

在自觉参加学习,提高思想政治觉悟和水平的同时,还应主动地结合学校的学习实际和自身的思想实际,积极参加党、团组织开展的主题活动。党、团组织开展主题活动的目的是进一步贯彻落实不同时期的中心工作和重要思想,活动具有针对性、系统性和计划性。

党团主题活动的开展有三个方面的要求:一要有明确的目的,二要制订详细的活动计划,三要形式多样、参与性强。同学们可以根据自己的实际,选择参与。

3.参加班级团组织生活

共青团是党的助手和后备军,承担着为党做好青年工作的光荣使命。团组织生活根据团员年龄的特点,要在活动内容上注重思想性和教育性,同时应具有知识性和趣味性。团组织生活的主要内容有以下几个方面:

(1)学习马克思主义理论,党的路线、方针、政策,讨论国内外大事。组织团员学习党的有关文件和精神,以提高团员的思想政治水平,使团员正确了解和掌握党的路线、方针、政策的指导思想和基本内容,激励团员牢固地树立共产主义的远大理想,认清自己所负的社会责任,发挥先锋模范作用。

(2)学习团章和团的基础知识,进行团的传统教育,学习团内文件。组织团员学习团章、团的历史和团的传统,经常对团员进行团的性质、任务,团员的权利、义务及团内的组织纪律教育,增强团员的光荣感和责任感,使同学们能自觉地用团员的标准严格要求自己。

(3)及时检查团员完成工作的情况。发动团员讨论和制定团支部的工作计划及实施计划的措施,检查和总结团员完成支部布置工作的情况;研究团员对团支部工作的意义和建议,及时了解团员在工作、学习、生活中遇到的各种困难,并努力帮助解决。

(4)讨论团员共同关心的问题和团员的思想、愿望和要求。在思想、工作、学习、生活上,团员们经常会出现一些大家共同关心的问题,比如如何实现人生价值,怎样学好知识技能,如何提升自己的综合竞争力,怎样与别人相处,如何与父母沟通等。

(5)过好民主生活,开展表扬、批评与自我批评。定期召开民主生活会,每个团员汇报自己的思想、学习、工作情况,针对团内存在的问题展开讨论,分清是非,批评和抵制不良思想对团员思想的侵蚀和影响,监督团员自觉遵守国家法律和团内纪律。

第二节　能力提升和素质拓展

2018年9月,习近平总书记在全国教育大会上对人才培养提出新的要求,他指出我们要努力构建德智体美劳全面培养的教育体系,形成更高水平的人才培养体系。高等学府作为人才培养的重要基地,应责无旁贷地探讨人才的培养模式、方法。高等院校必须适应社会发展对人才素质的要求,满足广大青年学生成长成才的内在需要,全面推进素质教育,形成以德育为核心,以创新精神和实践能力为重点,德智体美全面、协调发展的新型人才培养模式。

近几年来,大学生能力的培养是全社会广泛关注的问题,培养学生什么样的能力,如何对大学生进行能力的培养,许多教师、专家、教育行政者都有各自的看法,这就造成了当代大学生能力培养认识上的茫然,这也是新生同学们必然会遇到的问题。究竟什么是能力培养的核心,以及到底如何培养自己的能力,有相当数量的学生感到无所适从。如何让学生走出认识上的误区,进一步增强能力培养的核心认识,提高自己的能力,是现代教育的一个重要环节,也是跨世纪人才培养的一个战略性问题。

一、大学生能力培养的现实意义

(一)知识经济时代的要求

当今社会正处于知识经济时代。知识经济是建立在知识与信息的生产分配和使用之上的经济,是以知识为基础的崭新经济。知识经济时代的学习是高质量的学习,不再只是将书本知识搬进脑袋的简单过程。它要求大学生不但要具备较深厚的专业知识、广泛的邻近学科知识,还要具备相关方面的科学发展状况的前沿知识和对跨越时空的各种知识的全新意义的调用和重组。在知识经济时代里,知识的含义是广义的,而知识和能力又构成了人的认识的两个基本方面。知识和能力两者是统一的,知识的产生和能力的形成很难说孰先孰后。知识的积累离不开人的认知能力,没有人的认知能力,就不可能有知识。而人的认知能力又是在实践中随着知识的获取逐步形成和深化的,所以知识是能力形成的前提和基础。人类掌握的知识越多、越丰富,其能力的发展就越快、越强,而能力反过来又可以促进更多知识的获得。既没有脱离知识的能力,也没有不需要能力的知识,两者表现出一种高度的和谐和一致。因此,人的知识和能力已成为知识经济实现的必要条件。

(二)国际人才竞争的需要

当今世界,经济竞争已成为国际竞争的主要形式,而经济的竞争取决于科技的竞争,取决于人才的相对优势。对于一个国家来说,拥有人才的数量和人才质量的优劣,在很大程度上决定了该国在全球经济网络中的地位。在知识经济时代里,科学的发展以高新技术为支柱,国际竞争的灵魂在于知识创新的竞争和高新技术创新的竞争,即创造力的竞争、创造性人才的竞争。只有具备了高质量的人才,不断缩短"怀疑、否定、再创造"这一发展规律的周期,才可能在国际竞争中立于不败之地。大学生是未来国际竞争中的主要竞争力量,我国要在未来的国际竞争中占有主动权,就必须提高高校人才培养质量。

(三)个人发展的要求

市场经济条件下,人才成为一种资源、一种商品,人才资源的配置在市场中发挥着重要作用。从微观角度来看,人才之间存在着激烈的竞争,而人才竞争的实质是能力的竞争。在比较规范的市场经济条件下,人的能力是求职的必要因素。现在用人单位在选用人才时,已改变了过去只看重文凭的做法,即不仅看文凭,更看重能力,并以各种模拟和试用形式来考察人才的能力。这表明,能力在竞争中起着决定作用。在取得职位后,一个人作用的发挥,更加取决于各种能力的综合运用,所以判断人才的质量,要看人才的综合能力。只有具备相当的能力,并能够找到"用武之地",那么,个人才会在竞争中立于不败之地,并最终取得成功。

二、大学生能力培养的定位

能力的种类繁多、形式多样,根据能力的内容和适用范围,通常可以分为一般能力和特殊能力两大类。

(一)一般能力

一般能力又称普通能力,是指人在各种活动中所表现出来的共同能力,是人所共有的基本能力,适用于广泛的活动范围,包括观察力、记忆力、思维力、创造力等。我们通常所说的一般能力有适应能力、交往能力、组织管理能力、表达能力、动手能力、创新能力、竞争能力、决策能力、沟通能力和团队精神等,简要介绍如下:

1.适应能力

适应能力是一个人综合素质的反映,与个人的思想品德、知识技能、创造能力等密切相关。一个适应能力比较强的人能够很快适应新的环境,即使是在比较困难的情况下,也能够变不利因素为有利因素,取得事业上的成功。

2.交往能力

交往能力是人们实践经验的结晶,在教科书上是学不到的。因此,要培养自己的交往能力,就要大胆参与各种交流、交往,培养自己与他人在心理方面的相容、交往时的诚实守信以及人格之间的平等等心理品质。

3.组织管理能力

每个人在工作中都会不同程度地运用到组织管理能力,这是现代社会对人才的新要求。在大学生活期间,培养自己的组织管理能力应注意两点:一是要学会抓住机遇锻炼自己;二是要注意用心向他人学习,以他人之长来补己之短。

4.表达能力

表达能力主要包括口头表达能力、文字表达能力、数字表达能力和图表表达能力等。主要应把握以下几点:首先要敢说,这是练好口才的前提;其次要做到有话可说(知识面),这是练好口才的基础;再次是要善于谈话,这是练好口才的关键。文字表达能力也是各种高级专门人才必备的基本能力之一,而当前大学毕业生的文字表达能力整体欠佳,这与部分高校的课程设置与培养模式的不完善有关。因此,在校学生应该抓紧时间去研读有关的著作和范文,多做练习,以便使自己的文字表达能力得到锻炼和提高。

5.动手能力

动手能力是将知识转化为物质的重要保证,是高级专门人才所必备的一项实践技能。对毕业生而言,无论今后从事教学、科研工作,还是在生产第一线从事技术管理工作,动手能力的强弱,都将直接影响到能量的发挥程度。因此,大学生应克服重理论、轻实践的倾向,做到基础理论扎实、实际动手能力强。

6.创新能力

创新能力是各种智力因素和能力品质在新的层面上融为一体、有机结合后所形成的一种合力。培养创新能力要注意知识积累、增强才干,同时也要注意想象力和发散思维的培养。

7.竞争能力

在现代社会,竞争能力是人们顺利完成某项活动所必备的一种能力和心理特征,因而也成为人类所追求的一种能力品质。对于当代大学生来说,竞争能力的培养尤为重要。在培养竞争能力的时候,应注意以下几点:一要意识到竞争能力是自身发展和社会发展的需要;二要意识到竞争是实力的展示,应掌握较多的技能,善于把握时机,敢于展示自己才会在竞争中取胜;三要意识到竞争实际上是人格的考验,必须在竞争中保持健康的心态。

8.决策能力

决策能力是人们在面临多项选择时及时、果断地做出选择的一种能力,它可以使你以较少的付出获得较大的收获。培养决策能力要注意以下几点:一是克服从众心理;二是增强自信心;三是注意把握全局,勿求十全十美。

9.沟通能力

现代社会的进步和科学技术的发展,要求每个出色的社会成员必须具备较强的沟通能力,因为作为个体的人已不可能再像过去那样独立地去完成任何工作或研究课题。培养沟通能力需要自信和技巧,并应注意以下几点:一是要注意沟通中双方的互惠;二是要学会站在对方的立场和观点上看问题;三是要积极在矛盾和冲突中找共同点。此外,沟通要克服以下几点:一是对别人的随意评价,二是不恰当的询问,三是命令的语气,四是威胁的话语,五是模棱两可的观点,六是注意力不集中,七是言不由衷。

10.团队精神

团队精神是人的社会属性在当今的企业和其他社会团体中的重要体现。现在的用人单位一般都把个人能力和团队精神作为两个最重要的评估标准,而对于后者更加强调。

(二)特殊能力

特殊能力是指人在某种专业活动中表现出来,并保证这种专业活动获得高效率的能力,它只在特殊活动领域内起作用,是完成特殊活动所不可缺少的,如音乐家区别旋律的能力,画家的色彩鉴别能力和形象记忆能力等。一般能力和特殊能力是有机联系着的,一般能力的发展,为特殊能力的发展创造了有利的内部条件;此外,特殊能力的提高,也促进了一般能力的发展。特殊能力也可以看作一般能力的特殊化发展和具体表现,例如,数学方面的一种特殊能力是对数学材料的关系能迅速地进行"压缩"和"概括",而这正是人的一般思维能力在特殊活动中的具体表现。音乐才能所需要的听觉表象能力,也就是人的一般表象和记忆能力在音乐中得到高度发展后的特殊表现。因此一般能力和特殊能力在活动中是辩证统一的关系。

大学生应注重知识的学习和技能的训练,这对能力的培养起着促进作用,但这并不意味着掌握了一定的知识和技能就发展了相应的能力。知识和技能的掌握,一般只发展人们的一般能力,而特殊能力并没有得到更好的发展。特殊能力主要是在工作和实践中形成和发展起来的。大学生在校期间,主要通过掌握更多的知识和技能来培养一般能力,但这并不意味着大学生就不需要重视特殊能力的培养与提高。一般能力转化为特殊能力是一个极其漫长而又复杂的过程,它需要我们对能力的培养有着清醒的认识,并采取相应的途径、方法,不能急于求成,需要在实践工作中不断实践才能转化。而特殊能力得到发展的同时又会对一般能力提出更高的要求,如此不断循环。任何活动的顺利进行都需要一定的一般能力和特殊能力。从创新型人才的要求来看,同学们既要注意发展自己的一般能力,又要根据各自特点,在发展一般能力的基础上,培养自己的特殊能力,为将来走向工作岗位打下坚实的基础。

三、大力推行大学生素质拓展计划

由团中央、教育部、全国学联于2002年3月在全国63所高校全面推进实施的大学生素质拓展计划是多年来高校共青团组织参与素质教育的经验总结和深入发展。大学生素质拓展计划是以提高大学生综合素质为着力点,以培养学生创造性思维能力为重点,以挖掘学生内在潜力为目标,以服务学生的成长成才为出发点和落脚点,引导和帮助每一个大学生全面发展和健康成才的素质教育举措。我校是全国实施大学生素质拓展计划的试点院校之一。

（一）实施大学生素质拓展计划的重大意义

大学生素质拓展计划是在总结课外活动实践的基础上，经过大量调查研究和反复论证形成的，具有广泛的群众基础。大学生素质拓展计划使素质教育从课堂教育教学延伸到了课外的教育教学，力争覆盖全体学生在校学习生活的全过程。实施这一计划，可使素质教育更加扎实、有效、落到实处。

1. 实施大学生素质拓展计划是服务经济社会发展的需要

人才是宝贵的资源。世界发达国家的发展历程表明，有效地开发和利用人力资源是经济社会持续发展的重要保证，是人类进步持久不衰的动力和源泉。实现中华民族伟大复兴的目标，需要我们培养千千万万的高素质人才。我们国家正处于全面建成小康社会和开启全面建设社会主义现代化国家新征程的阶段，实现中华民族伟大复兴的重任，历史性地落在了当代青年的肩上。要实现这样一个历史重任，就需要培养和造就大批优秀人才，从而缩小同发达国家之间的差距。大学生是我国重要的人力资源，是推动经济社会发展的主要力量。面对日趋激烈的国际竞争与国内竞争，大学生不仅要掌握较为完善的知识体系，还要树立较强的社会责任感，要有全球性的视野，有创新精神和创业能力，有法制观念和诚信意识。这就要求必须调动各方面的力量，按照素质教育的要求，帮助大学生拓展素质。实施大学生素质拓展计划，有利于激励大学生全面提高素质，有利于培养和造就大批创新人才，有利于培养和造就大批社会主义建设者和接班人。

2. 实施大学生素质拓展计划是素质教育的需要

素质教育是一项大的系统工程，需要全社会的参与。多年来的实践表明，高校团组织在素质教育中担负着重要的角色，承担着重要的任务。实施大学生素质拓展计划是高校素质教育的一个重要举措和有形载体。"大学生素质拓展证书"将使高校团组织参与素质教育、服务素质教育、推进大学生提高素质教育的工作具体化。大学生素质拓展计划有利于确立青年学生健康成长的正确导向，有利于利用校内、校外资源支持大学生素质拓展，能够把课堂内外、校园内外的教育有机地结合起来，产生良好的互动效应。通过实施素质拓展计划，尤其是通过素质拓展证书，把素质教育贯穿于课堂内外、校园内外，就能把素质教育贯穿于大学生成长的全过程。

3. 实施大学生素质拓展计划是服务青年学生成长成才的需要

随着我国经济社会的不断发展和改革开放的进一步深化，当代大学生有着比以往更多的发展机会，但激烈的国际竞争和人才标准的国际化也给大学生带来了挑战。大学生应该怎么去面对？关键还是提高自身素质。大学生素质拓展计划旨在全面贯彻党的教育方针，以培养大学生的思想政治素质为核心，以培养创新精神和实践能力为重点,普遍提高大学生的人文素养和科学素质,引导和帮助大学生全面成长成才。

(二)大学生素质拓展计划的基本内容和特点

1.大学生素质拓展计划的基本内容

大学生素质拓展计划的基本内容是以开发大学生人力资源为着力点,进一步整合深化教学主渠道以外的有助于学生提高综合素质的各种活动和工作项目,在思想政治与道德素养、社会实践与志愿服务、科技学术与创新创业、文体艺术与身心发展、社团活动与社会工作以及技能培训等六个方面引导和帮助广大学生完善智能结构,全面成长成才。

大学生素质拓展计划的实施要注重三个结合,即课内外相结合、第一课堂与第二课堂相结合、学习与实践相结合。实施工作主要围绕职业设计指导、素质拓展训练、建立评价体系、强化社会认同四个环节,通过教学、课堂、讲座、活动等丰富多彩的方式展开,如"挑战杯"科技创新活动、"三下乡"社会实践活动、学生社团活动、校园文体活动、大学生志愿者活动等,全面带动和促进大学生素质拓展计划的实施。

2.大学生素质拓展计划的特点

大学生素质拓展计划是新世纪共青团组织服务于广大青年、塑造优秀的高素质人才的一个闪光计划。它区别于其他形式的课外活动的鲜明特点在于它是有计划、有目标、有指导的,并建立了一套科学的评价体系,为学生的全面成长成才服务。

1) 全面性

大学生素质拓展计划覆盖了在校的每一个大学生,是针对每个大学生的具体情况开展的。每个大学生都可以通过简单易行的方式,根据自己的需要参与其中。也就是说,服务的对象是全员的,内容是全面的,方法是多样的。

2) 全程性

大学生素质拓展计划覆盖每一个大学生在整个大学期间学习、生活实践的各个环节,伴随着大学生从入学到毕业的全过程。该计划将详细记录每个学生参与素质培训、实践的每一个方面,是一个全程性的计划。

3) 导向性

大学生素质拓展计划对每一个学生的素质培养具有较好的指导作用,每个大学生从进入大学起即可得到学校"素质拓展中心"的指导,它是根据学生的个人特点、未来职业的需要而进行的,每个学生参加素质拓展的各项活动都不是盲目的。

4) 自主性

大学生素质拓展计划根据每一个大学生的个性化需要,通过提供有效的、科学的指导,建立可行的实施计划,使每一个大学生在参与素质拓展的过程中都能发挥较强的积极性和主动性。建立这种科学化的机制,可以充分调动学生个体参与素质拓展的自主性。

5) 系统性

大学生素质拓展计划以建立大学生的人力资源为着力点,系统地指导每一位大学生,明确高素质人才的培养方向,利用完整的体系,整合校内外的各种资源,建立从校内到校外、从个体到集体广泛参与的良性机制,是一个长期的系统的工程。

素质教育是一种尊重个性、培养个性、张扬个性的教育。学校提供给大学生的素质拓展计划应是一个开放的体系,要帮助每一个大学生充分了解自己,对自己的未来职业进行设计,让每一个大学生根据自己的职业设计选择相应的拓展项目,通过建立科学有效的评价体系,用"大学生素质拓展证书"来记载每一位大学生成长、发展的全部过程。该计划的实施将有利于培养和发展学生的个性,引导学生积极主动地拓展素质,主动地学习与实践。所以大学生素质拓展计划是一个以发展个性、启迪智慧、培养能力和鼓励创新为宗旨的基础工程、服务工程和人才工程。

第三节　职业发展和大学生生涯规划

在现代社会中,职业在人们的生活中起着越来越重要的作用,并在人们的人生历程中占据了相当长的时光,它是个人投入时间和精力最多的人生组成部分。我们应该充分地、合理地利用职业生涯这一时段,使个人得到进步、成长,并有所成就,从而实现人生价值。

一、职业生涯规划对大学生成才的作用

在讨论职业生涯规划对大学生成才的作用之前,我们一起来阅读一段材料。

薛斌,现年26岁,江苏人,现任国内某知名品牌手机华北区首席代表。看了他的资料,你一定会觉得他不是名牌大学毕业就是具有很高的学历,要不然以他的年龄和资历怎么能做到首席代表这个位置呢?事实上,薛斌只是大专毕业。他22岁大专毕业后,便进入一家国有单位做营业员,两年后他跳槽到该手机公司做销售员。凭借吃苦耐劳的精神和聪明才智,他的销售业绩每次都是公司前三名。一年后,薛斌被公司提拔为销售部经理。又一年过后,他再次被公司破格提拔,担任该公司华北区首席代表。

如果你有机会看到薛斌,你一定不会相信他就是带领大华北区600名销售人员创造出该品牌在华北区骄人业绩的人。因为从他的身上的确看不出性格外向、开朗、善

于表达等这些销售人员所必备的特质,公司内许多人也都曾认为他不适合做销售,管理类岗位可能更适合他,但薛斌并不这样认为。同时,以他的学历和经历,也很难想象26岁能做到大区首席代表。但是,他成功了。仔细分析一下原因,他的成功绝不是偶然。用他自己的话说:"我的职业发展目标就是要在对自己最有挑战的销售领域做出成绩,做到公司的销售总监,为此我制定了具体的职业规划,正是这一职业目标和具体的职业规划才让我坐到了今天的这个位置。"

也许有同学会说,即使不做职业生涯规划也能成功啊。你看那些处长、局长、经理、专家,有的不是也不明白职业生涯规划为何物吗?是的,不做职业生涯规划可能也会获得事业上的成功。但是,如果我们做了职业生涯规划,懂得促进职业发展的道理,我们的事业就会得到更快的发展,取得更大的成就。

举个例子来说,假如你现在住着平房,想盖间厨房,当你确定了盖厨房的计划后,就会注意收集砖块、瓦片等材料。你走在街上就会注意哪里有砖块、哪里有瓦片,见到砖块、瓦片就会捡回来。用不了多长时间,你就会把原料备全,小厨房也就盖起来了。如果你没有盖厨房的计划,走在街上就不会注意砖块,也不会注意瓦片,甚至它们摆在你的面前,你也不会认为它们有用。这就是说,两个人在同一条街上走过,一个做了规划的人和一个毫无目标的人,其收获是大不相同的。人生在世,要想干一番事业,只有树立了明确的目标,做好了规划,才能向着目标的方向努力,才能有意识地收集有关素材,创造有利条件,才能使事业尽快获得成就。总之,无论从事什么工作,只要经过科学的职业生涯规划就都有可能成才。职业生涯规划在大学生成才过程中所起的作用可以概括如下。

(一)认识自我,理性选择

在职场竞争中,为什么有的人能够成功,而有的人却屡战屡败呢?这就是因为成功者选择了一条适合自己发展的职业道路。在职业选择与发展中,做到"人–职"匹配是个人成才的基础。在现实生活中,有些人之所以能在平凡的岗位上做出不平凡的事情,为社会创造出巨大的物质或精神财富,其根本原因在于他们与所从事的工作匹配度很高,从而使他们爱业、敬业、乐业。只有做到"人–职"匹配,人才能适应工作,才能更好地创造价值。但在现实生活中,很多大学生在面临职业选择时,往往存在两种倾向:一是升学惯性,比较盲目地选择继续深造;二是盲目攀比,找工作时与他人比待遇、比工作环境。因此,制定个人职业生涯规划将使自己的职业选择更加理性。因为职业生涯规划能够帮助我们认识自我,懂得和掌握自我开发和管理的知识与技能,从而帮助我们在遵循自身个性特点和能力优势的基础上结合社会需要,选择一条真正适合自身发展的职业道路。我们只有选择了适合自己的职业发展路径,才有可能将个人的能力和优势充分发挥出来，对社会的贡献才会更大，将来成才的概率才会更高，成才的速度才会更快。

（二）了解社会，主动发展

在职业发展过程中，满足动态的社会需要是个人成才的另一个非常重要的要素，这是由职业的内涵和特点所决定的。职业是社会分工的结果，一种职业的产生和发展是社会需要的结果。随着企业的不断发展，企业所有者需要专人为自己的企业提供专业服务，因此有了"职业经理人"的产生；有人怕被商家"宰"，需要他人帮助自己与商家讨价还价，因此有了"砍价人"的出现……总之，没有社会需求，没有被他人需要，职业也就不可能产生。如果某种职业活动不能满足他人的动态需要，那么这种职业很快就会从世界上消失。同样，如果我们的工作成果不能满足客户的需要，不能被客户所认可，那么我们的职业生涯也不可能获得成功。

大学生的学习目标是让自己成为社会需要的优秀人才，而要成为社会需要的优秀人才，大学生在大学期间就要勇于走出校门，参与社会生活，掌握社会需要的专门知识和专门技能，提高自身综合素质。当前，随着用人单位对大学毕业生提出工作经验的要求，很多大学生都认识到，在校期间要多参与社会实践以增加工作经验。但是，我们也发现，目前很多大学生在进行社会实践时不够深入，效果不佳，究其原因是进行社会实践的目的不明确，缺乏针对性，而职业生涯规划有利于我们采取正确的方法，在职业发展目标的指引下有针对性、有计划地进行社会实践，了解社会需求。最终，在了解社会需求的基础上，对自己在大学期间的学习起到反馈作用，加强自身知识结构以及能力素质与今后社会需要的对接，提高个人学习知识和培养能力的主动性。

（三）明确目标，优化行动

有人曾经说过："一个人若是看不到未来，就把握不了现在。"一个人要想获得成功，确定一个明确的发展方向是非常重要的。因为目标引领未来，目标促进行动。如果没有明确的奋斗方向和阶段性目标，今天朝这个方向发展，明天又朝那个方向发展，无论对企业还是对个人而言，都是不可能取得成功的。哈佛大学有一个非常著名的关于目标对人生影响的跟踪调查，对象是一群智力、学历、环境等条件都差不多的年轻人，调查结果如下：27%的人没有目标，60%的人目标模糊，10%的人有比较清晰的短期目标，3%的人有十分清晰的长期目标。经过25年的跟踪调查，发现他们的生活状况十分有意思。有十分清晰的长期目标的人，25年来几乎都不曾更改过自己的人生目标，他们始终朝着同一个方向不懈地努力，25年后，他们几乎都成了社会各界顶尖的成功人士，他们中不乏白手创业者、行业领袖和社会精英；有比较清晰的短期目标的人大都生活在社会的中上层，他们的共同特点是，那些短期目标不断地被达到，生活质量稳步上升,他们大多成为各行各业不可缺少的专业人士,如医生、律师、工程师、高级主管等;目标模糊的人几乎都生活在社会的中下层,他们能安稳地生活与工作,但都没有什么特别的成绩;而没有目标的人几乎都生活在社会的最底层,他们的生活都过得很不如意,常常失业,需要社会救济,并且常常抱怨他人、抱怨社会。

在大学校园里,我们发现存在下面这样两种人,而且数量还不少:一是游手好闲,无所事事者;二是忙忙碌碌,缺乏针对性者。这两种人的共同特点是缺乏一个明确的学习目标。前者因为没有目标而造成学习动力、发展动力不足;后者因为目标不明确而造成眉毛胡子一把抓,学习缺乏目的性和针对性。明确职业发展目标将有利于激发我们在大学期间的学习动力并优化我们的学习行为。

那么什么是目标呢?目标一定要是具体的、看得见、摸得着、感觉得到的东西。比如,有的同学说:"我今后想成为一个对社会有用的人才。"这不是目标,而仅仅是美好愿望。如果换成"我今后想当一名电气工程师",这就是目标了。在明确了职业发展目标之后,还要对目标进行分解,分解成若干阶段性目标。一个个阶段性目标完成了,实现总体目标也就水到渠成了。对大学生而言,在分解目标的过程中非常关键的一点是:理性地选择大学生涯发展目标。大学生涯发展目标不同,在大学期间学习的侧重点就会有所差异。

二、大学生涯规划与职业发展

同学们在没有上大学之前,将大学想象得十分美好:有优雅的校园环境,有来自五湖四海的同学,有学识渊博的教授,有丰富多彩的社会活动,有童话般的爱情……这一切美好的东西都促使同学们甘愿忍受着高中"三点一线"式的寒窗苦读生活。但是,同学们来到大学后就会发现,上大学的根本目的是系统地学习专业知识,提高自己的能力与素质,最终成为社会需要的优秀人才。

(一)大学生涯规划的意义

所谓生涯,就是一个人从出生到生命结束这一整个过程,以及与人的生命过程有关的生活的全部。所谓大学生涯,就是从大学生进入大学一直到大学毕业这个期间所包含的大学生活的全部。所谓大学生涯规划,就是对大学阶段的整体规划、合理安排和科学管理。

1.提高大学生学习效率和生活质量

每到大学毕业求职期间,许多大学生一脸茫然地踏入这个拥挤的社会,去寻求能满足自己发展需求的一席之地,也就是在这个时期,经常会听到一些大学毕业生发出这样的感慨:"假如时光能倒流的话,我会选择另一种生活方式","回首大学四年生涯,

我浪费了太多的时光,现在我脑袋是空的,好像什么也没有学到,干什么事都不行",
"假如进校之初,有人提醒并帮助指导一下,今天我也不会这样着急!"大学毕业生如此反应,只能说明一个问题——他们没有做好大学生涯规划。有的同学大学四年是这样度过的:大学一年级进校以后想放松放松,因为高中太累了;大学二年级想潇洒一下,玩得太高兴了;大学三年级学专业课了,作业又少了,动力不足了;大学四年级要找工作了,自己傻眼了,也不知所措了。这是典型的走到哪儿算到哪儿,是经验教训。

大学生涯规划正是帮助大学生在了解自我的基础上,明确预期目标,制订相应计划,长计划(四年)短安排(每学期),自觉地按预期目标要求开发自己的职业潜能,这对提高学习效率和生活质量具有现实意义。

2.帮助大学生完善大学生涯设计

大学生虽然自主观念增强了,主观意识也增强了,也想到了要为四年后的职业生涯做出规划设计。但由于他们年龄小、阅历浅、经验不足,在完成大学阶段的任务及制定未来人生职业规划方面困难较大,这就需要学校高度重视大学生涯及未来职业生涯设计教育,对学生进行全程职业指导,帮助他们规划好自己的大学生涯,并根据学生自身素质、能力等综合因素,帮助他们明确未来职业目标,制定职业规划,开发职业潜能,最终走向职业成功。所以,大学生涯规划具有教育意义。

3.奠定了大学生未来事业发展的基础

大学是人生最关键的一个阶段,它承前启后,有很多的第一次,如第一次开始追求个人职业兴趣和理想;第一次不在父母的帮助下独立地处理学习与生活问题;第一次不完全以学习为主,而以能力、就业为目标;第一次有机会面向社会,参加社会实践,了解社会需要,全面历练自己。但是,大学对相当一部分大学生来说,是最后一次接受系统性的教育和学习,也是最后一次在相对宽松的环境中学习人生、完善自我。因为学生之间没有利益之争,师生之间总是教师关爱学生。所以,大学生要把握好许多的第一次也要珍惜这许多的最后一次。做好大学生涯规划不仅关系到大学四年的学业,关系到未来人生的走向与成就,还关系到社会未来的发展。因此,大学生涯规划具有社会意义。

(二)大学生涯规划与职业发展的关系

大学生涯是大学生整个人生的重要阶段,是职业发展的准备期。大学学习生涯往往为个人的人生发展奠定了坚实的基础。在大学选择某一专业进行学习是为今后的职业生涯做准备,因而大学生涯可称为职业准备阶段或职业准备期。这是个人职业生涯的起步阶段,也是决定能否赢在起跑线上的重要阶段。

职业没有高低贵贱之分，但社会职位是有高级低级之别的。从社会职位的分布来说，低级职位在社会上的分布最多，而职位层次越高，相应的职位也就越少。任何职业对从业者来说都是有从业要求的，而各级职位也要求从业者具备相应的能力。人的本性是追求更高层次的发展。通过上大学，我们能够在较短的时间内系统地学习适合自己未来发展的相应领域内前人的成果，然后将这些知识转化为自己的职业能力，在就业时能为个人将来的职业生涯发展创造一个比较高的起点。而且，大学里系统的专业教育会使我们更能适应社会分工的需要，大学所强调的"学会学习"会使我们具备更强的学习能力，在未来的职业发展中，这种学习能力能使我们与时俱进、及时更新知识、培养新的工作技能，从而使我们具备持续的职业发展力。另外，我们也不得不面对这样一个事实——当今社会对文凭是非常看重的。虽然高文凭并不一定意味着高能力、高素质，但是从概率上来说，高文凭者较低文凭者而言，确确实实有更高的能力与素质。因此，用人单位在招聘时为了降低用人风险，往往还是更青睐高文凭者。

总之，大学虽然还不是个人职业生涯阶段，但大学生涯是个人职业生涯发展中的准备阶段，是个人人生发展中的黄金期，是个人为自己未来的职业生涯发展奠定坚实基础的时期。我们在大学阶段的学习、生活和社会实践情况，直接或间接地决定了我们未来职业生涯的发展方向与高度。

（三）大学生涯发展目标

1. 直接就业

每年有70%~75%的大学毕业生选择直接就业。大多数毕业生是根据国家建设的需要、家庭经济生活的需要和个人职业发展的需要来选择工作单位的。现在国家就业政策是"双向选择"，单位选择毕业生，毕业生也选择单位，只有双方都同意才能签订协议。从每年职场求职的情况来看，由于高等教育的改革，大学毕业生人数越来越多，用人单位对人才要求也越来越高，因此竞争十分激烈。在求职竞争的背后，谁的学习成绩好、能力强、素质高，谁就能找到理想的工作单位；反之，求职就困难。这一结果最终反映的是大学期间每个大学生的学习与生活情况。今天不努力学习，明天就要努力找工作；今天刻苦学习，明天单位就会找你。许多同学为了找到理想工作，在校学习期间做了如下准备：

1）提高学习成绩

在每个毕业生的求职书中，都会有一份由学校教务处盖章的学习成绩表。表中详细记载了你在大学所学的课程与成绩。这些成绩反映了你掌握知识的程度，是大学教育的核心部分，也是对高层次人才的基本要求。用人单位比较注重的是理论课成绩和专业技能成绩，这是毕业生求职的第一份而且是最重要的一份介绍信。

2) 获取有关证书

在许多学生的求职书中,都有在校学习期间经过自己的努力获取的各种证书的复印件。这些证书有英语四、六级证书,计算机编程等级证书,科技竞赛证书,职业资格证书等。这些证书反映的是毕业生在某一个专业领域掌握知识和专业技能的深度,用人单位也十分关注。这些资格证书考试种类繁多,但是学生一定要理性对待,切忌盲目。要分析清楚自己的需要,在自己职业发展目标的框架下,有意识、有计划地参加与目标职业相关的活动,参加相关的职业资格考试,并作为个人职业生涯规划的一部分。这是毕业生求职的第二份介绍信。

3) 辅修第二专业

随着社会对复合型人才的青睐,如今越来越多的大学生根据个人的兴趣和发展需要,选定本校或外校的某一专业作为自己的辅修专业,以丰富自己的专业知识,提高就业竞争力。选择第二专业的原则是根据自己的爱好与兴趣,结合学校教学管理和课程安排,采用文理交融的办法来辅修。

一个毕业生有两个专业的知识,一方面,用人单位看到了该学生的学习能力,只有学习能力强的学生才能采取主修与辅修相结合的办法来提高自我,增加知识,扩大视野;另一方面,用人单位看到了该学生的知识面宽、适应性强等优点,工作好安排,一般用人单位会优先录用这样的毕业生。所以,辅修第二专业是毕业生求职过程中的第三份介绍信。

2. 攻读研究生

报考硕士研究生是大学生涯发展的第二个目标,每年有不少大学本科毕业生报考。考上研究生,上升一个平台后,你会发现,你得到的不只是一张文凭,而是更大的平台、更广阔的视野、更包容的环境,最重要的是你有了重新认识自己的机会,无限未知的前途等着你。今后,我国研究生教育的重点将放在培养质量,特别是创新意识和创新能力的培养上,研究生培养要从扩大规模向提高质量转变。

研究生教育是我国高等教育的最高层次,担负着培养高素质人才和发展科学技术的双重任务,是我国培养高层次创新人才的主渠道和知识创新的重要力量。我国研究生教育按培养经费的来源不同分为三种:国家财政拨款的国家计划研究生、委托单位出培养经费的委托培养研究生、自己提供培养经费的研究生。按学习方式分为两种:全日制研究生、在职研究生。硕士研究生的学制一般为两年或三年,其中学术型硕士研究生一般就读年限为三年,专业型硕士研究生一般为两年。

对个人来说,通过读研究生可以进一步加深对专业知识的理解和掌握,获取高文凭,提高就业起点。但是,直接读研并不是所有同学最好的选择,需要我们综合多方面的因素做出理性的选择。具体而言，需要我们重点考虑以下几个因素：①个人职业发展目标；②专业特点；③家庭经济条件；④直接读研究生的机会成本。

考虑之后，如果决定要读研究生的话，可以通过两种途径实现：①保送研究生；②报名参加全国硕士研究生入学统一考试。攻读研究生要早做准备，从进校开始就要拟订学习计划，特别是外语、数学等基础课，更要早做准备。在大学生涯发展规划中，进校就要树立一个阶段目标——本科毕业了就攻读硕士研究生。大学一、二年级的数学、外语是考研的必考课，这样，你就会用心学习，不放过任何疑难问题，并长期坚持对知识和内容的学习、复习和巩固；大学三、四年级准备专业课的备考内容，这样，时间和精力都比较充足而且有保障。

3.自主创业

最近几年，随着大学生就业竞争的加剧，国家在鼓励大学生自主创业方面出台了一系列优惠政策，社会各方面也为大学生创业大开"绿灯"。学校为帮助在校学生打好创业知识基础，还面向大三学生开设了大学生创业指导课程。应该说，外部环境对大学生创业是十分有利的。有了良好的外部环境还不够，大学生创业还必须过好四关，而这四关必须在大学生涯中得到锻炼。

1）选项关

选择既适合自己又符合市场需求的创业项目，这是大学生创业者必须过好的第一关。一般来说，大学生创业应立足于技术项目，尽量选择技术含量高、自主知识产权明确的项目，并在技术创新的基础上做好产品市场化工作。此外，在创业过程中一定要注意保护好自己的知识产权，这是大学生创办企业的核心竞争力之所在。

2）经验关

经验不足，缺乏从职业角度整合资源、实施管理的能力，这将大大降低大学生创业的成功率。因此，大学生创业不能"纸上谈兵"，而应具备一定的企业管理及市场运作的知识和经验。即使是两三个人的"办公室式"小企业，也必须有明确的财务、人事制度。有条件的话，可聘请有管理经验的"老法师"把关。

3）团队关

在风险投资商看来，再出色的创业计划也具有可复制性，而团队的整体实力是难以复制的，因此他们在投资时，往往更看重有合作能力的创业团队，而不是那些徒有想法的单干者。对打算创业的大学生来说，强强合作、取长补短，要比单枪匹马更容易聚集创业优势。

4）心态关

大学生创业除了要有好的技术外，还要有好的心态，不能视野狭窄、过于自负，而应虚心接受别人的意见,并敢于直面挫折和失败。此外,时刻保持创业激情也是突破创业瓶颈不可忽视的精神力量。

三、大学生涯规划的制订与实施

大学阶段是我们职业生涯发展中的重要准备阶段,需要我们在职业发展目标的引领下当好学生,积极自主地为今后顺利进入社会做好各种知识、能力、素质等方面的储备。人生需要规划,大学生涯也需要规划。对大学期间的学习、生活进行科学、合理的规划,有助于我们顺利走向社会、进入职场,从而谋求职业发展与事业成功!

(一)大学生涯规划的制订

大学生涯规划是一个周而复始的连续过程,基本步骤包括:认识自我,评估环境,确定职业发展目标,设定职业生涯发展路线,制订大学生涯发展计划,实施、评估与修订计划。

1.认识自我

认识自我相当于评估内在条件。自我评估的目的是认识自己、了解自己。因为只有认识了自己,才能对自己的职业发展做出正确的选择,才能选定适合自己发展的职业道路,才能对自己的职业生涯目标做出最佳抉择。自我评估内容包括自己的兴趣、特长、性格、学识、技能、智商、情商、思维方法、道德水准以及社会中的自我等。比如,你的兴趣可能是搞理论研究,那么,你就应该考虑自己如何在理论研究方面发展自己,而没有必要拼命地向比较热门的技术和管理方向去发展。如果你发现自己没有哪一方面的能力可以傲视群雄,但也没有明显的短处,那你就应该尝试一下在一些需要综合能力的方向上发展自己。当然,专业也是一个不能不考虑的问题。如果你学的是一个理论性比较强的专业,而你在理论研究方面的能力并不突出,那么,一方面你应该努力加强自己的理论思维能力,把它作为自己在大学阶段重点要解决的问题;另一方面,你应该寻找一些在该专业中对理论素质要求不是很高的领域,如学物理的,可以多关注一下实验物理领域,学数学的,可以去搞应用数学。同样,如果你学的是强调应用的工科,而你在理论研究方面的能力很强,动手能力却比较弱,你可以考虑在该专业的基础理论研究方面有所发展。总之,你要客观地分析自己的特点,搞清楚自己应该努力的方向。

2.评估环境

评估环境相当于评估外在条件。职业生涯环境的评估主要是评估各种环境因素对自己职业生涯发展的影响。每一个人都处在一定的环境之中,离开了这个环境便无法生存与成长。所以,在制订个人的职业生涯规划时,要分析环境条件的特点、环境的发展变化情况、自己与环境的关系、自己在这个环境中的地位、环境对自己提出的要求以及环境对自己有利与不利的影响等。只有对这些环境因素充分了解,才能做到在复杂的环境中趋利避害,使职业生涯规划具有实际意义。

3.要考虑国家和社会的需要

国家办大学的目的是为社会主义现代化建设培养合格的建设者和可靠的接班人,而作为学生,我们上大学的目的是多种多样的。在社会主义市场经济条件下,这是一种正常的情况。但是,经验证明,真正能够有所成就的是那些能够把国家和社会的需要同个人的追求有机地结合起来的人。出国固然令人羡慕,经商、从政也不失为一种出路,但真正要想做大事,还是要为国家服务、为社会服务、为人民服务,所有有成就的人几乎都离不开这样一条成长道路。祖国终将选择那些选择了祖国的人。当然,这个问题不是在大学一年级就能解决的,我们对国家和社会的需要也有一个认识的过程。但是我们应该这样去考虑问题,去规划自己的人生。

4.全面发展,有所侧重

全面发展是我们的目标,大学要培养的是德、智、体、美、劳全面发展的社会主义合格建设者和可靠接班人,也就是说,坚定正确的政治方向、扎实的专业知识和技能、强健的体魄和健康的心理,以及一定的文学艺术修养,都是大学生必须具备的。但是,人的精力是有限的,全面发展不是全能发展,不是要使大学生成为无所不能的"万金油",如果一个人什么都想去做,那他可能什么也做不好。所以,总的方向是全面发展,但也要有所侧重。提高主要是与自己的过去相比的提高,而不是所有的事情都要做得很精。比如,体育锻炼,主要目的是健身,但不一定非要达到专业运动员那样的水平;学习音乐,也不一定非要学会一种乐器的演奏,能够欣赏也是不错的,关键是要对自己将来走上社会以后的发展有利。

5.确定职业发展目标

职业发展目标的确定是职业生涯规划的核心。一个人事业的成败,很大程度上取决于有无正确的目标。没有目标如同驶入大海的孤舟,四野茫茫,没有方向,不知道自己该漂向何方。同时,职业发展目标也是我们制订具体大学生涯发展计划的向导。说到职业发展目标,有人会说"我的目标是事业有成",这不是目标,仅是美好愿望而已;有人会说"我的目标是成为优秀的人力资源工作者",这也不是目标,仅是职业发展方向而已;还有的人会说"我的目标是成为优秀的机械工程师",这就是看得见、摸得着的职业发展目标了。值得注意的是,职业发展目标是以自己的最佳才能、最优性格、最大兴趣和最有利的环境等信息为依据而设定的,通常可分为短期目标、中期目标、长期目标和人生目标。大学的短期目标一般为一至两年,短期目标又分日目标、周目标、月目标、年目标;中期目标一般为三至四年;长期目标一般为五至七年(读研究生)。

6.设定职业生涯发展路线

个人现在所处的位置与总体目标总是有距离的(距离的大小要视总体目标的大小而定),个人不可能一步就能完成总体目标。要完成总体职业发展目标,就必须将总体目标进行分解,分解成一个一个的阶段目标去逐步完成。

7.制订大学生涯发展计划

大学生还没有真正进入真实的职业世界,因此要做一个真正意义上的职业生涯规划是有一个过程的。大学阶段只是为即将从事的职业做能力和知识准备,真正的职业发展规划必须同自己所从事的职业内容联系在一起,但这并不是说大学生不能做职业发展规划。大学生的职业发展规划不同于职业人士的职业发展规划。大学生在职业发展目标的指引下,放眼未来,着手当前,重点对大学生涯进行规划。具体而言,大学生的职业生涯规划应该重点对大学期间的学习、生活、社会兼职、社团活动等方面进行规划。大学阶段的生涯规划包括:

1)大学一年级

在这一阶段,要完成从高中生到大学生的角色转变,熟悉环境,建立新的人际关系,对大学有一个基本的了解,对专业有一个初步的认识,接触职业和职业生涯的概念,特别要重点了解自己未来所希望从事的职业与自己所学专业的关系。积极参加社团活动,提高沟通能力,锻炼组织和管理能力。培养良好的学习习惯,加强外语、数学、计算机等基础课的学习,打好专业基础,扩大知识面,拓宽自己的兴趣,掌握现代职业者所应具备的能力。

2)大学二年级

在这一阶段,要通过英语四级和计算机二级,达到获得学位证书的基本要求,争取通过计算机三级和英语六级,拓宽专业基础,为大三、大四的发展扫清障碍。根据自己的需要与兴趣,并结合专业,初步进行职业生涯设计。积极参加有关科技竞赛和社会实践活动,巩固基础知识,培养实践能力。通过担任学生干部,积极参与学校的各种活动,提高自己的综合素质。

3)大学三年级

在这一阶段,要学好专业课,全身心地投入专业骨干课的学习中,把掌握好专业理论和技术作为本学年的主要任务。可以根据自己的专业方向,参加有关资格认证证书的考试,检验学习结果。同时了解本行业当前发展态势以及就业信息,搜集公司资料,学习写简历、求职信,掌握求职技巧,为就业做准备。准备考研究生的同学开始确定专业方向并进行准备。

4)大学四年级

在这一阶段,学生在顺利完成课程学习和毕业论文(毕业设计)、保证如期毕业的基础上,对近四年的学习做一个小结,看自己的职业目标是否明确,摆正求职心态,强化求职技巧,开始求职。考研究生的同学进入冲刺阶段。

(二)大学生涯规划的实施

1. 加强执行力

规划制订好了,最重要的是去实施。在实施的过程中,一个人的执行力如何显得非常重要。执行力相当于心理学中所说的毅力。有些同学经过精心策划,给自己制订了发展规划,可是,一旦遇到困难或挫折就放弃了。没有执行的计划相当于什么也没有发生。"性格决定命运,细节决定成败",这句话讲得非常有道理。经常听一些大学生讲:"我要考研。"可是没过多久,他就改变主意了。还有的大学生说:"从下周开始,我要好好学英语。"大家可能会问,为什么非要从下周开始,而不是从今天、从现在开始呢?

2. 牢记心中目标

一位老师曾经给学生讲了这样一个故事:"有三只猎狗追一只老鼠,老鼠钻进了一个树洞。这个树洞只有一个出口,可不一会儿,居然从树洞里钻出一只兔子,三只猎狗又去追兔子。兔子飞快地向前跑,并爬上另一棵大树。兔子在树上,仓皇中没站稳,掉了下来,砸晕了正仰头看的三条猎狗。最后,兔子终于逃脱了。"故事讲完后,老师问大家:"这个故事有什么问题吗?"同学们说:"兔子不会爬树","一只兔子不可能同时砸晕三条猎狗"……"还有呢?"老师继续问。直到同学们再也找不出问题了,老师才说:"可是还有一个问题,你们都没有提到,老鼠哪去了?很多同学第一次听这个故事的时候,都会把老鼠给忽略了。"

每个人在生活中都有自己的许多目标。不难想象,人若没有生活目标,就好像航行在大江大海中没有舵手的船。生活没有目标,人生就会失去本来的意义,丧失生活的动力,以致虚度人生。不幸的是,在我们追逐人生目标的过程中,我们又不时会被一些细枝末节和毫无意义的琐事分散精力,扰乱视线,以致中途停了下来,或是走上岔道而放弃自己的既定目标。有时候,这可能并不是出于我们的本意,只是一种惯性思维。究其原因,还是由于我们没有牢记心中的目标。因此,在人生发展过程中,一定要时刻提醒自己:"我心目中的目标哪去了"。

3.做好时间管理

有时候,个人预先制订的规划之所以不能得到有效的实施,是因为没有做好时间管理。时间本身是不可以管理的,时间管理是指对自我的管理,以使个人利用好有限的时间,从而高效地实现个人的目标。有效使用时间的习惯一旦形成,它就会永远帮助你。成功人士拥有的时间与一般人是一样的,他们之所以能够在有限的时间内发挥出更多的能量,良好的时间管理技巧是非常重要的因素。

1)制订计划

将当年所要做的每一件事情都列出来,并进行目标切割:①把年度目标切割成季度目标,列出清单,每一季度要做哪些事情;②把季度目标切割成月目标,并在每月初重新再列一遍,碰到有突发事件而更改目标的情形便及时调整过来;③每一个星期天把下周要完成的每件事情列出来;④每天晚上把第二天要做的事情列出来。

2)区分轻重缓急

将事情按照重要性和急迫性两个不同的程度进行划分,可以分为四个等级:既紧急又重要(如学习任务、四六级考试等)、重要但不紧急(如建立人际关系、新的机会等)、紧急但不重要(如电话铃声、不速之客进入等)、既不紧急也不重要(如客套的闲谈、无聊的信件、个人的爱好等)。最重要的时间管理理念是把主要精力放在处理那些重要但不紧急的事情上,这样做既可以把握事情的主要方面,又可以避免将来成为"救火员"。

3)集腋成裘

生活中有许多零碎的时间不为人所注意,其实这些时间虽短,却可以充分利用起来做一些事情。比如等车时可以思考下一步的工作、翻翻报纸乃至记几个单词;运动时可回想遇到困难的事和亟待解决的事等;在疲劳时休息片刻,既避免了因过度疲劳导致的超时休息,又使自己始终保持较好的"竞技状态",从而大大提高工作效率。

4)学会说"不"

"计划赶不上变化"是经常遇到的情况,但是对临时出现的情况,我们可以说"不"。例如,朋友拉你打牌或喝酒等。不要被无聊的人和无关紧要的事情缠住,也不要在不必要的地方逗留太久,不要将整块的时间拆散。一个人只有学会说"不",才会得到真正的自由。但是,说"不"要讲究技巧,不要直截了当、语气生硬,而是要委婉地拒绝,要用他人觉得确实是合理的理由来拒绝。

4.评估与修订

影响职业生涯规划的因素很多,有的变化因素是可以预测的,有的变化因素则难以预测。在此状况下,要使职业生涯规划行之有效,就必须不断地对职业生涯规划进行评估与修订。修订的内容可以包括：职业的重新选择、职业生涯发展路线的变化、人生目标的修正、实施措施与计划的变更等。评估与修订并不是随意改变目标，而是根据客观环境的变化，使规划更具有可操作性。同时，评估与修订的结果还可以作为下一轮规划的参考依据。其实，评估与修订的过程也是个人对自我、对社会认识不断加深的过程。

思考与讨论

1. 请列举一个你最崇拜的伟人（或名人），试分析他（或她）给你的启示。
2. 试列出一份属于你的未来清单，包括你将具备的知识、能力、从事的职业等。
3. 请结合自己的专业，对四年的大学学习做初步规划。

附 录

一、武汉工程大学组织机构设置一览表

1.党委办公室（机关党委、保密办公室）（联系电话：65522741，87905138）

部门职责：协调与督办、文秘与信息、会务与接待、信访、对外联络、事务管理、保密工作；机关党的建设。

2.纪委机关（综合室、纪检监察室、案件审理室）（联系电话：87195662）

部门职责：维护党章和其他党内法规；协助校党委推进全面从严治党、加强党风廉政建设和组织协调反腐败工作；检查党组织、党员干部贯彻执行党的路线方针政策和决议的情况；检查和处理党组织、党员和监察对象违反党章党规党纪和国家法律法规的案件；受理处置党员群众检举举报，受理党员的控告和申诉、监察对象的复审复核申请。

3.党委组织部（党校）（联系电话：87905808）

部门职责：基层党组织建设工作；党员管理工作；党的基层组织机构的设置与调整；发展党员工作；中层干部队伍建设及教育、管理、监督工作；党校管理及党员、干部、党务工作者、入党积极分子的教育和培训工作；落实党管人才原则，协助做好重点人才项目工作。

4.党委宣传部（校新闻中心）（联系电话：87992000）

部门职责：负责全校意识形态工作；组织指导教职工政治学习；指导思想政治理论课工作；校园文化建设及管理；对内对外宣传；精神文明建设工作；普法工作；广播台、电视台、校报工作。

5.党委学工部（处）、武装部（联系电话：87992011）

部门职责：负责学校全日制本科生的思想政治教育和事务管理服务工作。具体负责学生思想引领、教育阵地建设，辅导员、班主任、学生干部三支骨干队伍建设。负

责制定学生日常管理工作的各项规章制度,实施"奖、贷、补、助、减、免、绿色通道"七位一体的学生资助体系,负责学生评优评先、表彰和违纪处理工作,学生心理健康教育及咨询工作。负责学生军训和国防教育、军事理论教学、征兵、军转、复退人员优抚工作。

6. 党委保卫部(处)(联系电话:87992067)

部门职责:负责进行国家安全、法治、维护政治安全、社会稳定和治安保卫工作的宣传教育,防止境内外敌对势力、非法宗教势力、民族分裂势力对高校的渗透、煽动和破坏,及时处置各种不安定事端和突发性事件,配合国家安全机关、公安机关制止危害国家安全的行为。

7. 校团委(联系电话:87992009)

部门职责:团员教育管理;团内建设;组织开展校园文化活动;指导学生会、研究生会工作;学生社团管理。

8. 发展规划处(联系电话:81347262)

部门职责:发展规划;综合改革;目标管理;校本研究;综合统计;政策法规。

9. 教务处(联系电话:81349405)

部门职责:全面贯彻党和国家教育方针,执行上级主管部门教育教学政策,全面负责学校的本科教学运行、教学建设管理、教学研究与改革、实践教学管理、教学信息化等工作。

10. 招生与就业工作处(联系电话:87002966)

部门职责:负责学校本科生招生宣传、招生计划编制、招生录取;本科毕业生管理、就业指导、就业方案编制、毕业生派遣;举办各类型供需见面会等工作。

11. 科学技术发展院(联系方式:65520180)

部门职责:制定学校科技发展规划,科技平台基地建设,科研项目、专利与成果的申报与管理,成果转移转化,科技信息统计分析。

12. 党委研工部、研究生院(联系电话:81349530)

部门职责:学位点的扩点工作;博士、硕士研究生的招生、培养、学籍与学位、就业管理;研究生的思想政治工作与日常管理。

13. 计划财务处(联系电话:81340139)

部门职责:财务管理与服务,开支的预决算,资金效益分析,负责学生贷款的争取。

14. 审计处(联系电话:81349508)

部门职责:财务收支和财经法纪、经济效益、经济责任审计;基建与改扩建工作审计;内部控制制度评审。

15. 后勤保障处(联系电话:81624621)

部门职责:下设十个三级单位(含校医院挂靠),负责学校的水电供应、餐饮服务、校园绿化管理、公共部位卫生保洁、学生宿舍管理、教室服务、公车管理及用车调度、教职工子女和适龄幼儿学前教育、教职工及在校学生医疗保障、社区医疗工作、计划生育工作,报刊信件收发管理。

16.国有资产与设备管理处(联系电话:65523163)

部门职责:国有资产的管理工作;房产、设备的调配及管理工作;实验室建设与管理工作。

17.基建与维修处(联系电话:81624631)

部门职责:校园建设规划编制及管理工作,工程技术管理工作,施工过程及项目后期的管理工作,维修管理及服务工作。

18.校友工作与合作发展处(联系电话:87905335)

部门职责:负责校友联系和服务工作、学校教育发展基金会的管理工作、校友总会办公室及教育发展基金秘书处的日常管理与服务工作。

二、武汉工程大学知名校友风采录

建校五十年以来,学校已为国家和社会培养14万余名毕业生,许多毕业生已成为党政机关、企事业单位的骨干力量,为国家和社会做出了应有的贡献。

本书收集了部分校友的资料:

(1)魏忠国,男,湖北宜城人,1977年9月毕业于武汉化工学院(现武汉工程大学,后同)化工工程系有机化工专业,大专文化,高级工程师,中共党员。1977年9月至1992年4月在湖北省襄樊市燃化医药行业协会(原襄樊市燃化局)工作,先后担任科技情报科办事员、副科长职务;1992年4月至1998年7月,在湖北省襄樊市精信催化剂有限责任公司(原襄樊市催化剂厂)工作,先后任党总支书记、厂长、党委书记、董事长职务;1998年7月至今,在湖北天鹅涂料股份有限公司(原襄樊市制漆总厂)工作,先后担任党委副书记、党委书记、厂长、董事长,现任湖北天鹅涂料股份有限公司董事、襄阳市化工行业商会会长和襄阳市安全生产技术协会会长。

(2)李杰,男,1980年毕业于武汉化工学院化工机械专业,正高级工程师,执业药师。1980年2月至1984年12月任宜昌制漆厂技术员;1984年12月至1991年8月担任宜昌市化工医药局副科长、科长;1991年8月至1997年8月任宜昌三峡制药厂副厂长、厂长;2000年5月至2001年在华中科技大学经济系研究生班学习。2015年全国劳动模范获得者。现任人福医药集团股份公司党委书记、董事长,宜昌人福药业有限责任公司董事长,十三届全国人大代表。

(3)刘根凡,男,1982年1月毕业于武汉化工学院机械系化机专业;同年至2000年3月留校任教;1994年12月至1997年10月,在原华中理工大学机械学院读在职硕士,旋转机械故障诊断方向；2000年4月至今，任华中科技大学动力系化工过程装备与控制研究所所长，指导研究生。现任华中科技大学过程装备与控制工程系主任、教授。主要研究方向有：流程工业单元装备高效化、智能化及其故障诊断、中药饮片现代化生产技术与质量控制标准。

(4) 李培成，男，1982年1月毕业于武汉化工学院；同年元月至1992年12月，在武汉有机合成材料研究所工作；1984年起任研究所副所长、所长等职；1993年元月至今，在武汉市化学工业研究所工作，任所长、常委书记；2003年研究所改制后，担任董事长、总经理、常委书记。现任武汉市化学工业研究所有限责任公司董事长、总经理、党委书记；中国氟硅有机材料工业协会理事，湖北省化学化工学会理事，教授级高级工程师。

(5) 李绍金，男，1982年1月毕业于武汉化工学院，获工学学士学位，同年分配到湖北省鄂西化工厂工作，先后担任生产调度室调度员、技术员、车间主任、支部书记、生产技术处副处长、生产副厂长；1996年10月任湖北省鄂西化工厂厂长；1999年3月任鄂西化工厂厂长、党委书记；2005年5月武汉大学EMBA进修班结业。2006年当选为湖北省人大代表。2003年10月企业改制后，任湖北金源化工股份有限公司董事长、总经理、党委书记。

(6) 袁泽沛，男，1982年1月毕业于武汉化工学院化工自动化与仪表专业，获工学学士学位，后留校任教。1985至1988年在西安交通大学管理学院学习，经济管理专业研究生毕业，获工学硕士学位。1987至1997年在武汉化工学院管理专业和管理工程系工作，先后任教师、系筹备组副组长、系副主任、副教授。1997年7月调入原武汉测绘科技大学文管学院工作，任教授、副院长。2003年11月在西安交通大学管理科学专业博士研究生毕业，并获得博士学位。2000年8月以后，先后任武汉大学商学院教授、副院长。现为武汉大学经济与管理学院（原商学院）教授、企业管理专业硕士研究生导师、管理科学与工程专业的博士研究生导师。

(7) 胡文祥，男，1982年7月毕业于武汉化工学院，获工学学士学位，1985年6月毕业于解放军防化研究院第四研究所，获工学硕士学位，1989年5月毕业于中国科学院上海有机化学研究所，获理学博士学位。先后在中国人民解放军军事医学科学院、中国人民解放军总装备部原军事医学研究所任助研、副研、研究员、所长，被授予大校军衔。先后兼任清华大学客座教授，华中科技大学、第三军医大学、武汉工程大学、昆明理工大学和北京工商大学等高校兼职教授，1999年赴美国麻省理工学院进修访问，2002年赴欧洲考察访问，2005年5月受聘于首都师范大学，任北京市特聘教授，2016年之后先后任北京神剑天军医学科学研究院院长、名誉院长，2021年当选俄罗斯自然科学院外籍院士。

(8)万勇,男,1982年7月毕业于武汉化工学院基本有机化工专业,1982年7月参加工作,历任武汉市东西湖区慈惠农场党委副书记、场长,武汉市东西湖区委常委、区政府副区长,武汉市汉南区委副书记、区政府区长,武汉市新洲区委书记,武汉市民政局局长、党组书记,武汉市政府市长助理,湖北省经济和信息化委员会副主任、党组副书记,荆门市委副书记、市政府市长,荆门市委书记、市人大常委会主任,荆门军分区党委第一书记;武汉市委副书记,市政府市长、党组书记,十届、十一届湖北省委委员。现任湖北省人大常委会党组成员、副主任。

(9)黄耕,男,1982年7月毕业于武汉化工学院化工机械专业,获工学学士学位。同年进入中国五环化学工程公司工作,期间历任室主任,公司副总经理、总经理兼党委书记,控股公司董事长。1988至1990年任湖北省潜江市科技副市长。1996年被评为"湖北省有突出贡献的中青年专家",1997年被评为"化工部有突出贡献的中青年专家",同年,经国家人事部批准享受政府专家津贴。2000至2006年,分别获武汉市"劳动模范"、武汉市"老劳模新标兵"和湖北省"劳动模范"光荣称号。

(10)黄跃安,男,1982年7月毕业于武汉化工学院自动化专业,获工学学士学位;1982至1990年,在武汉化工学院任教;1990至2000年,在中国长城计算机深圳股份有限公司武汉分公司任总经理助理;2000至2005年,任武汉长城宽带网络服务有限公司总经理;2005年至今,任长城宽带网络服务有限公司深圳分公司总经理。

(11)雷进杰,男,1982年7月毕业于武汉化工学院无机化工专业,获工学学士学位,同年分配到江汉油田工作。1999年获石油大学管理学硕士学位,教授级高级工程师。先后任江汉石油管理局环保绿化处副处长,盐化工总厂副厂长、厂长。2002年4月,任江汉油田副总工程师兼盐化工总厂厂长。曾荣获中国石化集团公司"有特殊贡献的科技与管理专家"、"勤政廉洁优秀领导干部"和湖北省"领导干部廉政典型"等称号。

(12)刘兴平,男,1982年7月毕业于武汉化工学院无机化工专业;1982至1986年,任原沙市农药厂氯碱车间技术员;1986至1996年,任湖北沙隆达股份有限公司设计院设计员;1996至1998年,任湖北沙隆达股份有限公司电化厂副厂长、厂长;1998至1999年,任湖北沙隆达股份有限公司副总经理;1999至2004年,任湖北沙隆达股份有限公司副董事长、总经理;2004至2005年,任荆州沙隆达控股有限公司董事、副总经理、党委委员,湖北沙隆达股份有限公司董事、党委副书记;2005至2006年8月,任荆州沙隆达控股有限公司董事、副总经理、党委委员,湖北沙隆达股份有限公司董事;2006年8月至今,任荆州沙隆达控股有限公司董事、总经理、党委委员,湖北沙隆达股份有限公司董事、党委委员。

(13)帅健,男,1982年7月毕业于武汉化工学院化工机械专业,获工学学士学位;1987年中国石油大学北京研究生部石油机械专业硕士研究生毕业,获工学硕士学位;

2000年中国石油大学油气储运工程专业博士研究生毕业，获工学博士学位。现任中国石油大学(北京)石油工程学院教授、博士生导师、安全科学与工程学科负责人、学院学术委员会主任。

（14）唐有运，男，1982年毕业于武汉化工学院，高级工程师，中国化工学会化工安全专业委员会委员，湖北省化学化工学会常务理事。1982年8月至1991年1月在广水市化肥厂工作，历任技术员、生产技术股长、副厂长等职务；1991年1月至今在湖北省黄麦岭磷化工集团公司工作，历任酸肥工程部副主任、总经理助理等职务，1998年1月起至今任公司副总经理，负责全公司的生产管理工作。

（15）邹泽民，男，1982年毕业于武汉化工学院，大学毕业后分配到天津碱厂。邹泽民同志在国内纯碱行业拥有较高权威，其作为第一发明人的"冷析结晶内加盐增产工业氯化铵的方法"和"螺杆轴承改用通轴"已受理申请专利，其撰写的论文多次在全国范围内获奖。负责组织的天津碱厂碳酸二甲酯、二甲醚项目被列入天津市科委攻关项目；合成氨原料油改煤工程成为国家示范项目。担任副总指挥的天津碱厂搬迁改造项目被市委、市政府列为滨海新区建设启动项目。2004年2月，邹泽民同志当选为天津市海洋化工学会主席，同年7月被聘为中国氮肥工业协会专家委员会委员。2005年12月，被天津市政府授予纯碱制造专家称号，成为全市首批授衔专家之一。历任天津渤海化工集团有限责任公司副总工程师、对外合作开发办公室主任，天津渤化永利化工股份有限公司常务副总经理。2016年5月任天津渤海化工集团有限责任公司总工程师。

（16）张纲，男，1982年7月毕业于武汉化工学院化工机械专业。曾任湖北省劳动和社会保障厅副厅长，主管劳动就业、失业保险、安全生产等工作。1999年8月，调任国家质量监督检验检疫总局(现国家市场监督管理总局)特种设备安全监察局局长。2008年8月，任国家质量监督检验检疫总局总工程师。2011年2月，被温家宝总理聘任为国务院参事。2011年10月，担任中国特种设备安全与节能促进会首任会长。现任中国标准化专家委员会副主任、国家制造强国建设战略咨询委员会委员、国家产业基础专家委员会副主任兼产业技术基础专项组组长。

多年来，致力于特种设备安全与节能事业发展，推进法制建设、体制完善、机制创新，2003年3月国务院颁布《特种设备安全监察条例》，2013年6月全国人大审议通过《特种设备安全法》，全国特种设备安全状况得到根本性改善。

近些年来，持续参与国家重大咨询项目研究。2009年，担任《质量发展纲要（2011—2020年）》起草小组组长，该纲要于2012年1月由国务院印发。2009年，担任"国家产品质量指标体系研究"联合工作组组长，并主持起草中国第一份《中国质量发展报告》。2013年后，担任"制造强国战略研究""工业强基战略研究"质量课题组组长，支撑《中国制造 2025》等多个中长期规划研制出台。2018 年至今,担任"国家标准化发展战略研究"项目组副组长兼综合组联合组长,支撑《国家标准化发展纲要》研制出台。

(17) 杨驰升,男,武汉江夏人,1986 年毕业于武汉化工学院矿山机械专业。现任武汉市第十五届人大代表,中国工程机械工业协会代理商委员会常务副会长、执行会长,北京武汉企业商会会长,北京湖北企业商会常务副会长,北京市青年企业家协会副会长,武汉工程大学校友总会副会长、北京校友会会长。被评为武汉市招商大使,北京市通州区"优秀企业经营者"、北京市通州区"功德之星"、北京通州区十大杰出人才。

杨驰升先后在国家机械工业部和南方物产集团北京公司任职,并于 1997 年创立了北京恒日工程机械有限公司,任董事长至今。公司业务涵盖整机销售、租赁、仓储物流等,是国内矿山、路桥、水利、地产、铁路、物流等基础建设行业的央企、优秀民企的战略合作伙伴,是中国工程机械工业协会代理商委员会常务副会长单位,并连续多年被评为中国工程机械服务五十强企业。

作为第一发起人,杨驰升还积极促成中国工程机械工业协会代理商工作委员会的组建,推动行业代理商的健康发展。

2011 年,杨驰升本着保护家乡生态、建设家乡经济、助力家乡发展的初心和情怀,成立武汉阳森生态农业有限公司并担任董事长。其在家乡武汉市江夏区湖泗街道海洋村投资建设"湖泗灛·海洋村生态养生谷",持续发展休闲农业康养产业,致力乡村振兴。公司成立至今先后获得"江夏区十大最美村湾""携程网·全国必睡美宿""武汉市首批乡村休闲游示范村""全国十二个美丽乡村优秀设计奖""武汉市乡村被动式节能建筑示范"等荣誉。

(18) 袁卫东,男,1982 年 8 月毕业于武汉化工学院化机专业,1982 年 8 月至 1999 年 11 月,先后任湖北省化肥厂尿素车间技术员、尿素车间副主任、修配车间主任、副总工程师兼动力工程处处长;1999 年 11 月至 2001 年 1 月任宜昌开发区管委会副主任;2001 年 1 月至 2011 年 10 月,先后任当阳市委副书记、市政府市长、当阳市委书记、市人大常委会主任(其间,2003 年 8 月至 2003 年 9 月在浙江杭州市富阳挂职,2008 年 9 月参加中组部领导干部经济管理研讨班学习);2011 年 10 月至 2012 年 1 月任宜昌市委副秘书长;2012 年 1 月至 2019 年 4 月任宜昌市人民政府副市长、党组成员;2019 年 4 月至 2021 年 3 月任宜昌市委副书记、市委政法委书记;2021 年 3 月任宜昌市人大常委会党组副书记、副主任提名候选人;2021 年 4 月任湖北省宜昌市人大常委会党组副书记、副主任。

(19) 王喜良,男,1983 年 6 月毕业于武汉化工学院选矿专业。1983 年 8 月参加工作。历任昆明冶金研究院副院长、院长,昆明冶金研究院新材料股份有限公司总经理、副董事长、曲靖市副市长、云南省经济委员会副主任、云南省发展和改革委员会党组副书记、副主任等职。2011年11月任云南省发展和改革委员会党组书记、副主任；2013年1月任云南省发展和改革委员会主任、党组书记；2015年10月任云南省昆明市委副书记、代市长；2016年1月至2021年1月任云南省昆明市委副书记、市长、市政府党组书记。

(20)陈晓，男，1983年7月毕业于武汉化工学院，获工学学士学位。1983年8月至1986年8月，在原国家化学工业部中国化工装备总公司工作；1989年7月，毕业于中国科技大学管理工程专业，工学硕士；1989年8月至1990年7月，在原国家劳动部信息中心工作；1996年12月，毕业于美国杜兰(Tulane)大学，经济学博士；1997年3月至2003年11月，在清华大学经济管理学院任教；2003年12月起，清华大学经济管理学院教授、博士生导师。

(21)李成，男，1983年7月毕业于武汉化工学院化工机械专业，获工学学士学位，同年分配到广州石化总厂工作。1985年8月至1997年7月，先后任广州石化总厂车间副主任、主任、炼油厂副厂长、总厂运销处副处长、机修厂厂长兼党委书记；1997年8月至2000年6月，任中国石化广州石化总厂副厂长；2000年6月至2005年8月，先后任广东省广星轻工集团有限公司董事、总经理、党委委员、党委副书记(其间，2002年8月至2003年8月，参加广东省第四期高层次管理人才培训班赴英国莱斯特大学进修)；2005年8月至2011年4月，任广东省广新外贸集团有限公司董事、总经理、党委副书记(其间，2008年5月至2010年10月，在长江商学院高级管理人员工商管理硕士专业学习)；2011年4月至2016年6月，在广东省广新控股集团有限公司先后任董事、总经理、党委副书记、董事长、党委书记；曾任广东省人民政府拟国有资产监督管理委员会党委副书记、主任。

(22)宁晓明，男，1983年7月毕业于武汉化工学院机械工程系，获工学学士学位。1987年9月至1990年1月，在东北工学院(现东北大学)机械一系攻读硕士学位。1995年11月至1997年1月，在德国柏林工业大学机床与加工技术研究所做访问学者。在正式出版刊物上公开发表论文20余篇，参编教材3本，译著1部。熟悉英、德两门外国语。1983年8月至2002年8月，在连云港化工高等专科学校工作，历任实习工厂副厂长、化工系副主任(主持工作)、校长助理、副校长。2002年8月起任淮海工学院副院长、党委委员，分管学生工作，以及团委、保卫处、武装部工作，2004年12月任党委副书记。曾获"江苏省新长征突击手""江苏省优秀青年骨干教师""连云港市十佳青年园丁""连云港市先进教育工作者""连云港市新长征突击手"等荣誉称号。现任江苏海洋大学校长、中国工程图学学会会员、连云港市计算机学会副理事长、连云港市CAD应用工程专家组组长、东海县科技顾问、连云港市归国留学人员联合会会

(23)柯映林,男,1983年毕业于武汉工程大学(原武汉化工学院)矿山机械专业,1988年于南京航空航天大学机械工程系获硕士学位,1992年毕业于南京航空航天大学,获工学博士学位。1992年进入浙江大学机械制造及自动化专业从事博士后研究,1997年破格晋升教授,2010年聘为浙江大学求是特聘教授,2014年获国家技术发明奖二等奖(第一获奖人)。现为浙江大学求是特聘教授、博士生导师,浙江大学国防科学技术研究院副院长、中国高校制造技术与机床研究会副理事长。主要研究先进制造工艺及装备技术(包括飞机数字化装配技术和系统、难加工材料加工新技术)。

(24)余少发,男,毕业于武汉工程大学,湖北麻城人,现任湖北精信控股有限公司董事长。双高职称(正高职高级工程师、高级经济师),国务院政府特殊津贴专家,襄阳市优秀技术人才,全国化学标准化技术委员会化工催化剂分技术委员会(SAC/TC63/SC10)委员兼副秘书长、硫和硫酸分技术委员会(SAC/TC63/SC7)委员,湖北省工商联执委,湖北省高新技术协会常务理事,湖北化学与生物工程理事,襄阳市人大代表,襄阳十大创新领军人物,襄阳首届十大经济风云人物。

长期从事硫酸生产用催化剂的研究,企业产学研技术创新带头人。先后主持完成国家级、省部级科研项目20余项,发表论文10余篇,获国家发明专利8项、实用新型专利16项,获湖北省科技进步奖三等奖1项、襄阳市科技进步奖一等奖1项,经省级鉴定获国际先进、国内领先等水平的科技成果2项。

(25)张奇,男,1983年7月毕业于武汉化工学院化学工程系,工学学士,教授级高级工程师,中国医药工程设计协会副会长,国家注册化工工程师管理委员会委员,湖北省有突出贡献的中青年专家,并享受国务院政府特殊津贴。1983年毕业分配至武汉制药厂工作,1987年调入原国家医药管理局武汉医药设计院(现中国医药集团武汉医药设计院)工作,曾任设计室主任、院长助理、院长。先后主持设计了近30项医药工程设计项目,其中作为项目总负责人主持设计的"南京同仁堂制药厂制剂楼改造工程"获国家优秀工程设计三等奖、全国医药优秀工程设计二等奖。任院长以来,重视技术工作,任期内设计院有28项工程获国家级、省部级优秀设计奖。

(26)宋开荣,男,汉族,生于1962年7月15日,祖籍湖北天门多宝镇革新村,1984年7月参加工作,毕业于武汉化工学院无机化工专业,博士、教授级高级工程师。历任原襄樊市氮肥厂调度、车间主任、书记、分厂厂长、经销公司经理、副厂长,原襄樊市无机化工总厂党委书记兼副厂长,襄阳天舜化工集团有限公司、天九化工有限公司党委书记、董事长兼总经理,襄阳天丽国际家居建材有限公司董事长,襄阳科能机电设备有限公司董事长,襄阳天舜化工集团董事局主席,襄阳泽东新能源发展公司董事长。现任襄阳泽东化工集团股份有限公司党委书记、董事局主席。

现任社会职务：湖北省企业联合会、企业家协会副会长，中南民族大学产业教授，襄阳市工商业联合会副主席，武汉工程大学襄阳校友会会长。

主要著作有《宋开荣文集》（一至九卷）、《宋开荣诗词选集》（一至三卷）、《泽东本质安全管理法》，其中《泽东本质安全管理法》荣获国家级现代化企业管理创新成果二等奖、湖北省企业管理现代化创新成果一等奖。

(27)佘远斌，男，欧洲自然科学院院士，1984年毕业于武汉化工学院化工系无机化工专业，获学士学位；1987年毕业于北京工业大学环化系，获硕士学位，师从李琬教授；1997年毕业于大连理工大学化工学院，获博士学位，师从杨锦宗院士。1987年至今在北京工业大学任教，历任助教(1987-1990年)、讲师(1990-1995年)、副教授(1995-1999年)、教授(1999年至今)、博士生导师(2002年至今)。现任北京工业大学环境与能源工程学院教授、博士生导师，化学化工系主任，绿色化学研究所所长，应用化学博士点和化学工程与技术一级硕士点责任教授。主要从事绿色化学与仿生催化、精细有机合成方面的教学及科研工作。

(28)袁明，男，1984年毕业于武汉化工学院(现武汉工程大学)化工系有机专业，1987年7月至1991年7月，在湖北省化学研究所橡胶研究室担任工程师；1991年7月至1992年4月，任湖北省化学研究所科研科副科长、工程师；1992年4月至1994年，任湖北省化学研究所科研科科长；1994年至2000年4月，任湖北省化学研究所科技办公室副主任、高级工程师；1995年5月至2000年4月，任湖北省化学研究所所长助理；2000年4月至2002年4月，任湖北省化学研究所党委委员、副所长；2000年至2002年，武汉大学商学院研究生班结业。现任湖北省化学研究院副院长、党委委员，高级工程师，享受国务院特殊政府津贴专家，湖北省新世纪高层次人才工程第二层次人选，湖北省五一劳动奖章获得者，湖北省化学化工学会常务理事，湖北省化学化工学会、有机石油专业委员会主任委员。《化学与生物工程》编委会副主任委员。

(29)张文学，男，汉族，湖北松滋人，1969年7月出生，1991年7月参加工作，1991年1月加入中国共产党，博士研究生学历，法学博士学位，博士生导师，教授，现任湖北汽车工业学院党委书记。1987年9月至1991年6月在武汉化工学院矿山系选矿工程专业学习。

(30)张文学，男，1984年7月毕业于武汉化工学院选矿专业。1984年7月至1985年2月，在昆阳磷矿矿务局海口磷矿工作，历任基建技术员、宣传干事、矿团委书记；1985年2月至1987年5月，在昆阳磷矿矿务局整党办公室工作；1987年5月至1988年2月，任昆阳磷矿矿务局团委副书记(主持工作)；1988年2月至1991年4月，任昆阳磷矿矿务局机汽修厂副厂长，分管经营工作；1991年4月至2015年11月，先后任云南磷化集团有限公司进出口处副处长，云南磷化集团有限公司营销总公司副总经理、总经理,云南磷化集团有限公司副总经理、党委副书记、总经理、党委书记,云天化集团有限责任公司副总经理、副董事长等职。2015年11月任云天化集团有限责任公司党委书记、董事长。

(31)丁振范,男,1986年7月毕业于武汉化工学院机械系矿业机械专业;1986年7月至1989年7月,任燕化建筑工程公司机械队技术员、工长;1989年7月至1993年1月,任燕化建筑工程公司团委书记;1993年1月至1994年1月,任燕化建筑工程公司金属结构厂厂长;1993年7月至1995年6月,中国人民大学工商管理(MBA)学院学生;1994年1月至1996年7月,任燕化建筑工程公司经理助理;1996年7月至1997年8月,任燕化建筑工程公司副经理;1997年8月至2000年9月,任燕化公司民用工程处副处长;2000年9月至2002年9月,任燕化建筑工程公司副经理兼党委副书记、纪委书记;2002年9月至2005年8月,任燕化建筑工程公司党委书记兼纪委书记;2005年8月至今,任燕化天钲建筑工程有限责任公司董事长、总经理、党委书记、纪委书记。

(32)梅建华,汉族,1986年7月毕业于武汉化工学院化学矿山机械专业,1986年7月参加工作。1986年7月,担任武汉化工学院院长办公室干部,1990年6月,任武汉化工学院院长办公室接待科副科长。历任山东省莱芜市委副书记,市人民政府副市长、市长、市委书记。现任山东省委组织部副部长,省人力资源社会保障厅党组书记、厅长。第十三届全国人大代表,十一届山东省委委员,山东省第十三届人大代表。

(33)罗新富,男,1986年7月毕业于武汉化工学院仪表自动化专业。1986年7月至1987年9月,在上海炼油厂仪表车间实习;1987年9月至1989年12月,任上海炼油厂团委干事、副书记、党委委员;1989年12月至1990年8月,任中国石化上海高桥石化公司团委副书记;1990年8月至1993年5月,任中国石化上海高桥石化公司团委书记;1993年5月至1997年1月,任中国石化上海高桥石化公司原油办公室负责人;1993年11月至1997年1月,任上海高桥石化国际贸易公司副总经理;1994年4月至1997年1月,任中石化(香港)有限公司原油部副总经理;1997年1月至1997年10月,任中国石化上海高桥石化国际贸易公司副经理(主持工作);1997年10月至2003年4月,任中国石化上海高桥石化国际贸易公司总经理兼外事外资合作处处长;2003年4月至2004年7月,任中国石化上海高桥分公司副经理,兼任上海高桥石化国际贸易公司经理、外事外资合作处处长。2004年8月至2007年8月,任中国石化上海分公司副经理、总法律顾问;2007年8月至2018年3月,任中国石化上海高桥石化公司党委副书记、监事会主席、纪委书记、工会主席;2018年3月至2021年3月,任上海国烨集团控股有限公司董事长;2021年3月至今,任上海蓝科石化环保科技股份有限公司副总经理。获得中国石化有突出贡献的科技和管理专家称号,是共青团第十三次全国代表大会代表、中共上海市第十次代表大会代表、浦东新区第六届人民代表大会代表。

高级工程师、教授级高级政工师。

(34)史铁京,男,1986年7月毕业于武汉化工学院化学工程专业。1986至1989年在北京燕山石化公司化工二厂工作,任工艺员;1989至1993年在湖北宜昌焦化厂工作,任质检中心主任;1993至1996年就读于华中科技大学应用化学专业,获工学硕士学位;1996至2001年工作于武汉凯迪精细化工有限公司,先后任工程师、总工程师、总经理;2001年创立湖北海力环保科技有限公司,从事水处理研究与治理。在随后的几年中创立了湖北海力(集团)公司,包括湖北海力环保科技股份有限公司、武汉海鼎化工有限公司、武汉凯瑞达环保工程有限公司、武汉海力特科技有限公司、湖北海汇化工科技有限公司。业务范围涵盖污水处理设计施工总包、水处理运营维保、细化工产品的研制、生产及销售。拥有2个生产基地,鄂州葛店生产基地、黄冈火车站化工园区工厂。

(35)许少汕,男,1986年7月毕业于武汉化工学院化工机械专业。1986年7月至1988年5月在深圳市化工设计院工作;1988年5月至1989年10月在深圳市万科公司工作;1989年10月至1991年1月,任深圳市海滨化工实业发展有限公司总经理;1991年1月至1994年7月,任深圳市伯方化工实业发展有限公司董事长;1994年7月至1998年11月,任深圳市固加新型化工材料有限公司总经理;1998年11月至今,任深圳市固加实业发展有限公司总经理。

(36)苟辉忠,男,1987年7月毕业于武汉化工学院化工系有机化工专业,工学学士。同年分配到泸天化油脂化学股份有限公司工作至今,先后担任过技术员(1987年7月至1992年2月)、车间副主任、主任(1992年3月至1996年7月)、生产部部长、总经理助理(1996年8月至1997年12月)、副总经理(1998年1月至2000年10月)、总经理(2000年10月至今)。2002年9月至2004年7月,四川大学工商管理学院获MBA学位。

(37)刘伯华,男,1987年7月毕业于武汉化工学院矿山系采矿工程专业;1987年7月至1992年6月,任梅山铁矿采矿场车间干部、副主任、主任;1992年6月至1994年4月,任梅山铁矿采矿场场长助理;1994年4月至1995年7月,任梅山铁矿采矿场副场长;1995年7月至1996年7月,任梅山矿业公司董事、采矿场场长;1996年7月至2002年1月,任梅山矿业公司副董事长兼经理;2002年1月至2002年7月,任梅山公司总经理助理兼矿业公司副董事长、经理;2002年7月至2006年5月,任宝钢集团上海梅山有限公司副总经理;2004年2月至2006年1月,任嘉峪关市委常委、副市长(挂职);2006年8月至今,任宝钢贸易有限公司党委书记、副总经理。

(38)汤吉彦,男,1987年7月毕业于武汉化工学院有机化工专业,同年分配到天津大沽化工厂(现天津大沽化工股份有限公司)工作至今。该同志一直从事化工生产技术与管理工作,熟悉并掌握本专业技术领域发展的研究方向及重要课题,同时在化工生产与管理方面具有较高水平,是一位复合型人才。其主持参加"九五"重点科技攻关项目——聚合工艺优化与控制、聚合物后处理技术开发两个项目的立项和攻关,使国产聚合釜生产能力提高一倍,年净增加利润8649万元,使汽提后浆料含氯乙烯达国际先进水平。其中聚合工艺优化与控制获天津市科技进步奖一等奖,聚合物后处理技术开发获二等奖。

(39)解孝林,男,1987年7月毕业于武汉化工学院,获工学学士学位,1990年毕业于成都科技大学,获工学硕士学位,1996年3月毕业于四川联合大学,获工学博士学位,然后进入浙江大学聚合反应工程国家重点实验室做博士后研究,1997年12月到华中科技大学化学系工作。1998年12月至1999年10月、2000年6月至2000年11月和2001年7月至2001年12月,三次赴香港城市大学物理与材料科学系、香港理工大学制造工程系合作研究。2003年4月至2004年3月赴澳大利亚悉尼大学先进材料技术中心与米耀荣院士合作,从事液晶高分子、高分子纳米复合材料的研究。2010年获国家自然科学二等奖。2018年6月至今,任华中科技大学党委常委、副校长。

(40)丁庆荣,男,1989年7月毕业于武汉化工学院机械专业,工学学士,同年分配到湖北宜昌磷化工业集团公司工作。1989年6月至1990年1月在宜昌地区殷盐矿务局实习锻炼;1990年1月至1993年10月任宜昌磷化工业集团公司团委书记、秘书;1993年10月至1997年1月任宜昌宏达铝业有限责任公司常务副总经理;1997年1月至1999年12月任远安原宜化工有限责任公司党委书记、董事长、总经理;1999年12月至2000年3月任国投原宜磷化股份有限公司党委委员、常务副总经理;2000年3月至2005年12月任宜昌富磷化工集团有限责任公司党委书记、董事长、总经理;2005年12月至2006年08月,任宜昌市华信交通建设投资有限公司党委书记、董事长、总经理;2012年07月至2016年10月,任宜昌市公路管理局党委书记、局长;2019年3月,任湖北省宜昌市经济和信息化局局长 。

(41)吴海全,男,汉族,1967年4月出生,毕业于武汉化工学院机械工程系矿业机械专业,现为深圳市冠旭电子股份有限公司董事长,深圳市龙岗区工业设计协会会长。吴海全是深圳市第七届人大代表,2020年广东省劳动模范,2021年广东省专利奖,2019年、2020年深圳市专利奖,2019年深圳市科技进步二等奖获得者,2018年深圳市地方级领军人才,2008年担任北京奥运火炬手。先后主导了2项国家发改委高新技术产业化项目及3项广东省、深圳市重点新产品研发、重大技术攻关项目。荣获中国工业设计金奖提名奖、美国Good Design及美国CES等40多项国内国际创新、设计大奖。冠旭电子是深圳市老字号,深圳500强企业,深圳100强文化企业。于2021年在广东肇庆投资15亿元建设智能制造产业园,于2020年在菲律宾国家保税区投资 6 亿元建设智能声学制造基地。冠旭电子自主研发的智能音频降噪技术在降噪幅度、峰值、音效和自适应等方面取得重大突破并处于行业前沿水平,打破了国外的技术垄断,在全球智能耳机专利申请数量上,冠旭电子名列第七,紧跟苹果(第 5 名)和高通(第 6 名)。自有品牌 Cleer 带语音模式高端智能音响 Crescent 心月 被美国《新闻周刊》列为 2020 年度全球 12 个最高技术产品之一。

(42)张秋兰,女,1991 年 6 月毕业于武汉化工学院化工设备与机械专业。1991 年 8 月至 1993 年 8 月就职于甘肃省化工设计院,任助理工程师;1993 年 9 月至 2003 年 1 月就职于兰州人民广播电台,任节目主持人;2003 年 2 月至今就职于陕西人民广播电台,任节目主持人。

(43)吉新鹏,男,2007 年 6 月毕业于武汉工程大学国际经济与贸易专业,2010 年 5 月毕业于武汉工程大学经济管理硕士研究生。吉新鹏是中国首位获得奥运会羽毛球男子单打冠军的选手,2000 年男子羽毛球单打世界排名第一。在各种羽毛球大赛上,曾取得骄人战绩:1996 年全国锦标赛,获男单第五名;1999 年中国公开赛,获男单第五名;2000 年 3 月瑞士公开赛,获男单亚军;2000 年 3 月全英公开赛,获男单第三名;2000 年 4 月日本公开赛,获男单冠军;2000 年 9 月获悉尼奥运会男单冠军;2001 年获苏迪曼杯冠军。吉新鹏目前担任国家羽毛球队男单组教练、厦门市体育局竞技体育运动项目管理中心副主任。

(44)胡二甫,男,1967 年 9 月 5 日出生于湖北省通城县,汉族,中共党员。1989 年 6 月毕业于武汉化工学院自动化专业,同年 7 月分配至中国化学工程第六建设有限公司,现任公司董事长、总经理职务。在中国化学工程第六建设有限公司工作期间,先后担任计控中心助理工程师、化工机械厂助理工程师、化工机械厂铆焊车间副主任、化工机械厂金工车间主任、化工机械厂安装二队安装队长、贵阳公司副经理、贵阳公司经理、公司经理助理兼贵阳公司经理、公司总经济师、公司副总经理、公司董事兼副总经理、公司董事兼总经理、公司董事长兼总经理职务。近些年,先后获湖北省"劳动模范"、湖北省"优秀企业家"、中国工程建设"贯彻实施建筑施工安全标准先进个人"、"全国化工工程建设企业优秀董事长"、"全国优秀施工企业家"等称号和荣誉。

(45)游世学,1971 年出生于湖北省天门市九真镇,1989 年从天门中学考入武汉化工学院机械系,1993 年进入北京化工学校任教,1996 年辞职下海,1999 年创办北京中科汇联信息技术有限公司(现改名为北京中科汇联科技股份有限公司)。现为中科汇联科技股份有限公司 CEO。1996 年至 1999 年,曾任清华同方光盘公司技术总监、副总经理,参与规划建设 99 昆明世界园艺博览会 IT 系统项目。作为国家光盘研究中心研究员,完成大型多媒体作品《长城的故事》,荣获当年法国莫比斯多媒体大赛优秀奖。1999 年创立的北京中科汇联信息技术有限公司,成为总部在北京,分部设在上海、杭州、广州和武汉的中国电子政务百强企业。同时,中科汇联也称为中国最领先的内容管理提供商,3C(content, collaboration, commerce)信息化管理方面的专家,为2500多家企业和政府机构提供服务,包括为通用电气(GE)、索尼爱立信、中央办公厅、中华人民共和国海关总署、国家外汇管理局、中国银保监会、中国人民银行、中化集团、人保集团等机构提供内容管理和解决方案服务。

(46)黄炎勋,1963年出生,武汉工程大学矿机专业毕业,获学士学位,高级工程师。现任安信证券股份有限公司党委书记、董事长。曾任国家开发投资公司资本运营部总经理,国投资本控股有限公司总经理,中国投融资担保股份有限公司党委书记、董事长,渤海银行股份有限公司董事,锦泰财产保险股份有限公司董事,国投财务有限公司董事,国投创新基金管理公司董事长,海峡汇富产业投资基金管理公司董事,中国国际商会常务理事,中国融资担保业协会会长。

三、教学成果奖一览表

获奖时间	获奖等级	项目名称	成果完成单位	获奖者
2014年	国家级二等奖	"E+"双专业一体化复合型人才培养模式研究与实践	武汉工程大学	王存文、韩高军、张媛媛、彭石玉、涂朝莲、王婉华、杜朝明、李琼
2022年	省特等奖	"化育天工"教学文化铸魂新工科,提升地方高校化工人才竞争力的研究与实践	武汉工程大学	喻发全、周德红、张三元、付书科、涂朝莲、于传浩、熊芸、付艳锋
2022年	省一等奖	面向新工科的地方高校智能科学与技术专业人才培养实践	武汉工程大学	张彦铎、卢涛、吴云韬、黄巍、李晖、张俊、徐文霞、刘玮
2022年	省一等奖	新时代地方工科高校三实三融实践育人体系的构建与实践——以材料类专业为例	武汉工程大学	刘治田、张占辉、熊礼威、付萍、李鹏程、宋巧利、侯敏、张艳梅
2022年	省一等奖	"三位一体+五维协同+闭环监管"的土建类本科人才培养模式创新与实践	武汉工程大学	陈旭勇、吴巧云、隗剑秋、卢海林、彭玉玲、舒苏荀、徐伟、王章琼
2022年	省一等奖	产教融合"兴发模式"协同育人机制构建与实践	武汉工程大学	池汝安、周德红、周芳、昝曼卿、何东升、李洪强、康钦容、张美

续表

获奖时间	获奖等级	项目名称	成果完成单位	获奖者
2022年	省一等奖	湖北高校楚课联盟在线开放课程建设与应用	湖北大学、中南民族大学、武汉科技大学、武汉工程大学、江汉大学、武汉纺织大学	章天金、许紫薇、宋发军、程光文、李其锋、韩高军、刘冰欣、周昕、何畏
2022年	省一等奖	"大力学观"下土木–水利类专业力学课程群建设的创新与实践	三峡大学、武汉工程大学	刘章军、彭辉、曾德贤、徐丰、叶永、李元松、周小龙、王继保
2022年	省二等奖	高校思政小课堂同社会大课堂合力育人模式研究与实践	武汉工程大学	舒先林、杨克平、余伟斌、常城、贺新芳、金诗灿、吴秋凤、何景春
2022年	省二等奖	"科教融合、协同育人"化工自动化类创新拔尖人才培养体系构建与实践	武汉工程大学	洪汉玉、田斌、黄自鑫、王利恒、袁华、陈柳、陈明芳、卓旭升
2022年	省二等奖	以培养学生工程创新能力为特色的制药工程国家一流专业建设实践	武汉工程大学	张珩、刘根炎、刘子维、葛燕丽、张秀兰、古双喜、龙思会、刘慧
2022年	省二等奖	研究生全面工程教育高质量发展评价研究与实践	武汉工程大学	黄艳、韩高军、熊伦、徐素华、卢涛、刘念、金明浩、雷家彬
2022年	省二等奖	"提升工程素养,强化创新能力"的"四位一体"工科物理课程改革与实践	武汉工程大学	熊伦、张昱、余雪里、秦平力、李圆媛、刘阳、马良、叶晓江
2022年	省三等奖	地方院校机械类创新人才 ACTIVE 培养模式探索与实践	武汉工程大学	陈绪兵、曹鹏彬、徐青山、李芳、毛金城、何家胜、郑小涛、杨红
2022年	省三等奖	"师生学习共同体"视域下地方高校复合型管理人才培养的探索与实践	武汉工程大学	吴诗嫚、冯兵、闫华飞、娄晓雯、孙细明、盛义龙、明均仁、张宗祥
2022年	省三等奖	工程认证视域下地方高校高分子一流专业人才培养模式的创新与实践	武汉工程大学	江学良、游峰、姚楚、曾小平、吴江渝、姚军龙、王涛、黄华波

续表

获奖时间	获奖等级	项目名称	成果完成单位	获奖者
2022年	省三等奖	"一教二主三化"地方高校生物类课程教学改革的实践	武汉工程大学	韩新才、孔海霞、熊艺、陈孝平、靳晓芸、赵喜红、肖春桥、程波
2022年	省三等奖	技术赋能驱动下中外融通型高端语言服务人才培养探索与实践	武汉工程大学	彭石玉、邓军涛、杨建兵、汪桂芬、别尽秋、徐思思、郑剑委、王振洪
2018年	省一等奖	地方行业大学"两型两化"人才培养模式改革的实践探索	武汉工程大学	韩高军、雷家彬、涂朝莲、李琼、金明浩、王凯、刘治田、付艳锋
2018年	省一等奖	科研促进教学的电子信息大类课程新体系的构建与实践	武汉工程大学	洪汉玉、邹连英、曹新莉、程莉、陈艳菲、王利恒、陈柳、田怡
2018年	省一等奖	"1+X"全程导师制实证研究	武汉工程大学	许承光、金明浩、朱虹、刘念、郑睿、李捷枚、冯兵、杨克平
2018年	省一等奖	电气信息类"4441"钻石型人才培养模式探索与实践——工程实验班实证研究	武汉工程大学	杨述斌、易先军、王利恒、文小玲、刘健、王振、杨帆、黄元峰
2018年	省一等奖	三管齐下全面提高制药工程专业教学质量水平的研究与实践	武汉工程大学	张珩、王凯、张秀兰、王存文、万春杰、喻发全、古双喜、龙思会
2018年	省一等奖	土建类专业全过程体验式实践教学模式的构建与实践	长江大学、武汉工程大学	曾磊、杜国锋、卢海林、黄文雄、李文芳、刘晓锋、黄向阳、陈旭勇
2018年	省二等奖	建设化工专业核心精品课程,培养学生解决复杂工程问题能力	武汉工程大学	刘生鹏、丁一刚、孙国锋、熊芸、覃远航、高友智、余响林、闫志国
2018年	省二等奖	基于"交互英语教学云平台"的大学英语教学改革与实践	武汉工程大学	彭石玉、陈明芳、张媛媛、余红顺、高凡、罗琼、李小艳、陈扮

续表

获奖时间	获奖等级	项目名称	成果完成单位	获奖者
2018年	省二等奖	强化专业联盟合作办学，实现省内高校计算机类专业建设水平的共同提高	武汉工程大学、湖北工业大学、湖北第二师范学院、武汉纺织大学、武汉轻工大学、湖北经济学院、湖北大学、中南民族大学	王海晖、叶志伟、雷建军、胡新荣、阮灵、汪波、王时绘、李子茂
2018年	省二等奖	地方高校多元化复合型会计人才培养的研究与实践	武汉工程大学	许慧、冯兵、蒋瑜峰、张丹、赵爱良、魏轶敏、严也舟、卢洁琼
2018年	省二等奖	面向大化工的地方高校机械类专业应用创新型人才分层培养模式研究与实践	武汉工程大学	杨红、刘丽芳、曹鹏彬、陈绪兵、郑小涛、肖敏、林纬、徐建民
2018年	省二等奖	基于"环化结合"的复合型人才阶梯式培养模式的研究与实践	武汉工程大学	张莉、袁华、陈伟、陈嵘、程璟、赵慧平、明银安、刘汉红
2018年	省二等奖	基于"道德教育+思想引领"的高校思想政治教育教学创新研究	武汉工程大学	张文学、操菊华、舒先林、贺新芳、何景春、杨克平、王涛、司岩
2018年	省二等奖	后危机时代省属工科大学国际经济与贸易人才培养模式创新的探索与实践	武汉工程大学	韩可卫、冯兵、林云华、王覃刚、黄艳艳、郭晓玲
2018年	省二等奖	基于"五个结合"的地方高校材料类专业拔尖创新人才培养模式的改革与实践	武汉工程大学	江学良、刘治田、黄志良、马志斌、周爱军、李亮、郭庆中、游峰
2018年	省二等奖	地方高校材料科学与工程学院教学综合改革的探索与实践	武汉工程大学	刘治田、马志斌、江学良、张占辉、黄志良、谢春晖、李佳、李亮
2013年	省一等奖	"E+"双专业一体化复合型人才培养模式研究与实践	武汉工程大学	王存文、韩高军、张媛媛、彭石玉、涂朝莲、王婉华、杜朝明、李琼

续表

获奖时间	获奖等级	项目名称	成果完成单位	获奖者
2013年	省一等奖	面向需求,校企协同,构建并实施以工程实践能力为核心的应用型人才培养模式	武汉工程大学、湖北宜化集团有限责任公司	王存文、李杰、蒋远华、韩高军、喻发全、胡中功
2013年	省一等奖	制药工程师素质培养的创新研究与改革实践	武汉工程大学、合肥工业大学、四川大学	张珩、姚日生、宋航、杨艺虹、王存文、万春杰、王凯、张秀兰
2013年	省一等奖	教育信息化背景下线性代数数字化课程建设的探索与实践	武汉纺织大学、合肥学院、武汉工程大学	方文波、胡雁玲、江世宏、唐强、吴宛萍、张俊杰、王洪山、石先军
2013年	省二等奖	基于多校间同类专业合作联盟的教学质量共同提高的研究与实践	武汉工程大学、湖北工业大学、中南民族大学、武汉纺织大学、湖北经济学院、湖北第二师范学院	王海晖、邵雄凯、雷建云、胡新荣、桂超、杨莉、刘军、王春枝
2013年	省二等奖	高校政法类课程研究型教学中师生互动模式研究	武汉工程大学	许承光、朱虹、舒先林、汪洪、金明浩、周智年、刘显鹏、张舟
2013年	省二等奖	机械制图与设计课群信息链教学模式创新研究	武汉工程大学	洪汉玉、刘源、张志、何毅斌、吕亚清、程智力、吴保群、肖敏
2013年	省二等奖	创新型计算机工程科技人才的培养体系建构与典型教学实践	武汉工程大学	张彦铎、胡中功、王海晖、王忠、赵彤洲、黄巍、李伟波、张俊
2013年	省二等奖	面向工程能力培养的"CSEI"四位一体教学改革研究与实践	武汉工程大学	杨帆、胡中功、秦实宏、杨述斌、李国平、朱琥、程莉、黄元峰
2013年	省二等奖	湖北省高校毕业生就业竞争力评价与预测研究	武汉工程大学	田辉玉、黄艳、王建农、张春义、王忠
2013年	省三等奖	基于工程背景的艺术设计人才培养模式创新研究	武汉工程大学	程智力、宋奕勤、郭立群、汪尚麟、李君华、蓝江平、邱裕、范蓓

续表

获奖时间	获奖等级	项目名称	成果完成单位	获奖者
2013年	省三等奖	应用型人才培养工程数学素质的内涵与教学实践研究	武汉工程大学	熊德之、李小刚、罗进、杨雪帆、刘任何、曾华、余荣
2013年	省三等奖	依托优势学科培养材料物理专业特色人才的探索与实践	武汉工程大学	马志斌、汪建华、王传新、王升高、满卫东、付秋明、林志东、毛样武
2013年	省三等奖	复合型人才培养目标下的《大学体育》课程改革与实践	武汉工程大学	陈邦军、乐建军、郑立红、黄恩洪、李浩智、魏四成、刘飞平、黄亚彬

四、科研成果奖一览表

年度	名称	获奖名称
2002	化学反应工程基础理论及多相反应器的工程应用研究	湖北省自然科学奖二等奖
2002	聚烯烃用单干酯的研制与应用	湖北省科技进步奖三等奖
2003	大型线性目标规划及其应用	湖北省自然科学奖三等奖
2003	无溶剂一步法合成环己基甲基二甲氧基硅烷	湖北省技术发明奖三等奖
2003	多功能混凝土外加剂 WHDF 在防洪大坝中的应用	武汉市科技进步奖二等奖
2004	润滑油基础油脱氮精制成套技术及其应用	国家技术发明奖二等奖
2004	风化型稀土矿化工冶金基础理论研究	湖北省自然科学奖三等奖
2004	中国学生贷款政策与实践评价	湖北省科技进步奖二等奖
2004	柔性连续抽油杆表面防护技术的研究	湖北省科技进步奖三等奖、武汉市科技进步奖二等奖
2004	人才国际竞争力评价	第四届全国人事科研成果三等奖
2005	深层盐膏岩蠕变规律及其在石油工程中的应用	国家科技进步奖二等奖
2005	AXL—天然保健降害卷烟添加剂的研究	湖北省科技进步奖二等奖
2005	聚烯烃成核剂 HB2002	湖北省科技进步奖二等奖

续表

年度	名称	获奖名称
2005	聚丙烯固相接枝改性与水相氯化工艺中试	湖北省科技进步奖三等奖
2005	氯甲胺磷	第四届大北农科技奖励科技成果奖
2006	长江三峡水库诱发地震监测研究	湖北省科技进步奖二等奖
2006	事业单位按生产要素分配的理论模型和实现形式研究	湖北省科技进步奖三等奖
2006	ZWG—3新型胶管钢丝拉拔润滑剂	湖北省科技进步奖三等奖
2006	纳米矿物环境材料开发及处理废水工艺研究	武汉市科技进步奖三等奖
2007	多糖与茶多酚提取分离技术	湖北省技术发明奖三等奖
2007	孝襄高速公路景观生态工程研究	湖北省科技进步奖二等奖
2007	废旧编织袋回收料制造模压聚丙烯（PP）管材工艺研究	湖北省科技进步奖三等奖
2007	基于Internet及LabVIEW构建现代集成测控技术与控制系统创新实验体系	武汉市科技进步奖三等奖
2008	高热容材料保护的无液氦复杂磁场分布的超导磁体技术	北京市科学技术奖一等奖
2008	量子热机、热声热机和斯特林热机的有限时间热力学研究	湖北省自然科学奖三等奖
2008	非光气法生产妥曲珠利新工艺及噁喹酸（oxilinic acid）合成新工艺	湖北省科技进步奖二等奖
2008	高温多雨地区沥青路面结构体破坏演化的规律及控制技术研究	湖北省科技进步奖二等奖
2008	一种氧化铬超细粉体的制备方法	湖北省科技进步奖三等奖
2008	牛磺酸工艺优化及过程控制研究	湖北省科技进步奖三等奖
2008	二环戊基二甲氧基硅烷新工艺	湖北省科技进步奖三等奖
2008	高活性低硫含量氧化钙、氧化镁的制备及应用	湖北省科技进步奖三等奖
2008	S116型耐砷二氧化硫氧化制硫酸催化剂研制与应用	湖北省科技进步奖三等奖
2008	高速公路沥青路面预防性养护系统研究	湖北省科技进步奖三等奖
2008	火棘特色资源深加工技术与应用研究	湖北省科技进步奖三等奖

续表

年度	名称	获奖名称
2008	云南中低品位胶磷矿选矿技术开发与产业化	中国石油和化学工业联合会科技进步一等奖
2008	环保型多功能钢铁表面处理剂	中国石油和化学工业联合会科技进步二等奖
2008	高磁场高温超导磁体技术及其应用研究	中国机械工业科学技术奖二等奖
2008	德阳昊华清平磷矿烂泥沟矿段混合矿常温正反浮选扩大连续性试验	中国化工集团科学技术奖三等奖
2008	地方高校定位研究	武汉市科技进步奖二等奖
2008	氟苯尼考可溶性粉研究	丽水市科学技术进步奖二等奖
2009	复杂磁场分布的高热容与热导无液氦超导磁体技术	国家科学技术进步奖二等奖
2009	国家工业和信息化部（保密）	国防技术发明奖二等奖
2009	磷灰石晶体调控生长及其对毒性离子的固化机理	湖北省自然科学奖三等奖
2009	生物质活性炭制备、表征及吸附机理的研究	湖北省自然科学奖三等奖
2009	复合银催化氧化乙二醇生产乙二醛新工艺	湖北省科技进步奖一等奖
2009	O,O-二乙基硫代磷酰氯环境友好型生产新工艺	湖北省科技进步奖二等奖
2009	皂素工业水污染物排放标准	湖北省科技进步奖二等奖
2009	以环氧氯丙烷为原料合成药物阿伐它汀中间体ATS-5	湖北省科技进步奖三等奖
2009	脱砷剂生产新工艺	湖北省科技进步奖三等奖
2009	PL03高速胶印轮转油墨	湖北省科技进步奖三等奖
2009	国家矿山公园大冶铁矿主园区矿业遗迹景观设计与安全监测技术	湖北省科技进步奖三等奖
2009	重介质-双反浮选选矿技术开发与应用	湖北省科技进步奖三等奖
2009	化工产业循环经济发展模式研究	湖北发展研究奖三等奖
2009	构建大学生思想政治教育和谐机制（系列论文）	第六届湖北省社会科学优秀成果奖三等奖
2009	高储能密度的超导脉冲功率技术与应用	中国机械工业科学技术奖一等奖

续表

年度	名称	获奖名称
2009	阿伐它汀A5医药中间体4-氰基-3-羟基丁酸乙酯的工艺研究	武汉市科技进步奖三等奖
2009	基于复杂性科学的企业动态弹性及其经济学分析	武汉市第十一次社会科学优秀成果奖三等奖
2009	绩效考评中的公司政治	武汉市第十一次社会科学优秀成果奖优秀奖
2009	我国服务贸易国际竞争力分析	武汉市第十一次社会科学优秀成果奖优秀奖
2010	双环戊二烯基二氯化钛合成新工艺	湖北省技术发明奖三等奖
2010	疏松砂岩油藏低温固砂防砂工艺技术研究与应用	湖北省科技进步奖二等奖
2010	3万吨/年湿法磷酸净化连续生产工业级磷酸一铵新工艺示范项目	湖北省科技进步奖二等奖
2010	甘油甲缩醛的合成技术及其应用	湖北省科技进步奖三等奖
2010	氟化铝工业含氟废水的处理、利用及其配制方法	湖北省科技进步奖三等奖
2010	基于SDRE方法的一级旋转倒立摆控制	首届武汉市自然科学优秀学术论文奖三等奖
2011	云南中低品位胶磷矿选矿技术开发与产业化	国家科学技术进步奖二等奖
2011	色噪声、近场、非平稳环境下的阵列信号参数估计技术	湖北省自然科学奖三等奖
2011	粉状氧化铁矿多级动态磁化焙烧新工艺技术	湖北省技术发明奖三等奖
2011	中低品位胶磷矿高效捕收剂	湖北省科技进步奖三等奖
2011	HBA-163抗静电剂	湖北省科技进步奖三等奖
2011	MD电子式井下压力测试系统及工业应用	湖北省科技进步奖三等奖
2011	中等城市可持续发展绿色交通规划研究	湖北省科技进步奖三等奖
2011	非光气法生产妥曲珠利新工艺及噁喹酸合成新工艺的推广应用	湖北省科技成果推广奖三等奖
2011	国际气候合作与排放权交易制度研究	第七届湖北省社会科学优秀成果奖三等奖
2011	《Column bioleaching of metals from electronic scrap》	中国百篇最具影响国际学术论文

续表

年度	名称	获奖名称
2011	垂直助手	红点设计奖
2011	干气制氢中变气脱碳提氢技术及产业化	武汉市科技进步奖一等奖
2011	私法体系化研究	武汉市第十二次社会科学优秀成果提名奖
2011	高能效可多位一体的空调热泵机组的研制	中山市科技进步奖二等奖
2012	干气制氢中变气脱碳提氢成套技术及产业化	湖北省科技进步奖二等奖
2012	薯蓣皂素生产甾体激素新工艺	湖北省科技进步奖二等奖
2012	撞击流技术及其工业化应用	湖北省科技进步奖二等奖
2012	嵌入式数控系统关键技术研究及在专用机床中的应用	湖北省科技进步奖二等奖
2012	含氟硅渣的处理利用技术	湖北省科技进步奖三等奖
2012	基于自供电的智能配网保护系统	湖北省科技进步三等奖
2012	催化氧化法生产葡醛内酯新工艺与产业化	湖北省科技成果推广奖二等奖
2012	风化壳淋积型稀土矿化工冶金	中国石油和化学工业联合会科技进步二等奖
2012	无旋立式循环撞击流反应器的研发及其工业化应用	中国石油和化学工业联合会科技进步二等奖
2013	高场静磁装备设计理论和关键技术及应用	国家技术发明奖二等奖
2013	三类非线性偏微分方程解的性态研究	湖北省自然科学奖三等奖
2013	洁净煤重大装备自动振打除灰装置及工业应用	湖北省科技进步奖一等奖
2013	含重金属多组份渣泥能质耦合全周期低碳资源化利用技术及工程应用	湖北省科技进步奖一等奖
2013	轧机生产线钢坯实时检测识别与控制系统	湖北省科技进步奖二等奖
2013	薯蓣皂素提取及甾体化合物合成产业化	湖北省科技进步奖二等奖
2013	钠系磷酸盐生产新工艺及产业化	湖北省科技进步奖二等奖
2013	氯化苄碱解制苯甲醇新工艺及产业化	湖北省科技进步奖三等奖

续表

年度	名称	获奖名称
2013	农村股份合作制法律问题研究（系列论文）	第八届湖北省社会科学优秀成果奖三等奖
2013	东湖国家自主创新示范区知识产权（专利）情况分析——与中关村、上海张江之比较	湖北发展研究奖三等奖
2013	黄磷清洁生产新工艺研究及应用	中国石油和化学工业联合会科技进步三等奖
2013	通信直放站技术	中国石油和化工自动化行业科技进步奖三等奖
2013	非食用油脂资源生物柴油转化关键技术研究与应用	武汉市科技进步奖二等奖
2013	浩然与当代农村叙事	武汉市第十三次社会科学优秀成果奖三等奖
2013	农村股份合作经济研究	武汉市第十三次社会科学优秀成果奖三等奖
2013	东湖国家自主创新示范区知识产权（专利）情况分析——与中关村、上海张江之比较	武汉市第十三次社会科学优秀成果提名奖
2014	水性/无溶剂涂料及绿色环保工程辅料生产关键技术及应用	湖北省技术发明奖二等奖
2014	电场/脉动流混合强化传热换热器	湖北省技术发明奖三等奖
2014	不对称催化环氧化生产左磷右胺盐新工艺	湖北省科技进步奖二等奖
2014	乙醇胺生产新技术	湖北省科技进步奖二等奖
2014	中低品位胶磷矿重介质选矿技术集成应用	湖北省科技进步奖二等奖
2014	磷化行业含氟废酸多级综合利用技术	湖北省科技进步奖二等奖
2014	氮化硅结合碳化硅复合陶瓷生产新工艺及成套装备	湖北省科技进步奖二等奖
2014	道路缺陷视频图像快速检测识别技术及路网级应用	湖北省科技进步奖二等奖
2014	HBA-163抗静电剂推广与应用	湖北省科技成果推广奖三等奖
2014	湖北资源型城市可持续发展研究	湖北省发展研究奖三等奖
2014	钠系磷酸盐关键设备及生产新工艺	中国石油和化学工业联合会科技进步一等奖

续表

年度	名称	获奖名称
2014	利用中低品位磷矿直接生产磷酸一铵新工艺及其产业化	中国石油和化学工业联合会科技进步三等奖
2014	沥青路面病害图像检测识别系统及检测装备研制	中国石油和化学工业联合会科技进步三等奖
2014	水性涂料及环保型建筑工程辅料的研发及工业化应用	中国石油和化学工业联合会技术发明三等奖
2014	低品位胶磷矿筛分分级微差比重重介质分选及工业应用	宜昌市科技进步奖一等奖
2014	食用植物油转基因成分环介导等温扩增（LAMP）快速检测技术研究	中山市科技进步奖一等奖
2015	当代大学生爱国热情保护和引导的理论与实践	第七届高等学校科学研究优秀成果奖（人文社会科学）三等奖
2015	6-甲氧基哒嗪-3-羧酸的合成工艺	湖北省技术发明奖三等奖
2015	油田中温防砂新材料的生产工艺与应用	湖北省科技进步奖三等奖
2015	通信直放站技术	湖北省科技进步奖三等奖
2015	利用植物甾醇发酵生产雄烯二酮新工艺	湖北省科技进步奖三等奖
2015	FGM-KM-B．U弥散强化复合金属梯度功能材料新技术及其应用	湖北省科技进步奖三等奖
2015	氨丙基三乙氧基硅烷连续法合成新工艺	湖北省科技进步奖三等奖
2015	丁酮肟生产新技术	湖北省科技进步奖三等奖
2015	西部民族地区税收优惠政策研究（系列论文）	第九届湖北省社会科学优秀成果奖二等奖
2015	外部治理环境、内部治理结构与合谋侵占实证分析	第九届湖北省社会科学优秀成果奖三等奖
2015	干气制氢中变气脱碳提氢成套技术及产业化	中国石油和化学工业联合会科技进步一等奖
2015	复杂条件下厚大缓倾斜磷矿体安全高效开采关键技术	中国石油和化学工业联合会科技进步一等奖
2015	抗滑、阻燃、降噪多功能隧道路面结构设计与铺装技术	武汉市科技进步奖二等奖
2015	缓倾斜厚大矿体安全高效开采关键技术	宜昌市科技进步奖二等奖
2015	冶金废渣无害化处理及资源化利用新工艺	黄石市科技进步奖二等奖

续表

年度	名称	获奖名称
2015	我国农产品流通现代化水平的实证研究	武汉市第十四次社会科学优秀成果奖三等奖
2015	文化哲学视角下的马克思主义现代性思想的挖掘与发展——从韦伯到西方马克思主义流派	武汉市第十四次社会科学优秀成果奖三等奖
2015	法象名器占施知来——先秦鼎文化考论	武汉市第十四次社会科学优秀成果奖优秀奖
2015	服务业绿色创业导向、低碳创新和组织绩效间关系研究	武汉市第十四次社会科学优秀成果奖优秀奖
2015	近代长江中下游地区都市棚屋略论——以沪、宁、汉、渝为中心	武汉市第十四次社会科学优秀成果奖优秀奖
2015	西方马克思主义的文化批判之内在逻辑——以霍克海默、阿多诺的工具理性批判为例	武汉市第十四次社会科学优秀成果奖优秀奖
2015	论新媒体时代德性教育的媒体需求	武汉市第十四次社会科学优秀成果奖优秀奖
2016	强激光场原子分子关联电子动力学研究	湖北省自然科学奖一等奖
2016	低品位难处理胶磷矿高效绿色利用关键技术与工程示范	湖北省科技进步奖一等奖
2016	钴钼耐硫变换催化剂制备及应用	湖北省科技进步奖二等奖
2016	甾体激素中间体关键技术集成及转化	湖北省科技进步奖二等奖
2016	抗滑、阻燃、降噪多功能隧道路面材料的开发与应用	湖北省科技进步奖二等奖
2016	半水媒法生产高粘工业级羧甲基纤维素工艺	湖北省科技进步奖三等奖
2016	乙醇胺生产新技术的应用推广	湖北省科技成果推广奖二等奖
2016	按户连片：农地细碎化治理的"沙洋模式"研究	湖北省发展研究奖（2014—2015年）三等奖
2016	在鄂中央级事业单位科技成果"三权"改革试点调研报告	湖北省发展研究奖（2014—2015年）三等奖
2016	湖北省中小企业绿色发展的政策支持体系构建研究	湖北省发展研究奖（2014—2015年）三等奖
2016	马克思主义文化理论及其对中国道路的引领（系列文化）	第十届湖北省社会科学优秀成果奖三等奖
2016	地下复杂磷矿体安全高效绿色开采关键技术	中国石油和化学工业联合会科学技术进步三等奖

续表

年度	名称	获奖名称
2016	一种黄体酮的制备方法	十堰市科学技术进步奖二等奖
2017	构造强磁共振系统的关键技术与成像方法	国家技术发明奖二等奖
2017	定向能系统高精度强磁技术与装备	国防技术发明奖三等奖
2017	受限量子体系的非线性光学特性及其应用的研究	湖北省自然科学奖二等奖
2017	改性生物吸附剂的吸附与分离过程强化	湖北省自然科学奖三等奖
2017	石墨烯表面改性及其高分子复合界面关键技术	湖北省技术发明奖二等奖
2017	低品位胶磷矿重介质——浮选联合选矿技术与产业化	湖北省科技进步奖二等奖
2017	超高分子量聚乙烯成型关键技术及应用	湖北省科技进步奖二等奖
2017	复杂结构件三次元高效集成冲压工艺及装备	湖北省科技进步奖二等奖
2017	磷酸一铵生产用水封闭循环技术新工艺	湖北省科技进步奖三等奖
2017	油井自适应膨胀橡胶封隔器的研制及工业化生产和应用技术	湖北省科技进步奖三等奖
2017	地下复杂磷矿体安全高效绿色开采关键技术	湖北省科技进步奖三等奖
2017	氯化苄碱解制苯甲醇新工艺及产业化	湖北省成果推广奖三等奖
2017	一种孔隙率可控的多孔碳化硅陶瓷的制备方法	第十届湖北省专利奖金奖
2017	全面推进依法治国的困境与探索——以国家治理体系和治理能力现代化为视角	武汉市第十五次社会科学优秀成果奖三等奖
2017	绿色创业企业复合导向战略、营销创新和组织绩效的关系研究	武汉市第十五次社会科学优秀成果奖优秀奖
2018	路面激光视觉复合测量方法与计量标准装备	教育部高等学校科学研究优秀成果奖（科学技术）通用项目科技进步二等奖
2018	高效高精准图像匹配理论及其应用研究	湖北省自然科学奖一等奖
2018	组分相互作用诱导聚合物复合材料的可控合成	湖北省自然科学奖三等奖
2018	核黄素磷酸酯钠的工业化制备方法	湖北省技术发明奖三等奖

续表

年度	名称	获奖名称
2018	含硒有机缓释肥制备的关键技术及产业化	湖北省科学技术进步奖二等奖
2018	绿色环保合成盐酸乙脒新工艺及产业化	湖北省科学技术进步奖三等奖
2018	功能性特种表面活性剂的开发及其应用	湖北省科学技术进步奖三等奖
2018	生态环保型高分子复合防水卷材的研发及产业化	湖北省科学技术进步奖三等奖
2018	中国农产品流通现代化研究	第十一届湖北省社会科学优秀成果奖一等奖
2018	资本逻辑的自我扬弃与历史极限	第十一届湖北省社会科学优秀成果奖三等奖
2018	工业黄磷生产电子级磷酸关键技术及产业化	中国石油和化学工业联合会科技进步一等奖
2018	互联网全息位置地图迭加协议与建模制图技术	中国测绘协会测绘科技进步奖一等奖
2018	岩质高陡边坡稳定性快速反馈分析与控制关键技术	中国岩石力学与工程学会科技进步奖一等奖
2018	褪黑素的合成及其在生物钟调控中的应用	中国发明协会发明创业奖成果奖一等奖
2019	芯片用超高纯电子级磷酸及高选择性蚀刻液生产关键技术	国家科学技术进步二等奖
2019	高性能碳化硅陶瓷膜制备成套技术与产业化	湖北省科技进步奖一等奖
2019	高铁动车组运维仿真培训系统关键技术及工程应用	湖北省科技进步奖一等奖
2019	磷石膏资源化综合利用关键技术研发与产业化	湖北省科技进步奖二等奖
2019	轨道交通高性能变流器与传动系统关键技术及应用	湖北省科技进步奖二等奖
2019	复杂结构桥梁模块化预制组拼成套建造技术	湖北省科技进步奖二等奖
2019	丁酮肟绿色生产新技术的推广	湖北省成果推广奖三等奖
2019	微纳米和量子循环热力学优化	教育部高等学校科学研究优秀成果奖（科学技术）自然科学二等奖
2019	高性能聚硅氧烷合成与氯硅烷综合利用关键技术及产业化	中国石油和化学工业联合会科技进步一等奖
2019	面向石化行业的危化品运输监控系统及产业应用	中国石油和化学工业联合会科技进步三等奖

续表

年度	名称	获奖名称
2019	绿色安全合成高品质盐酸乙脒新工艺及产业化	中国石油和化学工业联合会科技进步三等奖
2019	飞天系列健康保障品研制及其应用研究	中国产学研合作促进会产学研合作创新成果奖一等奖
2019	高温石化装备的强度设计关键技术及应用	中国机械工业科学技术进步奖二等奖
2019	大型矿车制动能量回收与利用系统关键技术与装备	中国煤炭工业协会科学技术奖二等奖
2019	面向智慧城市的多源数据感知与智能服务关键技术及应用	吴文俊人工智能科技进步奖三等奖
2019	社会转型视域下经济法价值的实现理路研究	武汉市第十六次社会科学优秀成果奖三等奖
2019	通城方言词典	武汉市第十六次社会科学优秀成果奖三等奖
2019	创业行为对产业集群发展绩效的驱动机理研究	武汉市第十六次社会科学优秀成果奖三等奖
2019	劳动力成本上升对我国农业生产的影响研究——基于诱致性技术创新的视角	武汉市第十六次社会科学优秀成果提名奖
2019	基于用户感知的移动图书馆服务接受与使用行为研究	武汉市第十六次社会科学优秀成果优秀提名奖
2020	湿法磷酸及伴生资源高值化利用关键技术与工程利用	湖北省技术发明奖一等奖
2020	磷矿安全开采、绿色浮选与矿山生态修复一体化关键技术集成示范	湖北省科技进步奖二等奖
2020	动平台条件下成像恢复与图像识别理论基础研究	湖北省自然科学奖二等奖
2020	内燃机循环热力学优化	湖北省自然科学奖二等奖
2020	非常规多相分离技术及工业应用	湖北省自然科学奖二等奖
2020	绿色催化合成五氯吡啶生产关键技术及应用	湖北省科技进步奖三等奖
2020	雾化增效预浮选装备关键技术及应用	湖北省科技进步奖三等奖
2020	大尺寸高耐候性人造石英石关键技术研究及产业化	湖北省科技进步奖三等奖
2020	食品级聚合磷酸盐生产关键技术	湖北省科技进步奖二等奖
2020	石墨烯基超快柔性储能器件的规模化制备及性能调控机制研究	湖北省自然科学奖二等奖

续表

年度	名称	获奖名称
2020	石化产品气体泄漏智能检测与预警控制系统一体化工程技术及实现	中国石油和化学工业联合会科技进步三等奖
2020	油气生产过程含水量率压力全范围高精度在线测量技术与集成应用	中国石油和化学工业联合会科技进步三等奖
2020	石化管路气体泄漏自动检测方法与智能控制技术产业应用	中国石油和化学工业联合会科技进步二等奖
2020	高应力夏地下洞室围岩态性演化测试关键技术	中国大坝工程学会技术发明奖二等奖
2020	面向视知觉的高速公路交通安全主动防控理论及应用	中国公路学会科技进步奖一等奖
2020	养老服务供需均衡的评价与对策	全国民政政策理论研究成果奖一等奖
2020	大众传媒道德失范治理研究	第十二届湖北省优秀成果奖三等奖
2020	多渠道零售下的消费者渠道转换行为——研究型购物者行为研究	商务发展研究成果奖三等奖
2020	纳米荧光防伪材料、制造系统集成与产业化	中国产学研合作促进会创新成果奖二等奖
2020	功能性特种表面活性剂的开发及其应用	中国产学研合作促进会创新成果奖三等奖
2020	洁净煤技术的机械除灰装置研发及应用	中国产学研合作促进会创新成果奖三等奖
2021	分形多孔介质热质输运特性机理研究	湖北省自然科学奖三等奖
2021	有机光电材料聚集行为的调控	湖北省自然科学奖三等奖
2021	复杂产线智能制造执行系统的研究及应用	湖北省科技进步奖二等奖
2021	多源智能感知与数据服务关键技术研究及应用	湖北省科技进步奖二等奖
2021	深厚海相淤泥质软土搅拌桩固化料与加芯搅拌桩成套技术	湖北省科技进步奖二等奖
2021	水性工业防腐及钢构重防腐涂料的研发及产业化	湖北省科技进步奖三等奖
2021	鄂西难选胶磷矿全反浮选和新型半水二水制备磷酸关键技术及产业化	湖北省科技进步奖一等奖
2021	铬化工清洁生产与综合利用关键技术及产业化	湖北省科技进步奖一等奖
2021	薄-缓倾斜深部磷矿体智能高效开采关键技术与装备开发应用	湖北省科技进步奖二等奖

续表

年度	名称	获奖名称
2021	生物医学问题的数学建模、优化与控制	湖北省自然科学奖三等奖
2021	特高频与特征组分联合监测气体绝缘设备局部放电新技术及其应用	湖北省科技进步奖二等奖
2021	含磷钾矿复合微生物肥料生产关键技术及应用	湖北省科技进步奖三等奖
2021	超支化聚酯制备高性能车用塑料–玻纤复合材料关键技术	中国石油和化学工业联合会技术发明一等奖
2021	中低品位胶磷矿双反浮选和硫酸钙水合晶相重构关键技术	中国石油和化学工业联合会科技进步一等奖
2021	石榴子石尾矿浮选回收金红石新药剂及作用机理研究	"非金属矿科学技术奖"二等奖
2021	风化壳淋积型稀土矿绿色提取过程基础研究	稀土科学技术奖一等奖
2021	图像处理先进方法及产业化应用	中国自动化学会科技进步奖一等奖
2021	油气开采过程关键参数全量程高精在线测量与控制装备	中国自动化学会科技进步奖二等奖
2021	中低品位胶磷矿高效利用关键技术及装备	中国产学研合作促进会创新成果奖二等奖
2021	MSPI全降解医用敷料关键技术及产业化	中国产学研合作促进会创新成果奖优秀奖
2021	关于加快推进我省发展氢能及氢燃料电池产业	湖北省发展研究奖
2021	韧性化工园区安全风险防控技术与应急救援能力评估	中国安全生产协会科技进步奖三等奖
2021	页岩气地面工程高效撬装化设备及工业应用	中国机械工业学会科技进步奖二等奖
2022	风化壳淋积型稀土矿成矿规律及提取基础研究	教育部自然科学二等奖
2022	二甲基亚砜绿色高效合成关键技术及产业化	中国石油和化学工业联合会科技进步一等奖
2022	道路表面全天时三维实时测量技术及产业化应用	中国仪器仪表学会科技进步二等奖
2022	韧性化工园区安全风险评估方法与防控技术	中国化工学会科技进步三等奖
2022	智能远程超声诊断机器人关键技术及应用	中国发明协会二等奖
2022	洪汉玉教授专用项目	教育部科技奖一等奖

续表

年度	名称	获奖名称
2022	环保型汽车、高铁、动力电池用高性能聚氨酯胶粘剂生产的关键技术	中国石油和化学工业联合会科技进步二等奖
2022	难选胶磷矿多功能基协同自组装高效浮选药剂的关键技术与产业化	湖北省技术发明奖二等奖
2022	塔楼建筑减隔震控制关键技术及应用	湖北省科技进步奖二等奖
2022	紫外响应智能包装柔性制造系统关技术与产业化	湖北省科技进步奖三等奖
2022	数字化油气田多参数集成式开采过程在线测量技术与控制装备	湖北省科技进步奖二等奖
2022	石化行业危化品智能监控与安全控制技术产业化应用	湖北省科技进步奖三等奖
2022	原子分子量子瞬态过程的阿秒操控与超高时空分辨测量	湖北省自然科学奖一等奖
2022	绿色氢能电化学获取用非贵金属催化剂设计及催化性能调控机制	湖北省自然科学奖三等奖
2022	高铁动车组走行部安全状态综合检测与诊断关键技术研究及应用	湖北省科技进步奖一等奖
2022	优质高效白肋烟种植与加工全产业链关键技术创新及应用	湖北省科技进步奖二等奖
2022	污泥调理–深度脱水与资源化利用耦合技术与应用	湖北省科技进步奖二等奖
2022	高均一性高纯精制棉生产及资源化关键技术与应用	湖北省科技进步奖二等奖
2022	流体过程状态检测与智能控制技术及规模应用	中国石油和化工自动化行业科技进步一等奖
2022	大型非常规油气田地面工程高效撬装设备及工业应用	中国产学研合作促进会创新成果奖优秀奖
2022	深厚淤泥质软土的专用固化料与加芯搅拌桩智能化施工关键技术	中国产学研合作促进会创新成果奖优秀奖

参考文献

[1] 冯开甫. 大学新生教育概论 [M]. 成都：西南交通大学出版社，2005.

[2] 叶奕乾，何存道，梁宁建. 普通心理学 [M].3 版. 上海：华东师范大学出版社，2008.

[3] 皮连生. 教育心理学 [M].4 版. 上海：上海教育出版社，2011.

[4] 郑日昌. 大学生心理卫生 [M]. 济南：山东教育出版社，1999.

[5] 孔燕，江立成，兰文敏，等. 大学生心理健康教育 [M].2 版. 合肥：安徽人民出版社，2001.

[6] 胡礼祥. 成功跨越：从中学到大学 [M]. 杭州：浙江人民出版社，2006.

[7] 教育部高等教育司. 学会学习 [M]. 北京：教育科学出版社，1999.

[8] 珍妮特·沃斯，戈登·德莱顿. 学习的革命 [M]. 顾瑞荣，陈标，许静，译. 上海：上海三联书店，1998.

[9] 潘云鹤. 教育七章 [M]. 杭州：浙江大学出版社，2007.

[10] 饶俊南，杨应慧. 大学新生入学指导 [M]. 武汉：武汉理工大学出版社，2007.

[11] 陈录生，马剑侠. 新编心理学 [M]. 北京：北京师范大学出版社，1995.

[12] 列宁. 列宁全集（第 55 卷）. 北京：人民出版社，1990.

[13] 贝弗里奇. 科学研究的艺术 [M]. 北京：科学出版社，1979.

[14] 克劳塞维茨. 战争论（第一卷）[M]. 中国人民解放军军事科学院，译. 北京：商务印书馆，1982.

[15] 罗洛·梅. 爱与意志 [M]. 冯川，译. 北京：国际文化出版公司，1998.

[16] 冯刚. 大学，梦起飞的地方 [M]. 北京：清华大学出版社，2005.